工程

焦点举要

冯松林 著

九州出版社 JIUZHOUPRESS | 全国百佳图书出版单位

图书在版编目（CIP）数据

工程焦点举要 / 冯松林著. -- 北京 ：九州出版社，
2017.9

ISBN 978-7-5108-6001-0

Ⅰ. ①工… Ⅱ. ①冯… Ⅲ. ①建筑法－研究－中国
Ⅳ. ①D922.297.4

中国版本图书馆CIP数据核字(2017)第243324号

工程焦点举要

作　　者	冯松林　著
出版发行	九州出版社
地　　址	北京市西城区阜外大街甲 35 号（100037）
发行电话	(010)68992190/3/5/6
网　　址	www.jiuzhoupress.com
电子信箱	jiuzhou@jiuzhoupress.com
印　　刷	南京三和彩色印刷有限公司
开　　本	787 毫米 ×1092 毫米　16 开
印　　张	24.75
字　　数	400 千字
版　　次	2018 年 1 月第 1 版
印　　次	2018 年 1 月第 1 次印刷
书　　号	ISBN 978-7-5108-6001-0
定　　价	68.00 元

致读者

　　本书出版适逢中国推进"一带一路"国际项目合作与特许经营项目合作建设期间。作者总结多年来参与社会事业项目、基础设施项目、特许经营项目工程建设中发生的一些要点、焦点中的问题，潜心研究，试图从法律、规章层面为工程参建各方探讨在项目立项、国际招标、勘探、设计、工程承包、施工、竣工交付过程中存在的焦点法律问题，提出解决问题的方法、措施和手段。

　　结合特许经营项目法律服务实践，就工程争议问题，从诉讼与非诉讼两个方面提出解决问题的办法、措施与路径，旨在维护建设工程各方合法权益，控制法律风险，保证工程建设质量、降低工程建设成本，促使项目建设全过程在法制与规范的范围以内运作，实现工程建设目的。

　　社会在飞速发展，工程法律、法规的立、废、改随之发生；工程建设中新的焦点与要点问题也不断发生；与时俱进、研究解决新问题是我们共同关心的事。

　　由于本人水平有限，时间仓促，书中误、漏之处难免、敬请各位专家不吝赐教。

2018 年 1 月 1 日

目 录

第一章

PPP 竞争性谈判与风险管控 / 002

标书瑕疵归责 / 009

巅峰对决 / 014

对外工程设计招标中的知识产权保护 / 018

建设工程项目无标底招标 / 023

外企对华工程设计风险防范 / 028

统一招投标法规 / 034

投标人业绩认定 / 040

招标代理人权益保护的几个问题 / 044

招标代理中的授权委托 / 048

第二章

奥林匹克项目工程法律保障 / 054

代建风险管控 / 066

改进重大建设项目中的纪检监察 / 072

高速公路路产损害案件快速处理 / 078

中国高速公路交通运输行政执法体制改革 / 092

大剧院建设工程法律保障 / 104

新编 FIDIC 合同条件应用中的几个实践性问题 / 114

第三章

PPP 项目工程常见犯罪预防 / 130

PPP 项目运作中的法律保障与风险防范 / 135

城市开发特许经营 / 145

市政公用 PPP 项目法律风险防控 / 151

中国特色镇 PPP 运作 / 155

PPP 运作中几个实践性问题 / 161

"一带一路"特许民营项目运作中的实践性问题 / 169

工程承包方式选择与禁止 / 176

第四章　案例

招标文件 / 212

第一部分　招标公告 / 213

第二部分　合作方社会资本须知 / 216

第一分册　投标文件综述 / 255

第二分册　建设与运营方案 / 261

第三分册　财务方案与法律方案 / 263

第三部分　采购实质性条款 / 274

第四部分　投资合作协议 / 279

第五部分　PPP 项目特许经营协议 / 292

第六部分　运营服务协议 / 361

第七部分　评标方法与评标标准 / 386

第八部分　项目资料库 / 389

声　明 / 390

第一章

PPP竞争性谈判与风险管控

　　特许经营（PPP）项目试点工作在我国逐步推开；国家、各省市挑选的首批入库试点项目正进入实施阶段。特许项目的政府职能部门（提出机构、实施机构）、招标代理人、评估机构、投标人、律师、会计师中介机构参与特许项目及特许经营者的招标与竞争性谈判工作。笔者在参与了安徽蚌埠、京津冀唐山、江苏盱眙县、南京市浦口地区特许经营（PPP）项目法律保障的实践，就竞争性谈判在项目招标中的应用和风险管控谈谈几点看法，错漏之处敬请同仁指正。

一、竞争性谈判被频繁使用的背景、原因、风险

　　在组织试点特许经营项目招标过程中有的部门主张以竞争性谈判方式为主、弱化公开招标；有的想用竞争性谈判方式代替公开招标；有的地区在特许经营项目招标中直接、频繁使用竞争性谈判方式，使用的频率高于公开招标。究其原因是多方面的，主要有以下几种：

　　一是标书制作问题形成流标所致：标书中招标人对投标人资格条件中的业绩要求苛刻限制潜在投标人投标；业主不提供或不完全提供项目建设运营的配套设施，如特许项目用地的拆迁，公路、燃气自来水、电力等设施配套等；特许经营合同中对特许经营期限与项目产品价格失衡，投资人投入与回报不成比例，在特许期间难以收回投资成本；特许经营期满后业主要求项目公司名下资产无偿全部交回不予补偿；政府对项目公司运营的行政干预权力过大等，导致特许经营项目及特许经营者的公开招标流标；二是招标人开标前早已内定中标人、特许项目易标给合作的关联企业，招标活动只是形式；三是在特许项目实施方案后招标标书中载入排外或限制

性条款，限制辖区以外的潜在投标人投标、将辖区以外的潜在投标人排斥在外；四是作为招标人的当地政府的政府债务重、履行特许经营协议的能力差、诚信度低、当地法制环境差；五是设立的特许经营项目公司股权比失衡，政府授权签约的国资公司及其指定的在项目公司中持股公司所持股权与社会资本股权比例不合理，违反公司法同股同权的一般性规定、股权结构失衡；六是特许项目的政策性补贴未能依法返还给特许项目公司，被政府授权参与项目公司股东会的关联一方占有，并以此作为在项目公司出资注册资金等，凡此种种不一一列举。上述情况的出现是导致特许项目招标发生流标的原因。

政府是特许项目立项、组织实施方、是特许经营权的授予方、是项目财政补贴的拨付方，在组织、实施特许经营项目中占据主导权和控制权，相对于民营资本的特许经营者而言，对于项目的实施方式的选择处于强势地位。由于上述种种原因，实施机构即招标人习惯用"竞争性谈判"确定特许项目与经营者显得比较自然、顺手。

从某种意义上讲，单一使用竞争性谈判方式确定特许经营者就等于确定了特许经营项目，绕开了《政府采购法》和《招投标法》的法律监督，也是民营资本进入特许项目运作的瓶颈。

违反法律规定单纯采用竞争性谈判方式确定特许项目或经营者可能会产生一系列风险：一是妨碍《招投标法》、《政府采购法》、《基础设施和公用事业特许经营管理办法》及相关规章的正确实施；二是限制潜在投标人投标，违反公开、公平、公正原则；三是易产生权钱交易的腐败温床；四是可能形成新一轮国有资产流失；五是影响我国特许经营项目试点项目顺利进行。对此，司法机关、政府相关职能部门应当高度重视。

二、特许经营 PPP 项目依法应当公开招标

国务院、国家发改委、财政部等相关文件对特许项目试点工作中的文件要求公开招标。我国招投标法、条例、办法等对特许经营项目及特许经营者对竞争性谈判的方式也做出了明确的规定：

关于 PPP 项目特许经营者的选择：

《基础设施和公用事业特许经营管理办法》第十五条规定：实施机构根据审定的特许经营项目实施方案，应当通过招标、竞争性谈判等竞争方式选择经营者。特许经营项目建设运营标准化和监管要求明确，有关领域市场竞争比较充分的，应当通过招标方式选择特许经营者。《办法》明确规定市场竞争比较充分的，应当通过招标方式选择特许经营者。

关于 PPP 基础设施和社会公用事业项目的公开招标：

《招投标法》第三条强制性规定：大型基础设施、公用事业等关系社会公共利益，公众安全的项目；全部或部分使用国有资金或且国家融资的项目；使用国际组织或外国政府贷款、援自力资金的项目"必须进行招标"；该法还规定"任何单位和人不得将依法必须进行招标的项目化整为零或者以其他任何方式规避招标"。"任何单位和个人不得违法限制或者排斥本地区、本系统以外的法人或者其他组织参加投标"。《建筑法》二十三条规定：政府及其所属部门不得滥用行政权力，限定发包单位将招标发包的建筑工程发包给指定的承包单位的规定。上述强制性规范规定是 PPP 项目公开招标的法律依据。

关于 PPP 项目邀请招标：

《招投标法》第十七条对邀请招标"应当向三个以上具备承担招标项目能力、资信良好的特定的法人或且其他组织发出招标邀请书"。《招投标法实施条例》第八条对邀请招标规定：技术复杂、有特殊要求或者受自然环境限制，只能少量潜在投标人可供选择；采用公开招标方式的费用占项目合同金额的比重多大。

关于 PPP 项目不招标：

《招投标法实施条例》第九条规定：需要采用不可替代的专利或专有技术；采购人依法能自行建设、生产或者提供；已通过招标方式选定的特许经营项目投资人依法能自行建设，生产或者提供；需要向原中标人采购；国家规定的其他特殊情形。

《政府采购法》第二条规定了政府采购的货物、工程、服务适用本法。该法第三十条规定采用竞争性谈判采购的情形：招标后没有供应商投标或者没有合格的或者重新招标未能成立的；技术复杂或者性质特殊；不能确定详细规格或者具体要求的；采用招标所需时间不能满足用户紧急需要的；不能事先计算出价格总额的。

法律与规章清晰规定政府采购和项目交易的法律依据。PPP 特许项目、经营者应当主要以竞标方式择优选择，竞争性谈判作为选择的辅助方式。

对 PPP 项目特许经营者应当依据项目实施方案通过招标确定；只有在项目建设运营标准监管要求不明确、市场竞争不充分的情况下，通过竞争性谈判选择特许经营者。

政府及其实施机构在确定特许项目、特许经营者时应当在实施方案、招标文件中依据法律、规章、条例的规定做出选择；政府实施机构选择标准应当依据法律与项目具体实际做出选择；所以在制作 PPP 项目实施方案、招标文件，应当依据法律和规章的规定对特许经营者、特许项目做出依法公开招标或依法选择适用竞争性谈判方式。

三、竞争性谈判在 PPP 项目中正确应用

如上所述，《基础设施和公用事业特许经营管理办法》第十五条规定了竞争性谈判方式的适用条件，但具体项目提出机构提出特许项目实施方案，实施方案内容包括：项目名称、实施机构、建设规模、投资总额、进度、提供公共产品或服务的标准；投资回报、价格及其测算；可行性分析；特许经营协议框架、经营期限；特许经营者应具备的条件、选择特许经营的方式；政府承诺与保障；特许期满资产处置方式；其他等。

项目提出部门综合其他部门意见报经政府审定后实施。实施机构在授权范围内据实施方案，通过招标或竞争性谈判选择特许经营者。

《招投标法实施条例》第九条规定项目可以不招标的五种情况。其中第三款规定：对已经通过招标确定特许项目投资人、自行建设、生产或者提供的可以不招标。PPP 特许经营项目，已经依法公开招标确定投资人的项目可以不招标。

采用竞争性谈判或招标选择特许经营者根据《办法》第十七条应当满足以下条件：

1、项目实施机构应当公平选择具有相应管理经验、专业能力、融资实力及信用状况良好的法人或其他组织作为特许经营者；2、鼓励金融机构与其共同制定投融资方案；3、特许经营者选择应当符合内外资准入的法律、行政法规规定；4、依法选定的特许经营者应当向社会公示。

《政府采购法》第二十二条对供应商（经营者）提出了合格的六个条件。

《招投标法》第四十一条对中标人（经营者）提出了具体的合格条件。

项目特许经营协议的订立应当解决下列存在问题：一是霸王条款过分强势导致不欢而散；二是标书制作准备不足，特许经营协议条款中有的国有资产管理部门对特许项目周期成本、融资方式、成本；公共服务或产品价格、质量等经济条款缺乏标准精确的评估和测算，对国有资产流失构成威胁；政府承诺不到位；三是执行机构未能准确掌握法律与行政规定，不会制作标书；有的执行机构直接要求合作伙伴自行制作特许经营项目招标文件，自行制作特许经营协议条款，实施机构只是代表政府在协议上签字盖章而已。

用竞争性谈判确定的特许经营者及特许经营项目的程序应当符合《政府采购法》、《招投标法》、《合同法》及《基础设施和公用事业特许经营管理办法》的规定。

四、竞争性谈判方式适用过程中的风险管控

依法确定以竞争性谈判方式取得的特许经营权的特许经营者，应主动配合政府实施机构，将特许项目实施方案、特许经营者选择、特许经营协议及变更、终止、项目建设运营、产品与服务的标准，监测分析与绩效评价，财务报表及时向社会公开，接受社会监督；项目公司应当及时向社会公开会计数据，财务核算；接受财务审计接受社会监督与实施机构的建议。

政府负责 PPP 项目的职能部门，实施机构除依法实施监督外，应实施组织各类培训班，运用典型引路，指导 PPP 及特许经营项目试点工作正确实施；职能机构对于特许经营者、特许项目的招投标活动依法实施监管，维护法律和规章的正确实施，及时处理招标投诉，维护招投标市场秩序。

招投标协会适时组织学习交流，评比特许项目优秀论文，通过学术交流、经验座谈研究实际工作中存在的问题和改进措施；规范标书制作与代理，发挥法律专家，财务专家在招标代理及竞争性谈判中的作用，促进竞争性谈判在特许项目和特许经营者竞争中的正确适用。

各级人民政府财政部门根据《政府采购法》第十三条规定为招投标活动实施监

督，依法查处招投标活动中的违法行为。

各级人民政府招投标管理办公室在招投标活动中是最主要的监管单位，依法行使监管权力，强化对 PPP 项目招投标全过程监督，认真处理投诉案件，维护招投标市场秩序，保证 PPP 项目招投标活动公平公开公正的进行。

规范特许项目的成本核算、产品价格的审核，集中对 PPP 项目审批、统一对资产评估、项目公司产品价格审核、确认；针对基础设施、公用事业项目的不同特点制定统一但有区别的 PPP 项目的实施方案、招标文件、合同文件等规范材料。

人民检察机关依法实施监察查处，打击各类行贿、受贿、玩忽职守等职务犯罪案件；查处国有资产流失、合同失误造成重大损失的刑事犯罪，维护各方合法权益。

五、特许经营的立法思考

2015 年 6 月 1 日施行的《基础设施和公用事业特许经营管理办法》即《办法》，其中多次使用"探索"字样的表述，有别于"必须"、"禁止"、"应当"等强制性规范应有的用词，应当适时调整；对于"有关领域市场竞争比较充分的"，缺乏具体解释、规定与量化标准，不利于项目操作；第十五条关于根据特许经营项目实施方案"应当通过招标、竞争性"谈判选择特许经营者，对于哪一种情况适用竞争性谈判、哪一种情况适用招标规定不明，不利于操作。《办法》只是六部委的规章，其效力不应当高于《政府采购法》、《招投标法》。有权部门应适时发布解释。

加快制定《特许经营许可法》。在西方国家通过制定《行政许可法》及相关规定实施特许项目已有上百年历史，如英吉利海峡，巴拿马运河等。我国从第一个 BOT 项目沙角 B 电厂项目试点至今时间较短，"中国梦"建设速度的加快、政府债务压力的减轻强烈呼唤特许经营加快立法，我国各地区特许经营项目的多样性、特许经营者的多元化、特许经营形式多样性需要加快制定《特许经营许可法》；"一带一路"及投资中国政府特许项目主体多元化呼唤涉外性法规法条尽快出台；制定权利义务更为明晰的强制性法律规范《特许经营法》显得更为迫切。

法学专家、学者在参与立法和对《办法》的修订工作中应当发挥主导性作用。

参考文献

1、《中华人民共和国招投标法》

2、《中华人民共和国招投标条例》

3、《中华人民共和国政府采购法》

4、冯松林：《PPP 项目运作中的法律保障》

5、《基础设施和公用事业特许经营管理办法》

6、国家发改委、财政部颁布的相关规章

标书瑕疵归责

在我国货物、工程、服务招标中，常因标书瑕疵引发纠纷，笔者参与办理的配电箱招标中就发生此类纠纷。

案情简介：2015年5月，江苏某医院（业主）就医疗大楼配电箱招标通过代建单位以招标名义发布配电箱招标公告：投标人必须提供生产产品通过国家三C认证具有IP30证书；在10月份发售的《招标文件》规定："投标人在编制投标文件时应按照新情况更新或补充其在资格预审时提供的资料，以证实其各项资格条件能继续满足资格预审文件和文件"，标书第五章载明："供货商的投标文件与技术规定有差异时，应填写技术偏离表，若被发现有重要偏离，则该投标文件可能被拒绝"；标书对配电箱技术要求载明："室内箱柜防护等级IP40，室外防护等级IP65"，"配电柜板厚≥2mm……进线位置设置接线铜排"并提供样品，但未列入评分之内。

投标人经资格审查具有生产IP30的3C证书；其在《投标文件》中表示在生产过程中满足安全防护等达到IP40、IP65；送样配电柜技术条件板厚为1.2mm，无进线接线铜排。

评委经初次评审认为该投标人为第一中标候选人，业主认为该投标人不符合招标文件要求，向省招标办管理部门提出复议申请，经复议维持，业主向招标办申请并批准召开专家会议对评委的评审结果听取专家意见，经省招标办批准最终做出终止招标和另行招标决定。

该中标人不服，认为标书存在瑕疵，招标人不发中标通知书存在过错，诉至法院主张赔偿经济损失245万元（在审理中）。

本案争议焦点：标书存在瑕疵该中标人无生产配电柜IP40资质的3C证书；样

品的技术条件不符合招标要求；标书瑕疵重新招标是否构成侵权；标书瑕疵是否承担民事赔偿责任：未发中标通知书是否构成合同效力。

如何看待本案呢？

一、准确区分标书瑕疵与缔约过失之间的界限，由过错一方承担相应责任。

本文所称标书瑕疵是指招标人及其委托的招标代理人在招标活动中（招标公告发布、招标文件制作）违反真实、准确、完整的原则，影响投标人投标，依法应当受到行政处罚的行为。

国家发改委 2000 年 7 月 1 日发布的《招标公告发布暂行办法》即 4 号令第 6 条明确规定"招标人或其委托的招标代理机构应当保证招标公告内容的真实、准确和完整"；第十三条规定："指定媒介发布的招标公告的内容与招标人或代理机构的招标公告文本不一致，并造成不良影响的，应当及时纠正，重新发布。"

本案，招标公告资格预审规定投标人达到 IP30 的三 C 标准，但招投文件的安全防护等级又要求必须达到 IP40\IP65，即投标人必须具备 IP40 的三 C 证书方为资格合格但又未在标书中列明，评委评标所依据的仍然是公告中所载明的 IP30 的三 C 资格标准，由于招标公告与《招标文件》中生产配电柜的资质条件不一致，标书中没有明确投标人必须具备 IP40 的三 C 证书，瑕疵客观存在，过失在招标代理人。

我国《合同法》第四十二条将所谓缔约过失规定在一是订假立合同而已进行磋商；二是故意隐瞒与签约有关的重要事实或提供虚假情况；三是违背诚信原则。构成之一者为缔约过失。

本案适用招标瑕疵的定义及构成要件，不适用缔约过失的定义及构成要件。

标书瑕疵与缔约过失的区别，在于：招标瑕疵仅为招标过失；而缔约过失一方为违反诚信原则，隐瞒事实提供虚假情况主观上存在故意与过错。

关于责任承担：就招标瑕疵而言，据《招标投标法实施条例》第 64 条第四款"接受应当拒收的招标文件"规定，对投标人生产配电柜资质不具备生产 IP40 安全等级的三 C 证书，未提供技术偏差表，按应规定拒绝投标文件，违反该 64 规定"对单位直接负责的主管人员和其他直接责任人员依法给予处分"，就本案应对招标代理人予以行政处罚为妥。

就缔约过失而言，由于招标人主观存在故意形成过错应据投标人因招标人过错所造成的实际损失为限。依据《合同法》第42条承担缔约过失的民事责任赔偿责任。

综上，标书瑕疵过失应由行政部门依法处罚，使用行政处罚相关规定；缔约过失给对方造成损失的则按《合同法》相关规定处理。

二、区分评标公告中的中标人与中标通知书中的中标人法律概念的界限，把握立法原意，维护合法权益。

《招投标法》第41条规定了，中标人条件为：能最大限度地满足招标文件中规定的各项综合评价标准；能满足招标文件的实质性要求，并且经评审的投标价格最低；但投标价格低于成本价除外。第45条规定，中标人确定后，招标人应当向中标人发出中标通知书，并同时将中标结果通知所有未中标的投标人。

中标人是指符合《招投标法》第41条规定的投标人。不符合该规定的应当以废标处理，取消中标人资格。投标人转为中标人的前提是符合41条规定，投标人是在投标活动中发生的，中标人是评标后发生的，合同当事人是在中标通知书发出、合同成立后发生的。

评委评标形成的中标人虽经公示，在未接到中标通知书之前，并未对所招之标形成法律上的权利义务关系。

经业主或业主授权委托招标代理人发出中标通知书中的中标人实际上是合同一方当事人，其法律依据是《招投标法》第45条第二款规定："中标通知书对招标人和中标人具有法律效力。"一方违反应当依法承担法律责任。

所以，我国新版《建筑工程施工合同》（GF-2013-0201）第一部分即合同协议书第六条关于合同文件构成第一款将中标通知书列为合同文件构成的首要条件，《招投标法》第46条规定"招标人和中标人应当自中标通知书发出之日起三十日内，按照招标文件和中标人的投标文件订立书面合同。招标人和中标人不得再行订立背离合同实质性内容的其他协议"，即使未签约，笔者认为中标通知书一经发出，合同即已成立。

在本案中，由于业主与招标代理人鉴于投标人的资质不适格，未对标书中实质性要求和条件做出响应，未发出中标通知书，故投标与招标（业主）双方不构成合同关系，未形成法律上的权利义务关系。中标公示不能代替中标通知书；公示公告中的中标人的法律地位不能等同于中标通知书的中标人，中标公示相对于中标通知书，没有法律约束力，因为双方对该标的未形成法律上的权利义务关系。

三、以标书瑕疵提起的诉讼管辖与法律适用

评标过程中做出是否中、废标一般由评委依法做出；对已经公开招标的做出停止与暂停招标决定是地方政府招投标管理机构做出的行政行为，对该类案件提起的诉讼，首先应当是行政诉讼，依法应当由人民法院行政庭审理，但有的当事人以合同纠纷提起诉讼，由民庭受理有所不妥。

如果业主或招标代理人，擅自决定废标并重新招标另行选择中标人的行为，按《合同纠纷》起诉则属民庭受理范围。但地方法规另有规定的，从其规定。

如因标书瑕疵起诉的行政案件或以合同纠纷起诉的民事案件，在程序法、实体法分别适用相应法律与规定。

四、标书瑕疵损失赔偿原则

招标人在标书中要求投标人提供货物（设备、产品）样品，或样品必须经国家规定专业检测机构检测达到标书技术要求后方可投标条件的，且该产品能用于该标（段）的，因标书瑕疵，或技术偏差，导致终止招标造成投标人损失的，应当按投标实际发生的损失计算，不能将中标后该标（工程、设备、服务、智能化）期望取得的商业利润计算为经济损失主张索赔。

招标人在标书中只要求提供招标文件规定的资质、资格、业务业绩，购买标书或提供投标保证金的，因标书瑕疵，招标人只承担实际发生的费用（购买标书成本、保证金利息等），招标人主张中标后期望 xx 的收益作为损失主张赔偿，缺乏事实依据，不予支持。

为防止标书瑕疵或工程纠纷发生，投标人缠讼、投诉不断，吊接久拖不决，因此影响工程工期的，招标人在标书制作、公告之时可能发生的瑕疵与纠纷设置，第三方调解（终局的）机制，规定补偿标准与方式，参照 FIDIC 合同调解条款和《调解法》规定，自主选择纠纷调解自行和解方式，快速处理争议与纠纷，公平、公开、公正维护各方权益。

五、预防标书瑕疵发生的几点做法：

首先，具备制作招标条件的业主、招标代理人，应当 xx 按照《招投标法》、

《政府采购法》、《招投标法实施条例》规定招标。资格预审应按照资格预审文件载明的标准和方法进行。编制必须依法进行招标项目的资格预审文件和招标文件，应当使用国家发改委合同有关行政监督部门制定的标准文件，使用规范化的标书文本与规范化的合同文本，防止招标人考虑不周或准备不足，出错发生瑕疵。

其次，加强对招标文件中实质性要求和条件等关键部分的设置与检查，该部分是本次招标或某一标的中的核心部分，在技术条款的内容表述、技术偏差要求、得分点设置等均应明确具体，具有客观性、可操作性，明确规定不予接受投标文件的条件、内容，不予评（得）分的具体内容与分值，改进招标评标方法，推行电子、远程、网上招标，评标方法。

再次，给评委必要、充足阅读表述投标文件的时间，全面审查招标文件、投标文件及影响招标、评标的因素与方面，强化对技术条款中的完整性要求与条件的审查，与评分点。

巅峰对决

设计谈判案例

完成南京奥体中心建筑群的全程法律保障后，应指挥部要求，笔者带领律师团参与江苏大剧院建设工程全程法律保障，承担从工程设计至工程竣工全程法律服务与保障工作。

2010年前江苏大剧院选址为玄武湖北岸太阳宫西侧，项目设计需要将紫金山、玄武湖美景融为一体的设计方案；省、市领导人与南京市民都十分关注。关于工程设计单位的选择，成为招标的重要内容；而招标文件又成为重中之重。根据指挥部要求，而全球各国有从事过此类建筑工程设计业绩的二十多家单位招标，向全国有过此类工程业务的设计单位招标。大剧院项目设计招标成为当时国内外设计行业的热点。

此前，为做好法律保障，笔者专门到北京国家大剧院进行考察。为保证项目知识产权牢牢掌握在中方手中，进行认真的学习研究并在《中国工程咨询》发表《外商对华工程设计知识产权保护》，就司法管辖权，法律适用等均在江苏大剧院工程设计文件的末页中约定，该项目适用中国法。对设计收费，将2003年《工程勘探设计收费规范》载入招标文件中，经专家组对投标方案评审，英国扎哈·哈迪德建筑师事务所在国际、国内三十多家投标单位中名列前茅。

该所是由"建筑界女魔头"扎哈·哈迪德于1979年设立，曾完成久负盛名的米兰 170 米高的玻璃塔、蒙彼列埃摩天大厦、迪拜舞蹈大厦设计；在中国完成北京银河 SOHU 建筑群、望京 SOHU、广州大剧院、南京青奥中心等项目设计，而这些作品主要出自荣获普利兹克建筑奖的扎哈·哈迪德本人之手。她派出由效果图设计、工程结构设计、音响、灯光、舞台、机械等著名设计师组成的专家团队飞抵南京，在玄武湖畔的太阳宫与江苏大剧院建设指挥部进行谈判，对设计合同与取费标准举行多轮谈判，谈判前两天一度陷入僵局。

东南律师受指挥部委托，由我率领三名具有工程与法学专业、具有一定实践经验的律师组成的律师团，一名大剧院指挥部办公室成员共同与扎哈设计团队进行谈判。扎哈除上述专家外又从台湾、上海聘请律师、翻译一并参与谈判。在太阳宫三楼会议室，南侧坐落扎哈团队，中间放着投影仪，扎哈团队不停播放在全球担任设计的建筑成果的图像，扎哈单方面按概算 10% 收取设计费。他们收费的 K 线图不停在银幕上播放，反复坚持要按大剧院投资概算的 10% 收取设计费；对相关知识产权的要求也不让步，高傲的眼神让人难受，我们之间第三天的谈判又再次陷入僵局。

准备，再准备。当夜，为制定切实可行的谈判方案我几乎一个通宵没有休息，认真查阅 WTO 文件、FIDIC 合同条件、中国关于招投标、工程设计、收费等相关法律法规与规章，对项目设计的客观事实与法律规定，制定谈判提纲、发言方式、结论、不可退让底线及归属点。

第四天上午 9 点，扎哈设计团队从下榻的玄武饭店乘专车来到太阳宫三楼，尚未完全从时差中调整过来的领队急忙寻找浓茶。按昨天谈判发言顺序，轮到中方对招标方案阐述和对英方投标方案与异议的答辩，我开门见山、一鼓作气地发表如下观点：

英国扎哈事务所应用其在全球其他国家大型项目设计的业绩以及为上述项目设计取费的 K 线图主张对江苏大剧院按投资概算 30 亿元的 10% 收取 3 亿元的设计费，并主张知识产权，对商标使用权也提出苛刻的要求，主张明显违反中华人民共和国法律规定；投标人扎哈事务所在投标文件中明确载明适用中国法。根据中国《立法法》制定的《招投标法》、《价格法》，以及依据《价格法》制定的 2003 年《工程勘探设计收费规范》，不仅是双方就该项目设计合同谈判的前提与基础，也是该项目取费的依据，这是招标文件已经明确约定的。根据该规定，大剧院工程全程设计完成包括效果图设计，初步设计，组织施工图设计三个阶段设计完成只能按项目投资概算的 2.3% 取费，而效果图设计只能占总设计费 2.3% 中的 20% 收费；根据中国《招投标法》第二十七条规定，投标人对招标人的招标应做出实质性响应，对招标文件中的设计范围，作品交付，取费标准等做出响应，贵所违反上述规定，单方面坚持按投资概算 10% 取费严重违反了中国《招投标法》的法律规定，明显是违法行为。今天是 2011 年不是 1840 年，谈判地点是南京市玄武湖太阳宫不是下关静海寺；就设计服务产品双方应当公平、公开、公正依法进行交易。根据 WTO 关于最惠国待遇和国民待遇惯例，中方将给予国内设计企业取费标准无差别的给英国予扎哈设计所，这是开放的中国、开放的南京自觉遵守 WTO 规则和本国法的自觉行为；中英双方同为 WTO 成员国，都应当恪守这一规则；根据中国《著作权法》第十七条规定，中方支付设计合同对价后有理由取得该项目设计的全部知识产权，贵方除有在该作品（文件）上的署名权、引用权外一切无理阻挠中方行使主权的行为是有违中国法的行为。其他设计的全部知识产权包括图纸、音响、沙盘及涉及项目的文字描述等全部归中方所有。

我连珠炮般的一口气说了这么多，翻译不时停下问我并翻译给扎哈团队听，会场顿时陷入一片寂静，对我的发言，英方用英语在窃窃私语的讨论中……我心中直打鼓，一是担心他们听不懂带有苏北口音的讲话，二是担心讲话走火给大剧院指挥部捅娄子。

下午 2 点继续开谈，英方的语气也变了，气氛又活跃起来，说双方都各让一步，从 10% 退到 8%、5%，但我坚持按 2.3% 的 20% 取费，后经授权，设计费可以按 4000 余万元左右取费，英方见强争无望，只得同意在 4000 万元左右商签设计合同。

对设计合同文本的选择使用，笔者主张按照中国建设部 GF-1999-201 建筑工程施工合同文本签订。笔者曾参与建设部对该合同文本的修订工作，坚持按中方合同文本签约，英方安排上海律所律师与我商签设计合同，最终，双方协商一致，完成设计合同的签约、谈判全部工作，节省设计费近 3 亿元。

后来，经国家发改委批准，大剧院项目重新选址至奥体西侧扬子江大道东侧、梦都大街南侧。设计的周边环境与条件发生了变化，原设计方案不得不重新设计。今天，江苏大剧院项目已经竣工，四个水滴状的歌剧厅、戏剧厅、音乐厅、综艺厅，如同翩翩起舞的荷花仙子，与江水远山混为一体，美不胜收。但是，有谁知道谈判过程的艰辛？

对外工程设计招标中的知识产权保护

中国参加 WTO 之后，在改革开放政策指引下，积极参与全球经济一体化，越来越多的外国设计企业（事务所）参与对华项目工程的设计服务，如国家大剧院及各省、市有的重大项目工程由外商提供设计服务。有的外商无视其母国参与的国际条约、中国法律与合同约定，在项目工程投标、谈判、签约等中强势争夺项目工程设计的知识产权，导致有中方项目工程业主在支付超巨额设计费后，却未能取得知识产权，严重影响项目工程的经营使用。笔者结合长期担任国际、国内项目工程设计谈判、签约、履约、全程法律保障与咨询服务中的实践，就知识产权保护问题一抒管见。

一、与工程设计招标相关的条约与法律规定

外商对华项目工程设计按《服务贸易总协定》解读属跨国服务与自然人移动服务，按我国有关法律的解释属于委托设计。中方业主购买外商设计服务，同一个行为可能产生服务贸易与知识产权转让二种法律关系，中方在与外方谈判中应当知晓相关规定。

国际公约中与外商设计相关的很多，主要有《服务贸易总协定》、《与贸易有关的知识产权协议》、《保护工业产权巴黎公约》及《商标注册用商品和服务国际分类尼斯协定》。《服务贸易总协定》"特定义务"中主要指市场准入与国民待遇，而《与贸易有关的知识产权协议》基本原则中，将"最惠国待遇"与"国民待遇"作为基本原则予以规定；在著作权保护公约《保护文学艺术作品伯尔尼公约》、专利权保护公约《保护工业产权巴黎公约》中均将国民待遇作为成员国从事服务与知识产权转让的基本原则，反对服务贸易壁垒与技术贸易壁垒。关于国民待遇，通俗地

说，对待外商即"内外一个样"。

中国多部法律对知识产权保护做了规定，《民法通则》第 142 条规定中华人民共和国缔结或参加的国际条约同中华人民共和国的民事法律有不同规定的适用国际条约，但声明保留的条款除外。就外商对华项目工程设计相关法律、法规、规范适用、取费与知识产权归属，我国在多部法律、法规、规章中作了规定，主要有：合同法、招投标法、著作权法、商标法、设计取费标准以及国家建设主管部门颁布的规章、规范。

根据我国参加的国际公约关于国民待遇的基本原则，上述法律、法规适用于中国的设计企业，同样也适用于对华项目工程设计的外商。所以，在设计招标中中方业主在项目工程概念征集、设计招标（初步设计、扩大设计、组织施工图设计）的招标文件中，不仅要载明该项目适用中国法律外，而且列明具体适用哪些法规、规章，尤其要明确招投标、取费、知识产权归属、争议管辖方面的约定。

二、外商对华项目工程设计投标中的知识产权构成范围与归属权

1971 年 7 月 24 日于巴黎修订的《保护文学和艺术作品伯尔尼公约》第二条第一款规定"文学与艺术作品一词包括图画、油画、建筑、雕刻、雕刻和版画作品……与地理、地形建筑或科学有关的插图、地图、设计图、草图和实体作品"；第四款还规定"本同盟各成员国对立法、行政或司法性质的官方文件以及这些文件的正式译本的保护由其国内立法确定"。

在国际建筑领域有圣典著称的 FIDIC 合同条件（1999 版）在第 17.5 条中关于知识产权和工业产权规定："与工程有关的任何专利权，已登记的设计、版权、商标、商号商品名称、商业机密或其他知识产权"。

中国著作权法关于著作权作了明确规定；2003 年 10 月 22 日建设部知识产权局对工程勘探设计知识产权的范围以导则的方式作了明确具体规定（但导则以保护中方勘探设计单位的知识产权为主）。

外商对华项目设计的知识产权范围一般由以下几部分构成：一、以各种载体所表现的该项目的图形作品（概念设计、效果图）、模型作品、建筑作品、文字作品（投标方案及创意）影像、电子软件作品的著作权；二、在设计阶段的工程设计图

纸（方案设计、初步设计、施工图设计等）、说明书、计算书原始资料及技术文件、电子文档等作品的著作权；三、该项目所用的设计人已经申请并已申请有效的专利技术（外观设计、发明专利、实用新型专利）的专利权；四、用于该项目的，有保密措施的专有技术权；五、表现于作品、建筑物上的设计人（单位）商标、标识的商标权及使用许可；六、设计人的其他商业秘密。项目工程设计知识产权中最直接、最主要的是著作权即作品版权。

外商在日常设计活动中对上述第3、4项的知识产权一般不予转让；在设计中涉及设计联合体协议的，联合体外方与中方除对设计合同的权利义务做出约定外另对知识产权部分应予以明确约定。外商的设计公司（事务所）内部分裂、合伙人退伙事件发生也可能引起设计项目的知识产权纠纷。

关于知识产权归属。外商通过与中方业主、项目持有人签订委托设计合同，据中方提出的规划设计要点（交通、环境、地质条件等）及项目批文等相关文件资料进行设计，受托方即委托设计合同中的外商（乙方）在接受中方给付的设计合同对价后提供设计服务并提交设计成果，这种跨国移动服务是市场经济条件下的交易行为。外商在设计过程中产生的图纸、模型、数字、文件、影像与电脑资料等全部设计作品是其服务的主要表现形式。中国著作权法第17条规定："受委托人创作的作品，著作权的归属，由委托人与受托人通过合同约定。合同未明确约定或没有订立合同的，著作权归受托方"。据此，中方业主及项目持有人、投资人（国资项目公司、指挥部、建设办、项目小组）通过与外商签订项目工程设计合同约定著作权（版权）归中方所有。

对外商要求将事务所、公司的商标、标识表现于建筑物之上，业主与外商对该商标和标识的无偿使用权在项目工程设计合同中予以约定。

三、对外商设计的项目工程知识产权保护措施

加强知识产权保护，需要职能管理部门及社会方面的关心、支持，就业主而言，对外方设计的项目工程知识产权保护应侧重以下几个方面：

依照国际法与我国立法，依法保护权利人的知识产权。因购买该项目设计服务形成的知识产权归购买人所有。

我国项目设计国际招标前，在项目立项初就应将知识产权保护载入立项报告、可行报告之中，从源头上树立保护我国涉外项目设计的知识产权的思想，依照上述。

在设计招标工作开始阶段，在方案征集书中、在概念设计招标时，不仅将法律适用、设计取费的规范载入设计方案征集书（概念设计）中，而且明确知识产权的范围与归属，使外商在投标时即已认可。

在项目洽谈、首轮谈判阶段或明确谁为主谈负责人时，必须明确主张知识产权的归属并认真做好谈判的准备。

在项目设计中标通知书发出后，中方业主对招标文件、解释、说明、对外往来的行文中明确知识产权归中方所有。

在设计合同签约阶段，如订立方案设计、初步设计、施工图设计为主要设计内容的项目工程各阶段设计合同中（包括 FIDIC 合同条件、GF－1999—201 建设工程合同、BOT 特许权协议、BO 项目合同等项目设计）中将知识产权范围、归属载明于设计合同条款中，明确约定归中方所有、使用。

此外，在设计招标中为有效保护知识产权，业主可通过聘请精通工程专业、知识产权知识的律师担任业主的法律顾问，从方案征集到项目建设全程法律保障提供服务，适时处理在设计阶段发生与知识产权有关的法律问题。

在项目工程设计招投标中对知识产权保护要防止从一个极端走向另一个极端，依法应当允许外商设计人依法对其设计作品享有署名、修改、发表、复制及保护作品完整的权利，不得一律禁止。

此外，在设计服务商与业主关于知识产权争议与诉讼中，招标代理单位在招标过程中一般非实际侵权人，不应列为被告人，国家相关职能部门通过制定规章、修订已公布的规范等行政手段，制定完善针对外商对华项目工程设计的知识产权保护措施，为中方业主在招标与外方谈判、签约、关于知识产权保护及使用管理争、议处理提供支撑，在招投标及工程设计全过程中保护我国项目工程设计的知识产权。

作者单位：江苏东南律师事务所

2013 年 6 月 13 日

参考文献：

1、《国际通用民商事规则与 WTO 协议解读》

2、《中华人民共和国知识产权法律法规全书》

3、《工程勘探设计咨询业知识产权保护与管理导则》

4、菲迪克（FIDIC）合同条件《设计采购施工（EPC）/ 交钥匙工程合同条件》

5、《关于外国企业在中华人民共和国境内从事建设工程设计活动的管理暂行规定》

6、《知识产权国际保护基本制度研究》

建设工程项目无标底招标

随着我国民主与法制建设进程的加快，公开、公平、公正和诚实守信的原则在招标活动中得到充分的体现与实施，区别于有标底建设工程项目招标的无标底招标方式日渐被业主、代理机构等所关注。国家计划发展委员会等部门联合发布的《工程建设项目施工招投标办法》中明确提出了无标底招标。

无标底招标是指招标人在招标时，对招标项目不编制标底，投标人针对招标文件的条件与要求做出实质反应，经由评标委员会按照评审标准对投标文件评审后确定中标人的一种招标方式。

一、无标底项目的招标

无标底项目的招标必须符合下列条件才可以招标：

招标人依法设立；通过初步设计及概算等应履行的手续；有相应的建设资金或者资金来源已落实；招标范围、方式、组织形式等已核准；有招标所需图纸、技术资料。招标人根据建设工程项目实际确定公开招标或邀请招标。下列情况可进行无标底邀请招标：法律规定不应公开招标的；涉及国家秘密、国家安全、抢险救灾、利用扶贫资金、实行以工代赈的；受自然地域环境影响的；拟公开招标费用与工程价值相比不值得的；技术复杂、有特殊要求、只有少量几个潜在投标人可供选择的。上述项目中有需要经过审批的，按规定办理审批手续。

招标人采用无标底项目邀请招标的，应当向三家以上具备承担项目施工能力、具备与项目要求相适应的资格、资质和商业信誉良好的法人（其他组织）发出投标邀请书。

无标底公开招标的以及符合国家计委 3 号令要求的必须在国家指定的报刊、网络上发布招标公告并载明：招标人的名称地址；项目的内容、规模、资金来源；项目工期，实施地点；取得招标（资格预审）文件的时间与地点；对招标人资质等级要求；标书费用。

无标底项目的邀请或公开招标，招标人应对潜在投标人资质进行审查，实行招标资格预审应当在招标文件中规定预审的条件、标准、方法，实行资格后审的亦然。资格审查主要查明：依法设立，具有独立签约能力、履约能力；具有与项目要求相适应的专业、技术资格和能力；具有相应的设备、技术力量、资金、从业人员、同类项目的管理经验能力；具有较好的商业信誉；三年内未发生骗标、重大违约、重大事故；未发生被取消投标资格、责令停业、冻结查封扣押资产、破产现象；法律、法规、规章规定的其他条件、要求等。

无标底项目的招标文件构成一般包括：投标邀请书、投标人须知；建设工程施工合同的主要条款；对投标格式文件要求；技术条款、设计图纸、工程量清单、评标标准与方法；其他辅助资料等。大型或重点项目的工期超过一年的，招标文件应规定工程造价体系、价格调整因素和调整方法。

标书必须载明评标标准，招标人无论自己编写标书，还是委托代理机构编写标书，由于是无标底招标，评标标准对确定中标人显得更为重要。所以，在招标文件中必须明确评标的标准与评标方法，不仅要明确具体而且便于操作。此外，还必须在具体标书中明确一个适当的投标有效期，如 1999 年版新编 FIDIC《施工合同条件》《生产设备和设计—施工合同条件》《设计采购施工（EPC）/交钥匙工程合同条件》，通用条件"一般规定"中都规定了"基准日期"，"指递交投标书截止日期前 28 天的日期"。无标底招标项目标书留给潜在投标人合理的投标日期是非常重要的。对潜在投标人的标书答疑，组织现场勘探，为其决策编制投标书提供公平、公正的竞争机会，避免因情况不明"废标"而引起发诸多纠纷。

二、无标底项目的投标

无标底项目的投标主体，必须是具备独立法人资格的、符合招标文件中所列标准的企业法人或者企业法人组成的联合体。以往在开标时发现有的投标人委托中介、工程监理、咨询公司以及其他代理人、有的以本公司的内设机构、分（子）公司作为投标主体，投标人经查因主体资格不符合标书要求而不能中标。投标人应针对招标文件中提出的条件与要求做出实质性的响应，并写入其投标书中：投标函、投标报价、施工组织设计、技术与商务偏差等。对非工程主体、非关键性分部工程需要分包的，应在投标书中一并列出。

在现实生活中，个别业主在商品房、小区、商厦开发建设项目中，私下要求中标人通过承办部门（人）向其提供"赞助"保证金（现金）超过工程总价的 2%，有的将保证金写成"赞助"，实际上是索贿，数额巨大的应按《刑法》有关规定处罚。投标人（非国有企业）以"保证金"名义行贿的按《刑法》164 条定罪处罚。在无标底招标中，中标人不按工程量清单规范要求为加大工程造价任意了编制施工变更、新增工程并制造假的工程联系单：骗取工程款

为了防止可能发生的贿赂犯罪，投标保证金数额应控制在规章允许范围内，一般在合同总价款（估价）的 2%（写入须知），一律使用银行保函或汇票、保兑支票，有效期规定为 30 天左右。FIDIC 合同条件中规定雇主（业主）与承包商分别向对方提供担保。目前我国建筑企业约有 2787 亿元工程款未能收回，约占应收款的 54% 以上，业主（甲方）与项目承包商互相之间应出具履约担保手续。两个或两个以上法人订立共同投标协议，并通过资格预审后只能一个投标人参与投标，交纳保证金，联合体各方必须指定牵头人，授权代理事顶，由指定牵头人（委托代理人）代为交纳投标保证金。

无标底招标，虽有标书载明的评标方式与标准，但投标人如果事先串通投标的，又无法发现的，必定给评标带来困难，侵害业主的合法权益，故应防止、禁止投标人之间约定抬高或压低投标报价，或以高、低、中报价的；投标人之间先内部竞价，由其确定的或内定的内部中标人再参与竞争投标的；此外，还应防止、禁止招标人与投标人串通投标，如：投标人事先内定中标人，协助投标人撤换投标文件，更改报价；双方商定抬高或压低报价，事先予以补偿的；有的通过承办人与评委事先个别打招呼，通过事先内定的中标人。上述现象践踏了公平、公正、公开与诚信的原则，对触犯《刑法》第 223 条规定构成犯罪的依法定罪处罚。

国内工程项目无标底投标中，联合体各方通过资格预审进行无标底投标时，除

联合体之间订立协议外，对指定牵头的受托委托应交联合体成员法人代表签署的授权委托书（加盖法人公章）。

三、无标底项目的开标、评标、定标

开标按招标文件的要求，在规定的时间、规定的地点公开进行，开标可以由律师现场见证或公证员现场公证。评委对投标文件审查发现有下列情况之一的应确认标书无效：投标文件未按规定格式填写内容、字迹模糊无法辨认、单位未盖公章的；投标人与资格预审报送资料不一致的；同一项目两种投标书未声明指定的；未按招标文件交付保证金；联合体各方未订立并附送共同投标协议的；委托代理人无法人代表的授权委托书而实施代理的；投标文件未按规定密封、逾期送达或送达地点错误的。投标文件中未能对招标文件做出实质性响应的应拒绝受理，已经受理的也无效。除招标文件另有承诺外，招标文件中未列示的优惠条件、价格条件不得列入评估之中，包括备选方案中的附加收益。

评委按照法律规定与评标标准评审后，向招标人写出评标报告，确定中标人以及其他中标候选人名次，如有证据证明有下列行为之一者，评标无效：评委及其成员在评标过程中有收受投标人的财物等违法行为；评委组建不合法，或该回避的评委参与了评审；招标文件未确定评标标准或者已确定但具有明显倾向性、排斥投标人影响评标结果。

在现实生活中，招标人在中标通知书发放之前、工程建设施工合同订立之前，私下与各投标人签订协议或补充协议，压级压价，约定投标人如是一级资质，按二级资质的取费标准取费，进行一次性让利约定，以是否获得鲁班奖为条件，扣罚投标人在工程竣工后工程款，纠纷形成后地方法院推行地方保护主义，不公正执法，侵害、损害投标人（承包商）合法权益，笔者代理的扬州市某施工企业与马鞍山市顺发房地产开发公司工程款纠纷案便是一例。

中标后，无标底招标项目的招、投标人根据招标文件中规定的合同主要条款精神订立工程施工合同，尤为重要的是关于工程造价、工程款与取费标准、分包、适用定额规范、审计、管辖等条款，都必须做出明确具体的约定。中标后，投标人依据项目工程性质需要向行政监督部门报告的，订立廉政合同（承诺）的，投标人交

付履约保证金的，应当按照规定执行。

无标底项目招投标适用于国内工程建设项目，适用的法律文件主要是《中华人民共和国招投标法》等相关配套法律、法规、规章。国务院有关部门联合发布的《工程建设项目施工招投标办法》即30号令，是各职能部门在实施招投标必须遵守的部颁规章。

但是，我国招投标法及有关规章是在计划经济成分占主导地位时代背景下制定的。随着民营、私营和混合所有制的发展、需要对其进行人修改。各级地方政府制定了大量的地方规章、有的一个地级市政府各部门制定的招、投标的各种规章多达一百多个，全国从上到下此类规章成千上万、给无标底招标造成麻烦障碍、修改招投标法和政府采购法、清理规章、建立统一、标准的建筑规范，近年来，尤其2017年以来，发改委专门行文要求各地对现有各地、市、县制度的规定进行修改；新发布的招投标法及实施办法对招投标作出了新的规定，招投标活动在法制轨道上运作，是做好无标底招标的法律保障与依据。

外企对华工程设计风险防范

中国参加 WTO 后，在扩大对外开放、拉动内需保增长政策指导下，一大批重点建设工程陆续上马，外国设计企业及其在华机构加入中国建设工程的设计，其中，国有独资项目占据很大的比重。笔者结合参与全国十运会场馆—南京奥体中心以及江苏省人民医院扩建、南京图书馆等多个大型项目工程全程法律保障实践，就如何防范合同风险，就工程设计合同风险防范，一抒管见。

一、严格外国设计企业设计资格与资质审查，保证设计合同签约主体适格。

在工程建设的实践中，为承揽业务，一些外国设计企业在华设立的代表处、办事处打着外国设计企业的旗号，在没有外企授权的情况下参与我国工程设计招投标并在工程设计合同上加盖代表处、办事处的公章；有的中方设计企业或外国代表处、办事处在没有与外方订立的联合体协议、没有外国设计企业授权的情况下，以外方名义投标、签约；外国设计企业分裂后的合伙人在已离开原外国设计企业、不再是该外国设计企业合伙人、出资人后，仍以原企业的名义来华投标、订立设计合同；外国设计企业内的单个合伙人虽有设计证书并经公证、未经该企业（董事会或股东会）授权，以其个人的名义授权委托中国公民为其代理人向业主代为提交方案设计、签订设计合同；外国设计企业在华设立的代表处、办事处等联络机构打着外方旗号忽悠中方政府机构，订立设计合同；此外，虽然中国政府批准，在华投资设立的外资设计企业内设分公司（分支机构）及其设计人员在无法人授权的情况下也代理签约；此外，有的中方签约主体也存在不适格问题……

上述不适格主体有的因此已经形成设计合同纠纷；有的不能履行合同约定的设

计义务，对项目设计质量与建设构成威胁；不适格主体由于不能承担设计合同风险，对中方业主、国有资产造成经济损失。

防范设计合同风险签约主体必须适格。据《中华人民共和国民法通则》第五十五条，《中华人民共和国公司法》第三条、第十四条，《中华人民共和国合同法》第九条规定，设计合同必须以企业法人名义签约。外国合伙制设立的设计企业（有限公司）及在华设立的外资设计企业应由有签约资格的该企业的法人代表代表该企业签约；一般不采用授权代理签约方式，除特殊情况可由外国设计企业或法人代表授权代理。但委托代理的手续以及授权人的签字等必须在本国或州政府公证机构或行业协会提供证明。

据建设部 [建市（2004）78 号]《关于外国企业在中华人民共和国境内从事建设工程设计活动的管理暂行规定》规定，符合资格预审条件的外国企业，方可参与合作设计。第七条规定中方及其招标代理机构可以要求外国企业提供能满足建设工程项目需要的有效的、中英文对照的材料：所在国政府主管部门核发的企业注册登记证明；所在国金融机构出具的资信证明和企业保险证明；所在国政府主管部门或是有关行业组织、公证机构出具的企业工程设计业绩证明；所在国政府主管部门或者有关行业组织核发的设计许可证明；；国际机构颁发的 ISO9000 系列质量标准认证证书；参与中国项目设计的全部技术人员简历、身份证明、最高学历证明和执业注册证明；与中方设计企业合作设计合同及其他相关资料。

在华设立的外资设计企业是中国企业法人，除依法取得建设行政主管部门核发的工程设计企业的资质证书，必须执行中国的相关法律、法规与规章。

FIDIC 合同条件（1999 年版）《设计采购施工（EPC）/ 交钥匙工程合同条件》（Conditions of Contract For EPC/Turn Key Projects）在 1.1.6.5 中对法律定义为："法律，系指所有全国性（或州的）法律、条例、法令和其他法律以及任何合法建立的公共当局制定的规则和细则"；在 4.2 履约担保；4.9 质量保证；4.23 承包商的现场作业等都有明确规定。据国际惯例，外国设计企业在华从事设计活动必须执行、适用我国法律、法规、规章与规定的规范文件和地方规章。

业主在资格审查中按规定要求外国设计企业不断补充、完善相关资料，做到合同主体适格、资质、参与设计的人员与业绩等满足工程设计需要。

二、切忌将设计方案入选（中标）代替初步设计和施工图设计的招标投标，全部设计依法进行招标投标

业主、甲方、项目持有人（或招标代理机构）往往将外国设计企业送审并被入选的建筑工程概念性方案设计中标（入选）错误地认为是建筑工程实施性方案中标。偏废了对外国设计企业在初步设计（基础设计）、施工图设计（详细设计）方面的资格审查，以方案设计入选代替工程设计的招标与投标。

更有甚者，有的外国设计企业错误的坚持方案设计中标就是全部工程设计中标，无视甲方、业主、项目持有人对其资质、资格审查的正当要求，有的以退出工程设计为要挟拒绝中方对其资格与资质的审查，拒绝提供相关资料。

有的业主为使方案设计与初步设计、施工图设计无缝对接，单方面决定外国设计企业的负责人、工作人员及其授权委托的签约代理人参与项目设计的评标活动。

建设部建市（2004）78号文和2008年《建筑工程方案设计招标投标管理办法》规定建筑工程概念性方案设计（方案设计）与建筑工程实施性方案设计（初步设计、施工图设计）的规章适用有所区别，方案设计入选或中标的外国设计企业不等于是初步设计，施工图设计的中标设计单位；施工图设计与初步设计必须按我国招投标法及规定的程序进行招标、投标。

据国家发改委《工程建设项目招标范围和规模标准规定》规定，基础设计项目、公用事业项目、国有资金投资项目、国家融资项目、国际组织或外国政府资金项目的勘探、设计、监理（单项合同估价在50万元以上）、设备、材料采购（单项合同估价在100万元以上）、施工（单项合同估价在200万元以上）以及总投资额在3000万元以上的应当公开招标；但据《建设工程方案设计招标投标管理办法》第四条规定的凡涉及国家安全、秘密；抢险救灾；特定专利、专有技术、特定造型工艺、计改项目，技术复杂设计机构少于三家的等情形外，所有方案设计都应当公开招标；外国设计机构必须按建设部建市〔2004〕78号文件执行。关于工程设计招标投标，据《建筑工程设计招标、投标管理办法》第三条规定：采用特定专利技术、专有技术或建筑艺术造型有特殊要求的，经有关部门批准，可以直接发包，否则，应当公开招标。据《中华人民共和国招投标法》以及上述相关规定，外国设计企业

参与我国工程设计的都应当依法公开招标。

合作设计单位即联合体协议的中方与外方存在利害关系，违反招投标法关于公平、公正、公开的原则，不宜参与业主（甲方）组织的对中国设计企业招标与评标活动，更不得担任评委参与评标。

为使设计招标依法进行，故在招标说明与设计合同条款（主合同）中明确规定方案设计与初步设计、施工图设计两个阶段的区别和应当提交的资格和资质预审的材料；明确规定各方设计的范围、内容、深度；明确规定设计取费的依据、评标方法、知识产权的归属；明确规定设计材料数量、进度、提交时间；明确规定现场服务人员的姓名、职务、授权范围；明确规定法律适用、强制性规范、纠纷处理、诉讼管辖等，全部设计都必须依法招标投标。

三、停止不适当的行政干预，实行有效的行政监管。

国际招标的大型项目多半为国资项目，负责人多半是行政领导或机关负责人，时常会出现不适当的行政干预：对方案设计的评审不通过专家评审而由领导一人说了算；以中标（人选）方案设计代替初步设计与施工图设计；个别人未经论证变更设计；个人主观决定设计费用并干预合同约定的设计费支付进度；领导不适当干预联合体协议的签订；不适当干预甲方与乙方设计合同的签订……有的因此形成设计合同风险产生纠纷影响工程工期与造价，造成国有资产流失，有的构成犯罪。

国家发改委关于贯彻《中华人民共和国招投标法》的通知中，对如何依法实施行政监管提出明晰规定。

建设行政主管部门备案。据建设部《建筑工程设计招标投标管理办法》第十二条规定，境外设计企业参与国内建筑工程设计投标的，应当经省、自治区、直辖市人民政府建设行政主管部门审查，备案登记、批准；

切实推行项目法人责任制。

推行建设项目法律顾问制。项目法律顾问对工程设计合同以及其他合同的草拟、修改、审查、签约；对参建单位主体、资格、资质、资信、业绩审查；对委托设计合同深度、范围，以及合同的变更、补充，进行审查，防范风险。

受各级纪委指派到项目（指挥部、建设领导小组或办公室以及项目公司）现场工作的纪委、监察部门的工作人员依照职能与分工实施行政监察，同时还应当与项目实施机构（计划部或工程部等）部门工作人员相结合。纪检和项目法律顾问相结合，共同对设计项目招投标等与建设活动相关的民事法律行为实行监督；充分发挥招标代理机构的作用，使设计招标程序合法化。在南京奥体中心、南京图书馆项目建设过程中，笔者与江苏省纪委指派到项目纪检工作人员相配合，及时审查外国设计企业资格、资质材料、招投标合同文件，指出存在的法律问题与风险，适时提出法律意见，为项目提供全程法律服务，至工程竣工未发生一起诉讼纠纷，有效防范合同风险发生。

四、明确中外合作设计联合体协议中各方权利义务，保证主合同全面、实际履行。

按我国现行规定，外方与中方设计企业在建筑工程概念性方案设计阶段与建筑工程实施性方案设计阶段（初步设计、施工图设计）应当订立合作设计合同即联合体协议。但是，联合体协议签订与履行过程中有时会出现合同权利与义务不对等；有的中方承担的项目设计任务多而取得的报酬少，显失公平，引发纠纷；有的由于设计内容、范围、深度、取费（汇率、代理收款）、延伸服务与现场服务约定不明引发中外设计企业内部形成纠纷；业主对设计方订立的设计合同（主合同）权利义务约定不明形成纠纷，导致联合体中的一方向项目行政主管部门与首长投诉，有的因设计合同纠纷诉至法院查封账号，影响整个工程建设进程。

订好联合体协议首先要明确设计各方的企业名称、注册登记所在地、法人代表、国籍、身份登记、住所、联系方式；建设工程项目所在地、规模；对合作设计的范围、期限、设计内容、深度、质量、工程进度的要求，合作各方权利义务的划分、分包、合作收费的构成、分配、纳税；争议解决办法、诉讼管辖及合同生效条件等明确约定。设计费汇往国外的，应当与外方在国内代理公司订立代理合同。对同一设计项目的变更设计、对原合同中约定而未完成的设计任务、按投资概算收费的业主又追加投资的应当在主合同和联合体协议中明确约定，防止纠纷发生。外方在现场提供咨询服务工作人员的姓名、职务、身份、服务内容、时间及授权范围等明确约定。联合体协议应当为设计合同组成部分，联合设计的各方对甲方承担连带责任。

建设工程设计主合同中约定由外国企业设计的部分，业主不应当分包或转包；中外双方联合体都应当提交保函；由外方设计的加盖中方出图章的设计文件，必须明确注明外方设计机构和设计人员。

五、关于设计主合同签订的需注意的几个问题

在一般情况下，设计合同即主合同中业主应为合同的甲方，联合体的外国与中国设计企业共同为主合同的乙方 [乙方（一）和乙方（二）]。联合体协议作为主合同的组成部分，但在签约实践中常常出现甲方与乙方（一）单独订立单体设计合同后，甲方与乙方（二）再单独订立单体设计合同，另将联合体合同作为合同的组成部分。后一种方法不利于联合体共同履行主合同约定的权利义务，不利于合同的管理。为防止可能发生的合同纠纷，应当采取前一种方法。

此外，建设部曾公布设计合同制式合同的范本，但该范本主要是针对中国设计企业的。由于外国设计企业的介入，主合同条款在许多方面必须进行调整，其中通用条款、联合体协议、合同附件变动较大，合同各方对主合同条款的订立应当明确具体。

六、立法思考

我国对外国设计企业在华从事建设工程设计活动在立法上有待进一步的完善：资格与资质审查规定不尽明确具体，如在建市（2004）78 号第七条"建设单位在对外国企业进行设计资格预审时可以要求外国企业提供以下能满足建设工程项目需要的有效证明材料"。有的外方将"可以"理解为也可以不送相关材料，对外方所报送的材料缺乏硬性规定，尤其对企业注册、业绩、设计人员、保函、授权、国际 ISO9001 认证等应当做出硬性规定；有些建设单位将与本项目有利害关系的外方代表作为对中方设计企业公开设计招标中的主要评委；对项目的室外、绿地设计等一些非结构性的简易设计都打包由外方设计；对外国企业及其法人代表的合法表现形式、对外方的签字的法律效力的认可等缺乏更为明晰的规定。建议对已有的规章进行清理、修订；制定更加统一、规范的法规和规章，使工程设计合同风险分配更加公平，有利于依法维护业主与工程设计承包商的合法权益。

统一招投标法规

　　统一招投标法规是指对现行招标、投标法律的修订达到立法、司法统一以及各级政府、部门依据上位法对已经制定、施行的规章进行清理、修改达到统一。

　　招标与投标原始的概念是某一特定商品交易公开竞价拍卖方式，在现代商品市场交易中区别于邀标、竞争性谈判、磋商、单一来源采购等交易方式，它有着更为严格的法定程序与操作步骤，以促进公平、公正、公开的商品交易秩序的建立与交易行为实现；它是商品市场经济发展的产物，同时又反哺于商品市场，促进社会进步、技术革命与商品质量提高。

（一）

　　为适应改革开放、商品经济发展的需要，我国于 2001 年 1 月 1 日《招投标法》施行，2003 年 1 月 1 日《政府采购法》（2014 年 8 月 31 日修订）施行；两法实施条例相继出台。随后，国务院及各部委相继出台关于工程投标人资格预审、勘探、设计、施工招标、专家库、监理、担保、信息公开、总包、分包、自行招标、评审、货物、公告、代理、市场管理等 16 个号令 22 个规范性文件。

　　省一级政府职能主管部门又相继出台一系列招投标方面的规范性文件，华东某省颁布的条例、规定等文件出台的达 33 件之多。全国几十个省及中央直辖市都相继出台了关于招投标规范性文件。

　　省辖市也发布了大量规章及规范性文件，某省地级市多达 13 个以上；仅其中一个地级市就出台了招投标方面的规定、办法等规章百余件，全国各省、市出台的有关招投标规章与规定数量可观。

区、县一级地方政府依据《立法法》也自行制定有关招投标方面的地方性规章，其数量之大更不可小视。

笔者应邀参与由华东某省招标办、省招投标协会分别组织的对招投标规章的清理工作；参与项目组组织的专家、省政府职能部门负责人参加的《招投标法》修订的专题会议，深切感悟到招投标领域的规章令出多门、限制潜在投标人投标、地方保护主义盛行，从而导致有法不依，串标、围标违法行为屡禁不止，有的重大工程因违法招标、投标造成重大事故；人员死伤、财产损失严重；有的侵吞国有资产造成大量国有资产流失；有的侵害业主（招标人）合法权益；从公布的建设工程重大责任事故犯罪与职务侵占、渎职犯罪案件事实看，有的直接与招投标有法不依有关；有的地方性规章杂乱给不法分子利用招投标实施违法行为提供了便利，给人民生命财产造成重大损失。

（二）

中共十八大五中全会向全党、全国明确指出加强中国法制建设、依法治国的方略；清理规章、统一招投标法规刻不容缓。计划经济对《中华人民共和国招投标法》和《政府采购法》（下称"两法"）的起草立法有一定影响；十五年来，中国市场经济地位更加明显；民营资本、社会资本在十八大四中、五中全会政策指引下，比以往任何时候都更加活跃地参与基础设施、公共事业等原本属于政府垄断性行业的投资建设中，集中反应在PPP项目运作上；混合所有制企业与私营资本渴望更加公平、公正、公开便捷的市场交易方式出现；创新驱动发展、侧结构改革呼唤更加统一、规范的招投标法规；商品经济飞速发展呼唤加速对不适应的法律、规章的立、废、改，出台新的法规以适应市场经济发展需要。

关贸总协定的加入，以及1月18日开始的达沃斯论坛进一步推进全球经济一体化；"一带一路"战略把改革开放的中国市场推向全世界；沿线一百多个国家的企业与私营投资者参与"一带一路"投资更需要一个稳定、公平、公开、公正的招投标市场秩序。

中国政府在《WTO协议》第二条中庄严承诺"中国应该统一、公正和合理的方式适用和实施中央政府有关影响货物贸易、服务贸易、与贸易有关的知识产权

（TRIPS）或外汇管制的所有法律、法规及其他措施以及地方各级政府发布或适用的地方性法规、规章及其他措施（统称为法律、法规及其他措施）"。

无论从国内或国际哪一个角度考量，统一招投标法规均有充分的理由与现实意义。

（三）

当前，对"两法"的修改，学者与企业家的意见大致归纳为两种，一种是"维持说"，第二种是"合并说"。"维持说"的最强音来自政府职能部门、机关，简言之为上层，其中最重要的观点是维持《政府采购法》的单独存在，九届人大第二十八次会议修正通过《采购法》，认为该法就是为政府采购量身定制的；对采购方式《采购法》第四条十分明确规定采购"适用招投标法"；人为即便需要修改也只能在该法内容上调整，法条上增减，实施办法上补充，但对该法整体构架、布局不得大幅改动。

"合并说"认为：1、两法主要采购方式相同，都是用招投标方式实施采购；2、采购的主体资格相似，都是招标人（招标代理人）身份出现在公示与标书中；3、采购商品分类相似（相同），采购一般均为货物、服务、知识产权，这与《WTO 协定》国际条约接轨；《招投标法》第三条与《政府采购法》第二条相同或相似；4、基本原则相同，《招投标法》第五条与《政府采购法》第三条规定相似或相同；5、招投标程序相似，《招投标法》将招标程序设计在第二章（招标）、第三章（投标）、第四章（开标、评标、中标）内，而《政府采购法》设计在第二章（政府采购当事人）、第三章（政府采购方式）、第四章（政府采购程序）、第五章（政府采购合同）内；6、两法对不需要通过招投标的都做出相似规定，如《采购法》第二十六条第二、三、四、五、六款；而《招投标法》规定在第十七条及实施条例中；7、"两法"的实施条例对两法在投诉、法律责任、争议处理等分别做出相似的补充规定等。

笔者赞成第二种观点"合并说"，除上述理由外还有以下理由：

两法合并更有利于市场商品经济发展。例如我国 1999 年 10 月 1 日施行的《合同法》，它的前身有《经济合同法》、《对外贸易合同法》、《技术合同法》三法并存。三法分别调整不同民事法律关系但性质相似，三法合并成为统一《合同法》后更有利于执法、司法；实践已经予以证明。八章《合同法》其总则设计十分合理、科学、概括、统一；分则设计为三十五章，包容了各类不同合同的个性；布局合理；与上位法《民法通则》相紧扣，对规范促进货物流通与商品经济发展发挥了巨大作用。美国将招投标与政府采购统一在一部法律中。将"两法"合并、有利于我国市场经济发展，更有利于中国商品参与全球大流通。

清理地方规章、消灭"地方割据"，保持大法统一，意义更为重大。国务院关于清理地方性规章做出明确的规定；地方政府设立的规章清理小组正对各类规章修改；废止一切有悖上位法的规定；对有关以"资格入库单位"、"诚信单位"、"在本区域设有分机构"等常有地方保护主义的地方规范性文件限制潜在投标人投标的条款必须清除；对同级政府各部门之间设立的相互重叠的规章进行合并；违反上位法的予以清除废止。修改的规章上报备案，通过政府信息平台发布。

（四）

统一招投标法规修订几点建议：

无论"合并说"还是"维持说"，都必须适应创新驱动、侧结构改革、经济发展需要。当下，应当对"两法"及部颁规章应当认真审视，根据十八届三中全会、四中、五中全会精神，结合十多年来"两法"司法实践，结合"一带一路"战略实施与混合所有制的推行进行修改：

一、关于布局与结构设计。应加强总则设计，针对不同采购主体（政府、经济实体、企事业单位等）、不同商品（货物、服务、知识产权）而设计一个统分结合、包容兼顾、权威统一的顶层设计方案。

二、关于招、投标法适用领域：修订后的新招法虽然是国内法但必须面向全球，与 WTO 规则相接轨，充分考虑外商参与一带一路沿线国家企业的 PPP 项目投资建设的竞标活动，调整适用范围、法域空间。

三、关于适用招投标法的范围：不仅从建设工程方面考量，更应将知识产权、服务、货物作为招标对象载入新法，将货物贸易、服务贸易、知识产权贸易作为招投标的范围。《采购法》第二条所指工程，在我国禁止 BT 项目运作后已无实际意义；工程施工及一切加工承揽实际只是另一种形式的服务而已，不应单列。

四、关于招标人：依法招标的可以是中国私营、民营企业，政府国资、外商在华设立的企业，一切符合我国《公司法》及相关法律、法规规定设立的具有民事权利能力、行为能力的独立法人以及它们委托的代理人，均有招标资格；可以通过招标选择招标代理人。

五、应吸收地方规章中合理部分充实到新法中（特殊的除外）；统一"两法"的两个实施条例；力避各级政府重复制定实施办法；同一个政府各部门之间重复制定实施办法现象。

六、修订后的新法对强制性招标、不招标的范围做出明确规定；对远程电子招标及相关招投标方式作出规定；与侧结构改革相适应；对不同商品（货物、知识产权、服务），不同采购对象（中国政府、企业法人、外国法人等）制定具体条件与标准，包括对等原则、最惠国待遇与国民待遇的适用。

七、我国《刑法》233条串通招投标罪的罪状已经予以规定，为打击招投标领域中的犯罪，新法应对招投标领域犯罪的量刑标准应予以适当提高，主要表现在加大经济处罚量刑幅度。

八、对《招法》第三条以及《采购法》中相应条款关于"招标项目的具体范围和标准……报国务院批准"应当予以调整。法律由全国人大常委会制定，适用于中国境内包括政府在内的每一个平等的民事主体，故在修改后的招投标法中不应过多体现政府至上的表述，易使投标人产生以权代法的联想，在"一带一路"项目建设中尤为重要。如有相关规定可通过立法或司法解释予以规定、释明。

九、新法制定与修改机构必须杜绝政府职能部门至上的现象。由实践经验丰富的专业立法机构、部门的专业人士做立法、修法专业的事。参照世界商品经济发达地区及英、美、法等国家关于招标法方面立法经验，听取我国审判检察机关、职能部门、专家学者、行业协会意见，提高修改立法水平，使修订后的招投标法的法律体系更加科学、严谨、实用，做好顶层总体设计至关重要。

十、要处理与日俱增的招投标纠纷、投诉，应将争端处理机制写入新法之中。FIDIC合同文件作为一种国际惯例载入WTO文件中，其中之一的《设计采购施工（EPC）/交钥匙工程合同条件》第20.2~20.5条中专门设置争端裁决委员会，参照该文件，修订《招投标法》应将争端处理机制载入其中，减少讼争与招投标成本。

十一、新法修订与修改参照《合同法》的起草、修订的经验，虽这两部法分别属于行政与民法范畴，但《合同法》起草、修订的总体设计、总则、分则的结构布局，包容兼顾的做法，对招投标法、采购法的修订有借鉴与指导意义。

十二、"两法"修订应充分吸收司法实践以及地方规章的精华充实到总则或分则中；有效阻止地方两头立法；无疑，新法的诞生，对地方规章又面临一次再修改，将产生新一轮的规章清理与立、改、废。站在国家统一立法高度，扬弃旧法是做好统一招投标法规的关键之一。

参考文献：

1、《建设工程招标投标相关法规汇编》（江苏省招标办 2013）；

2、《民事审判常用法规汇编》（江苏省高级人民法院 2010）。

3、《中华人民共和国合同法》；

4、《中华人民共和国招投标法》；

5、《中华人民共和国政府采购法》；

6、《中华人民共和国民法通则》；

7、《国际通用民商事规则与 WTO 协议解读》（民商事 WTO 规则研究室，九州出版社 2001 年出版）；

投标人业绩认定

通过资格预审后适格的投标人，其业绩能否满足招投标文件的要求，往往成为能否中标的关键因素之一，也是投诉和复议争执的焦点。例如：2014 年 9 月，某省大剧院建设工程管风琴设计、制造、安装招标；标书明确要求：凡 60 音栓上的计 0.5 分，70 音栓的计 1 分，80 音栓以上的计 1.5 分，投标人提供近三年管风琴设计、制造、调试、安装的工程业绩，如境外项目则需提供中英文对照的书面文字说明以便于唱标。上海某公司提供其在韩国首尔音乐厅、奥地利维也纳金色大厅、巴黎国家音乐厅等六国境外业绩，并将上述境外工程业绩以条目标题方式说明，后经评委评审中标。投标人山东某公司提起申诉，认为中标人工程业绩存疑，未能提供证明业绩的具体中标合同、竣工结算等书证佐证，导致复议程序启动。

从本案和其他案例可见，工程业绩认定需注意以下几个问题：

一、招标文件须明确具体说明投标人提供工程业绩。

招标文件中须明确具体说明投标人提供工程业绩的资料，不能笼统要求"投标人提供工程业绩资料"，应结合招标实际，针对国际和国内、本地区范围的情况。在招标文件中对工程设计（概念设计、初步设计、组织施工设计）、勘探、招标代理、施工建设、材料设备、服务、知识产权等方面的工程业绩要求，做出明确、具体、量化的，使投标人不至于误解，并据此可以做出实质性响应的工程业绩的招标要求。同时也便于评标时评委能尽可能快的查明业绩构成的因素及评分标准。

招标人在招标文件中未一次性说明的，可在规定期间在补充文件、答疑中予以明确。对境外业绩不作为投标人业绩的，招标人可在招标文件中明确规定。使工程业绩的概念、构成内容、表现方式做到明确具体。不致使招投标各方、评标人、纪检监察人员、政府招投标各个部门产生误解与歧义。

二、国内工程业绩认定的一般概念

投标人的工程业绩是指在招标文件规定期间，由投标人提供实际设计、施工或服务，已经完成并实际交付与招标文件相对应的工程。能反映并能证明国内工程业绩的材料泛指合同招投标文件、合同协议书、中标通知书、工程竣工验收交接证明、工程审计与结算报告等。其表现方式与载体为：纸质或电子版本文件、图像、照片等。

投标人根据招标文件做出实质性响应，提供能满足招标文件的工程业绩证明材料。

三、国外工程业绩

投标人向国内或国外招标人提供能反映其工程业绩的，除根据招标文件要求外，仍须遵守工程所在地国的法律及相关规定。

投标人必须注意国际工程施工普遍认可的 FIDIC 合同条件中的要求，承包商针对雇主要求做出响应。我国参加 WTO 并承认 FIDIC 合同条件，我国交通、金融等有关部门与国际咨询工程师联合会、中国工程咨询协会制作专项合同版本。1999年新版的《生产设备和设计—— 施工合同条件》；《设计采购（EPC）/ 交钥匙合同条件》、《施工合同条件》、《简明合同格式》对能反映承包商已经完成的工程业绩的合同文件均有具体规定，这些合同文件均能够反映证明承包商、投标人完成的工程业绩。 中方招标人以 FIDIC 合同样本作为招标合同文件或外方委托中方代理招标；中方企业在境外投标适用 FIDIC 通用合同条件。

FIDIC 通用合同条件"一般规定第 1.1.1.1 规定"合同系指：合同协议书、中标函、投标函、合同条件雇主要求、资料表、承包商建议书以及合同建议书或中标函中列明的其他进一步文件（如果用）。第 1.5 条文件优先秩序规定（a）合同协议书（如果用）（b）中标函（c）投标函（d）专用条件（e）本通用条件（f）雇主要求（g）资料表（h）承包商和构成合同部分的其他任何文件。第 13.1 条竣工后试验中明确"工程接收证书"。

上述 FIDIC 通用合同条件条款规定下的工程业绩文件可以从"合同协议书、中标函、合同条件、工程接收证书"等书证予以佐证。中方招标人如果要求投标人提供境外工程业绩，可参照 FIDIC 通用合同条件条款的规定，要求投标人提供与招标文件相适应的境外业绩资料

四、防止伪造工程业绩

由于招标文件规定的完成业绩时间跨度大（3-5 年）、工程分布广、工程资料多，时常发生投标人伪造工程业绩（假章、假合同、假项目）进行投标；以别人业绩视为自己的业绩投标。引发中标后的投诉、复议、废标等现象连锁发生，严重影响工期与施工进度，造成巨大损失。

为防止此类现象发生，首先，招标人应改进对入围投标人工程业绩资料进行审查，多方面、多渠道的依法审查，对代表人约谈，促其如实提供业绩材料；其次有针对性地进行实地考察；再次，责成招标代理人、标书制作人在评标前注重评标前的审查程序，排查业绩真伪；再次，要求评委按照七部委 12 号令要求评标并对业绩审查严格按照招标要求审核，防止以假替真；最后，招投标协会及相关政府职能部门对招标中的投标人业绩条款通过适当程序明确化、规范化；依据、招投标法、条例以及七部委 11 号令规定加大对违法情况的惩罚。

规范业绩认定是保护招投标公平、公开、公正原则的实施，维护业主、招标人（潜在投标人）合法权益，防止纠纷和经济损失的发生，应当引起高度的重视。

五、适时建立全国统一数据库

正如上文所述，投标人工程业绩的认定已经成为招投标活动中的重点、难点。究其原因，无外乎是投标人提交虚假业绩的成本低、评委审核难度大、事后又缺乏有力的惩戒机制。长此以往，必然会对整个招投标活动的有序、公平造成破坏。随着信息化技术的发展及电子招投标制度的完善，为这一问题的解决提供了新的思路。在此，笔者建议应当考虑适时建立全国统一的投标人业绩数据库。数据库采取建设单位申报、主管部门初审备案、公示业绩、虚假业绩惩戒机制的流程运作。此

举可以最大程度的提高招投标活动透明度、节约资源和交易成本、杜绝弄虚作假暗箱操作。

该数据库的具体运行机制及作用为：1、建设单位定期将其工程业绩统通过登记表的形式统一上传至数据库，并由当地住建部门或对口单位审核其业绩的真实性、有效性。由于业绩认定的相关材料（包括招标文件、中标通知书、工程竣工验收交接证明、工程审计与结算报告等）多由住建部门备案，且系当地了解工程进度情况，审核起来难度小，准确性高，造假困难。2、通过主管部门初审的业绩材料，上传至数据库备案，上述业绩一经备案，只能补充不能修改，则进一步能够督促建设单位提交真实业绩，同时也能防止初审部门不作为、走形式、开口子徇私舞弊。3、备案的业绩材料通过信息公开平台向全社会公示，任何单位或个人均可查询。这样可以发挥一切力量，包括竞争对手在内的潜在投标人对备案业绩材料的真实性进行监督。此种事前监督，不同于传统招投标活动的事后投诉、复议，废标，往往效果更好，对业主及招标单位影响也最小，有利于节约资源。4、经备案公示后的投标人业绩，可以直接用于招投标活动（包括传统招投标及电子招投标），评委在审查时，只需审核其形式，简便了评标程序、统一了评标尺度，提高招投标活动的效率，节约交易成本。5、建立投标人虚假业绩惩戒机制，在初审、备案、公示、投标活动中，如果建设单位提交或利用了虚假业绩。主管部门应当对其失信行为进行惩戒，具体措施是撤除其虚假备案业绩，在一定时间内冻结其申报新业绩的资格，情节严重的可以永久取消其申报资格。投标人一旦弄虚作假，就可能面临在一段时间内无业绩可用于投标活动的局面。可以有力地震慑建设单位使其不敢越雷区一步。

数据库的建立，可以有效地利用技术优势，整合信息、提高透明度、全程记载交易过程、节约交易成本、有效查处失信违法行为，为解决当前招投标领域内的突出问题提供了条件。

招标代理人权益保护的几个问题

我国在《招投标法》及《实施条例》、《政府采购法》及今年2月施行的《政府采购非招标采购方式管理办法》、去年5月1日施行的《电子招投标办法》中，为我国招投标制定了强制性规范，保证了招投标活动的公平、公开、公正的进行，维护了招标人、投标人的合法权益。

在招投标实践中，招标代理人的权益时常遭到侵害，下文就招标代理人权益保护的几个问题，一抒管见：

一、关于专利产品招标代理中的侵权与防范

案例：2007年，江苏省某招标公司就可变压电机产品公开招标，上海某电气科技公司将其具有专利权的产品进行投标并递交了产品说明书，代理人审查接受了投标文件并将其作为适格投标人予以入围，同时投标人哈尔滨某科技公司也一并入围；在公示期内，哈尔滨某科技公司认为上海聚友公司侵犯其专利产品的专利权利，向南京市中院起诉，请求撤销被告专利并停止侵权，同时将江苏某招标公司列为第二被告，作为专利产品侵权人诉诸法庭。笔者受委托成为江苏省某招标公司的代理人参与本案一审、二审，指出代理人只对投标文件进行形式审查，对专利权利要求书中的保护范围没有实质性审查义务；不承担可能发生的侵权责任，法庭采信了笔者的代理意见。最终驳回哈尔滨某科技公司对江苏省某招标公司的诉求，该公司因此胜诉。

通过本案、招标代理人在货物（设备）招标中，为了维护其合法权益，不仅要求招标人即供应商提供采购标品的成套价格、专利（发明、实用新型）与专有技术

说明，而且在招标文件、招标人须知中，对可能涉及专利产品侵权的情形应预先做出免责声明：在招标代理中，编制招标文件时针对性的做好预防专利产品侵权现象发生，维护招标代理人自身合法权益。

二、加强招投标全程电子技术集成的知识产权保护。

2013 年 5 月 1 日《电子招投标办法》施行，对电子招投标交易平台的监管、运行流程做出了明确规定。实现网上招标、投标、开标、评标、评标专家管理、招标代理管理、投标业务流程审批、预警监督、统计、归档等。这些功能是通过招投标全程电子化集成，以电子模板等方式来实现的，政府公共资源交易中心对货物、服务、知识产权、建设工程、工程设计等招标，按标准招标文件范本与规范制成模板形成招投标工具。政府招标管理部门通过与技术开发商签订技术开发合同而实现的。

《在电子招投标办法》施行前有的城市已经在推广使用网上招投标，但由于政府招标管理部门在签订该项技术开发合同中，对知识产权归属约定不明，导致技术开发商将用于 A 城市的招投标全程电子技术集成模板又用于其他城市或企业，不仅对政府招标管理部门构成侵权，而且侵害招标代理人、投标人的权益。违反破坏"公平、公开、公正"的法律规定。

为防止侵权行为的发生，招标代理人、政府招标管理部门在与技术开发商订立招投标全程电子技术化集成开发、安装合同时，应当明确约定知识产权即著作权归其所有；明确约定巨额违约金；明确违约侵权的责任，对可能和已经发生的侵权行为及时采取有效的措施；及时收集证据，采取包括诉讼在内的维权措施。

三、招投标代理中加强对设计作品的知识产权保护。

我国有的大剧院建成后投资人即项目持有人没有该项目设计的知识产权，因为该项目是由中方委托境外设计单位设计的，由于对著作权在设计合同中未能明确约定，在开标之时即已经丧失。在涉外招投标活动中，招标代理人由于疏于对招标文件的审查，也是导致此类问题发生的原因之一。

江苏大剧院概念设计全球招标中，防止因约定不明产生设计著作权纠纷，在招标文件中不仅明确该项目的法律适用中国法；在合同中将设计文件、沙盘、电子音响设备的著作权均约定归中方所有；外方设计单位标注与该项目中的商标权有无偿使用的权利；为防止此类纠纷发生，招标代理人在接受招标人委托进行全球招标活动中，应当审查并明确设计作品的著作权归属于委托方所有并载入设计合同中，防止侵权行为发生。

四、加强招标代理人商业秘密保护，以防止侵权行为发生。

招标代理人在招标代理过程中，在其主办的招投标网站与期刊中形成了一定的商业秘密，与其聘用的工作人员在签订劳动合同中，因未将单位的商业秘密的保密范围、保密手册载入合同；与聘用的工作人员在签订劳动合同时未列明离职后禁止从事相同职业、创办同类公司、网站的竞业禁止性规定，当有的工作人员离开招标代理人（网络公司）单位后，擅自将招标代理单位多年苦心经营的商业秘密、会员单位资料、掌握内部商业秘密的核心人员带离，造成巨大经济损失。

为防范此类现象发生，招标代理人（网络公司）应强化商业秘密保护，在人员聘用合同上、保密手册、员工须知等内部文件中做出明确竞业禁止和商业秘密范围的规定，明确约定违约的责任和处罚，防止侵权现象发生。

五、认真履行招标代理人职责，防止共同侵权行为发生。

南京博物院二期工程的音响设备招标于 2014 年 4 月开标后，招标人收到了举报投诉。经查，投标人制作的反映其业绩的投标材料中虚构了施工合同、公司印章，投标文件中没有业主加盖的法人印章，出具了虚假的《工程验收认定书》，笔者及时出具了废标律师法律意见书，最终废标，取消投标人资格。但也引发了许多令人思考的纠纷。

本案虽是因投标人造假而发生，但招标代理人的工作人员在接受投标文件时，只要对招投标文件稍加审查就不难发现投标文件中的问题。

2004 年奥体中心建筑群施工中，上海某公司同时中标两个主体工程项目。招标代理人省招办依据省人大通过的地方规章认为一个单位不能同时承接两个主体工程而拒绝发中标通知书形成纠纷。笔者指出地方规章违反上位法《招投标法》的规定，该法没有禁止的就是允许的、合法的，并出律师函告相关单位，某省相关部门应重新修订地方规章，解决争议。

综上，招标代理人在招标代理活动中，严格履行职责，认真审查招投标文件，杜绝防止可能发生的侵权行为。在新的历史条件下，招标代理人应加强自身建设，在维护自己合法权益的同时防止侵害他人权益的发生。

招标代理中的授权委托

在工程建设、设备采购、服务采购中，投标人委托代理人代为投标工作是招投标工作中经常性的业务之一。投标人如何委托代理人这是操作中的实际

笔者结合法律服务实践，就招标代理中的授权委托，以案说法谈谈粗浅的看法。

案情介绍：

2014年4月招标人江苏某工程建设指挥部进行工程电梯供货安装招标，《电梯供货安装招标文件》，招标文件总则第1.2.1.2条载明："同一品牌只能是制造商或者是制造商授权一个代理商参加投标，投标时需提供所报电梯品牌，代理商须提供制造商对本项目的专项授权委托书（提供原件）。"招标文件附件5《资格审查文件》序号2规定，授权委托书的合格条件为"同一品牌只能是制造商或制造商授权一个代理商参加投标，投标时需要提供所报电梯品牌，代理商需提供制造商对本项目的专项授权委托书（原件）。"

投标中，投标人南京某公司于5月20日提交了《投标文件》；标书第96页关于《资质证明文件》中第20.1条《制造商项目授权委托书》一页空白；以附件某某（中国）电梯有限公司出具的《制造商声明》代替招标文件要求的《授权委托书》。《制造商声明》内容为：1、某某（中国）电梯有限公司系依法设立的扶梯制造商；2、确认南京某公司可用某某公司生产的某某牌扶梯参与投标；3、如南京某公司中标将与其另行签订供货协议承担产品售后服务与产品质量责任；4、南京某公司与指挥部签订的合同、协议、做出的承诺对某某不产生拘束力；5、声明有效期自

2014 年 5 月 20 日起至 8 月 19 日止。

评标在纪检和招标办相关人员现场监督下从专家库中抽选 5 名专家作为该标段的评委参与评标，评委对投标人某公司做出了废标的决定。投标人不服，多次投诉并要求复议。因投标授权委托的争议形成本案。

（二）

基于上述事实和法律规定提出以下四点意见：

第一、投标人必须对招标文件关于代理人资格授权委托做出响应，出具形式规范、内容合法的授权委托书。

招标人在招标文件中明确要求"代理商须提供制造商对本项目的专项授权委托书（提供原件）"，在招标文件第 42 页附件 5 序号 2 中又明确规定了授权委托书的"合格条件"为"代理商需提供制造商对本项目的专项授权委托书"。

但投标人在《投标文件》制造商授权书一页中空白，未按招标文件中要求提供规范的专项授权委托书，未对招标文件做出实质性响应。违反《招标投标法》规定。

据《中华人民共和国招标投标法》第二十七条规定："投标人应当按照招标文件的要求编制投标文件。投标文件应当对招标文件提出的实质性要求和条件做出响应。"。

所以，在招投标实践中，投标人、投标代理人都必须认真研究标书，据此做出响应，提供规范的、合乎招标文件要求的书面《授权委托书》，不可以用类似《制造商声明》的企业内部文件代理招标要求的规范授权文件。否则，评委做出废标决定，废标有事实和法律根据。

第二、投标人提供类似《制造商声明》的企业内部文件不能代替专项《授权委托书》。

投标人的《制造商声明》内容主要是：某某公司附条件的向投标代理人供货的承诺书；未确认授权投标人是某某公司本次投标代理人；某某公司不承认投标代理

人与招标人就电梯供应安装专项工程所签订的合同、协议的效力与责任，"对本公司不产生任何拘束力。"

根据我国《中华人民共和国民法通则》相关规定，投标人和某某公司不构成法律上的投标代理关系。

《中华人民共和国民法通则》第 63 条的规定："代理人在代理权限内，以被代理人的名义实施民事法律行为。被代理人对代理人的行为，承担民事责任"。该法第 65 条第二款规定："书面委托代理人的授权委托书应当载明代理人的姓名或者名称、代理事项、权限和期间，并由委托人签名或盖章"。

一切投标人、投标代理人都必须按照上述法律规定制作并出具规范的授权委托书。

委托人必须明确委托代理人在授权范围内所行使的委托代理权，具体明确委托人、代理事项、代理权限、代理期限，代理人据此进行投标代理行为；委托人必须明确投标代理人形成的民事责任由委托人承担。

第三、一切在华外资、内资企业招标中都必须遵守中国法律规定。

一切在华设立的外方独资企业、中外合资企业、国有企业、民营企业都是中国法人，根据《中华人民共和国公司法》都是中国法人，公司经营活动都必须遵循中华人民共和国的法律。在招投标活动中，招标人在招投标文件中规定投标代理人必须提供书面的专项授权委托书，委托人和投标代理人都必须依照《中华人民共和国招投标法》、《中华人民共和国公司法》、《中华人民共和国民法通则》、按《招标文件》出具合乎招标文件规定的《授权委托书》。

为了防止投标人和投标代理人出错，招标文件中应当明确出示规范的、内容完整的《授权委托书》样式，供投标人、投标代理人投标时参照使用。《授权委托书》从内容和形式上都必须满足招标文件的要求，合乎《民法通则》法律规定，方为有效。

第四、招标人、投标人、代理人应充分发挥法律专家的作用

我国十八届三中全会提出了依法治国的方略，在招标、投标、评标活动中，参

与招投标各方都必须要在法律的框架之内，按照公平、公开、公正的实施。

为了防止可能发生的法律风险，对招标文件、投标文件中涉及的商务标、技术标内容，招标人、投标人、投标代理人应聘请懂工程、懂法律的律师、专家参与招投标活动。

法律专家在标书编制、合同文件的审查、投诉和争议的处理，发挥专业职能，履行法律顾问的义务，防范法律风险和纠纷的发生。维护招、投标各方的合法权利。

第二章

奥林匹克项目工程法律保障

为中国第十届全国运动会在宁顺利举行，迎接第 28 届世界奥林匹克运动会在中国召开，经国务院批准，由江苏省政府与南京市政府联合投资建设的位于南京城西紧靠长江的南京奥林匹克体育中心，从 2002 年 8 月 18 日破土动工，至 2005 年 5 月 20 日前竣工，历经近 4 个年头，该项目投资 20 多亿元、占地 89.6 公顷、总建筑面积约 40 万平方米，运动比赛场馆 4 座，体育科技中心 1 座，主场馆最大跨度 104 米，可容纳观众 6 万人，是除北京奥体中心外同名的中国最大的体育场馆，工程质量合格。南京新图书馆总投资 4 亿元，建设基地面积 2.52 万平方米，总建筑面积 7.8 万平方米，于近期按时完工。江苏省科学历史文化中心大楼预计总建筑面积约 3.04 万平方米，正在建设之中。

（一）法律保障的主要做法

上述建设工程项目的法律保障工作由江苏东南律师事务所承担，东南律师事务所为了做好该项目的法律保障工作，充分发挥工程专业律师所的作用，集中全所的力量和智慧，实施全天候、全方位、全过程的法律保障：在法律保障的形式上，创造性的实施了律师团首席法律顾问和常驻现场法律顾问相结合的模式，事务所抽出 5 名懂工程、懂外语、懂法律的律师组成律师团，由事务所主任南京首届十佳律师工程专业研究生冯松林律师为首席法律顾问，由法律硕士、工学学士姚大华律师为首席法律顾问的助手驻工地现场办公，由博士金孝柏律师，以及彭明律师、张国民律师组成项目法律顾问团；在法律保障方法上，采取了律师在施工现场定时定点办公与重大工程法律问题由律师团成员与事务所集体讨论相结合的方式；在法律保障内容上，实施了从工程立项、地质勘探、咨询、地质安全评估、土建、材料设备采购、设备安装至工程竣工的全过程、全方位的法律服务；在法律保障的程序与深度上，应邀参与子（分）项或某一标段的标书起草修改及招投标活动，直至合同条款履行完毕；在法律保障的重点上，律师团将工程招投标与合同的订立履行以及法律适用作为法律保障的重点；在法律保障的最终目标上，东南律师锁定在确保工程质量、保证工程工期与安全，降低工程造价上，并作为法律保障的出发点和归宿以及考核的主要目标。近四年来，东南律师为达到上述目标，全所律师全力以赴，在现场办公的律师因考试等原因短暂离开，事务所立即从律师团指派律师顶替，实施不间断法律保障。由于事务所高度重视该项工程的法律保障，方法得当、措施有力，法律服务与保障取得了明显的效果。

东南律师在为南京奥体中心、南京新图书馆新馆工程提供法律保障过程中，审查了项目指挥部各部门送审的全部合同文件；参与了土建、机电设备及其他标段标书的修改及各标段的招投标活动，参与了对投标单位的资质的考核和审定，修改出具了法律意见书 68 份，其中包括已被项目指挥部采用的废标法律意见书；直接参与并处理了工程项目设计投标中的澳大利亚约翰布鲁斯设计有限公司（JBP）设计补偿费纠纷、与意大利瓷砖材料供应商的合同纠纷以及其他涉外诉讼与纠纷的调解；受项目工程指挥部委托，在分清事实准确适用法律的前提下，协调处理了项目参建单位与业主或总包单位的纠纷 5 起；接受指挥部高层、各处和工作人员的工程法律咨询一千余人次；为保护项目法人的知识产权发表了律师声明；接受指挥部和部门领导的委托，代理了其他工程法律事务。

东南律师与江苏省纪律检查委员会、江苏省监察厅派驻工地的纪检组合作，顺利解决工程法律保障与纪检监督中的有关问题。

东南律师在担任奥体中心与新图项目法律顾问的执业过程中，忠诚于业主的委托，把维护业主的合法权益作为法律保障的最高标准。律师团在四年多的法律保障过程中，没有接受施工单位、投标单位，以及任何一方的请客送礼。在处理各类纠纷与调解的过程中，严守执业纪律与职业道德，运用法律手段保护国有资产免受非法侵害，未发生任何投诉与举报现象。在从事项目法律保障与服务的过程中，接触并知悉大量的工程招投标信息与其他重要商业秘密，东南律师恪守执业道德与纪律，履行工程法律顾问合同约定的保密义务，未发生泄密现象。在涉外纠纷处理中，坚持国家主权原则，准确适用法律，处理工程涉外纠纷，较好地做到政治合格、纪律严明、保障有力、业绩明显，受到业主与省纪委、监察厅派驻工地纪检组的肯定。

奥体中心、南图新馆工程在项目指挥部正确组织指挥下，在全体人员辛勤努力工作下，在参建单位辛勤劳动和省市领导的关心下，工程如期竣工，质量合格。

（二）法律保障的主要工作

一、加强工程参建单位主体资格资质审核，保证各类工程建设合同合法有效

国有独资项目工程的建设管理，根据国家发改委《工程建设项目招标范围和规模标准规定》和建设部关于《建筑企业资质管理规定》、《工程管理资质管理规定》、《建设工程勘察设计企业资质管理规定》等文件规章规定，参加国家投资的大型项目的建设单位除具有相应的法人资格外还必须有与项目工程规模相适应的资质，投标单位必须是具备独立法人资格的具有相应资质的建设企业。南京奥体中心根据投资规模区分，应划为大型项目工程，对参加主要工程招投标的建设单位必须具备总包一级资质。为保证参建单位的资质达到或符合国家发改委关于资质的规定，为了保证有与工程规模相适应的施工单位入围参建，东南律师应邀与指挥部工作人员一起对入围投标的建设单位进行考察，前期主要对勘察设计、监理、建筑企业的资质、业绩、技术力量、设备人员、资信及其经营状况进行调查，对不符合奥体中心、南京新图项目工程规模要求的资质、资格的投标企业及时提出法律意见；对符合资质、资格要求的则按规定从许可招标入围的数量上提出意见；在规定的时间、在规定的范围内将合格的建设施工队伍及项目经理选入参建行列中去。在投标入围队伍考察的事项中注重对项目经理的资质审查。例如在音乐喷泉招投标过程中，前来投标的某专业承包二级资质的企业项目经理张某的项目经理资质证书为二级，却盖着中华人民共和国建设部建筑司的公章，法律顾问查对建设部《建设施工企业项目经理资质管理办法》第十七条规定："项目经理资质考核完成后，由各省、自治区、直辖市建设行政主管部门和国务院各有关部门认定注册，发给相应等级的项目经理资质证书。其中一级项目经理须报建设部认可后才能发给资质证书。"对此，

法律顾问出具《法律意见书》，认为该企业虽然已经参与招投标并已中标，但由于其弄虚作假，可能影响工程质量，建议取消其中标资格，该建议被奥体中心指挥部采纳，最终做出废标决定。由于法律顾问在考察和对于参建单位的资质审核中坚持法定标准，使建筑工程法规贯彻落实到招投标中去。保证了参建单位和签约单位主体合法，资质有效。

依法认定改制企业性质，保证监理工作的连续性。奥体中心从 2002 年开工至 2005 年竣工历经近 4 个年头，其间恰逢国有企业改制的高峰。南京某监理公司在改制前中标参建，中途改制，改制后的监理公司名称、经济成分、投资者变了，其他未变。面对改制企业和原招标企业名称不符、经济成分不同的监理公司能否继续参与工程监理、该监理公司能否继续履行未了的监理合同义务，成为当时一个比较有代表性的法律问题，法律顾问对照早先该公司的投标文件及其资格审查的材料，密切联系工程施工实际情况，经过分析研究认为，如果现在取消该公司监理资格又面临该部分项目工程监理的连续性，可能造成工程监理的断层与损失。法律顾问在认真研究《工程监理企业资质管理规定》，详细了解该监理公司改制后的现状后，明确果断提出法律咨询的解答意见，认为：该监理公司改制后的监理资质等级、业务范围均符合《工程监理企业资质管理规定》，可以继续履行未了的监理合同中约定的义务，但改制后的监理公司应与业主另行签订一份补充协议并做出说明，另在招标办办理相关手续。法律顾问的解答被指挥部所采用，防止因中途终止监理合同、另行招标对工程工期与质量可能带来的不利后果的发生，节省了工程费用。

规范业主签约主体资格，防范诉讼风险。本项目系由省、市两级政府投资，为十运会打造的重点项目，为便于项目建设的管理设立了南京奥林匹克体育中心、南图新馆指挥部，实施了以总指挥、副总指挥为首的项目建设的组织领导班子，曾一度以指挥部名义对外签约或行文，如果发生纠纷或诉讼，尤其在项目竣工指挥部撤销后的有效诉讼期内，争议的一方对工程纠纷有可能投诉地方政府，政府在诉讼中也有可能成为被告，为防止可能发生的诉讼风险，法律顾问及时提出要么以南京龙江体育中心建设经营管理有限公司，要么成立一个项目法人公司，用依法设定的法人作为合格的民事主体，对行使权利、承担义务，包括对已经签约正在履行中的合同和对合同条款的修订与补充；对内则可以指挥部的名义统领指挥各职能部门，引导、协调、处理相关事务。指挥部采纳了法律顾问的意见，防止了可能发生的诉讼风险对业主带来的不利后果。

4年来，为使奥体、南图项目工程参建单位的资格、资质及项目经理的资质符合《招投标法》及相关规章、规定的要求，保证制定合同合法有效，保证工程质量，法律顾问做了大量工作，目前未发现因法律顾问审查合同失误而导致合同无效等情形，达到了用法律保证参建单位、项目经理的资格资质合法有效、保证各类施工合同合法有效的目的。

二、准确适用法律，为工程项目保驾护航，确保招投标活动依法进行

奥体中心、南图新馆工程以及正在开工建设的历史文化中心工程的法律顾问均为东南律师事务所，且同由一个指挥部负责，其招标与投标活动不仅有国内也有国际的，不仅有监理、地质勘探、设计、土建、材料设备、装潢等方面的招标，而且有智能化、通信工程等方面的招投标，时间紧，质量要求高，都是面向全国招标，有的还是国际招标。上述工程项目的招投标不仅标段多而且适用法律的面广，稍有不慎会造成法律适用错误，对业主、参建各方、项目本身以及现场的组织领导班子都可能造成负面影响。为此，律师团的各位律师都认真进行必要的准备，对可能适用的法律、法规、规章、地方规章和各类制式合同进行仔细研究，有的存入电脑文档备查。由于事先做了比较充分的准备，在项目建设过程中，律师团能快捷准确使用有关法律法规，为解答参建单位的法律咨询、为指挥部出具法律意见书、向有关单位出具律师函、现场调解各类纠纷等提供充分的法律依据。

2003年12月11日，奥体中心的大平台与坡道项目工程根据《招投标法》与公平、公开、公正的原则招标并经评委评审确定中铁十九局集团有限公司为中标人，就在业主奥体中心准备发出中标通知书之时，建设工程交易中心停止了对西区中铁十九局的中标公示，其理由为：根据《江苏省建筑市场管理条例》第十七条关于"一个工程项目经理部及其项目经理和主要技术人员，不得同时承担两个以上大中型工程主体部分的施工任务"的规定，致使该项目工程全部停止，并造成重大损失，这一法律问题横亘在法律顾问面前，如何正确理解、准确适用《中华人民共和国招投标法》与地方规章所发生的冲突，地方规章的法律效力及工程交易中心的权力范围？对此，法律顾问根据《中华人民共和国建筑法》第二十九条关于"施工总承包的，建筑工程主体结构的施工必须由总承包单位自行完成""不是总承包的，也可以承揽主体结构工程，只要符合本法第二十六条关于'在其资质等级许可范围内承揽工程'的规定即可"，以及《中华人民共和国招投标法》第一条、第六条以及《中共中央关于完善社会主义市场经济体制若干问题的决定》中"保障合同自由和交易安全"的规定，只要不违反法律规定，应当得到保护的政策规定，及时向招投标办公室出具《律师函》，提出：《江苏省建筑市场管理条例》与上位法《中华人民共和国建筑法》相悖，且该条例也与即将生效的《中华人民共和国行政许可法》第十六条的立法精神相悖，郑重声明并函请招标办公室，要求接函后依照上述立法规定立即对中铁十九局中标公示，否则要承担由此造成的工期延误、施工许可证的发放、合同备案等损失。由于东南律师事务所与法律顾问充分发挥专业优势与集体智慧，准确适用规章与法律，顺利解决了中铁十九局中标公示问题。法律顾问由于准确的适用法律，解决了参与招投标的各方对法律适用中存在的争议，保证奥体中心的工程工期。

奥体钢屋盖施工单位中标后拒绝签订施工合同引起风波。钢屋盖工程由上海某建筑公司与上海某施工公司联合投标后中标（下称联合体），奥体中心指挥部于2003年1月31日发出中标通知并要求中标人（联合体）在10日内签订中标合同；中标人联合体（未交履约保证金、履约保函）在中标后适逢国际钢材价格上涨、钢屋盖所需求的巨型钢管价格也随之上涨，此外联合体还有其他原因拒绝签订施工合同，工作人员经多次交涉均未见效。联合体2003年3月3日、5月2日、6月13日、7月5日多次致函指挥部要求修改招标文件中的价格条款。在当时情况下，假如废除该联合体的中标资格而另行招标，不仅时间上有问题，更重要的是要有在施工业绩、资质与施工水平上符合招标文件规定且被评委与指挥部所认可的施工企业并不多。如何运用法律规定处理这一长达半年之久的纠纷，法律顾问接手后，在认真调查研究的基础上出具了如何依法处理该纠纷的《法律意见书》，指出：一、投标书与中标通知书作为要约与承诺的法律文件符合《合同法》第25条、《招投标法》第45条规定，已经构成法律意义上的合同关系，各方的权利义务关系已经依法成立；"中标通知书对招标人、投标人具有法律效力。中标通知书发出后，招标人改变中标结果的或者中标人放弃中标项目的应当依法承担法律责任。"二、修改标书中合同条款的价格条款没有法律依据；如因钢管价格上涨引起的争议，双方应当在公平、公正、公开和等价有偿、诚实信用的民事准则下签订主合同，在主合同签订后双方就价格条款另订签订补充协议；在主合同订立之前，要求补充协议优于主合同首先签订或一并签订没有法律依据；三、依法追究联合体违约责任。对该标段在协商不成条件下如何处置，提出了包括废标、重新招标、依法招投标及追究违约责任的建议。最后，该标段招投标纠纷在法律顾问分清法律关系，明确法律责任后，经指挥部引导与部门负责人做工作，使联合体认识到法律责任与后果，最终愉快的签订了施工合同，保证了工期不受影响。

此外，法律顾问在处理奥体中心设计国际招投标争议中，对投标人澳大利亚JBP公司设计补偿费用纠纷意大利进口瓷砖部分产品不符合合同约定纠纷的处理上，法律顾问与外方、代理公司、翻译人员与指挥部的领导共同参与下，分清合同的法律关系，准确适用法律，坚持国家主权原则，维护业主奥体中心的合法权益，及时准确提供处理纠纷的法律意见和办法，快捷妥善的处理涉外纠纷，保证工程质量与工期。

三、及时果断出具废标意见书，确保奥体建筑群各项工程的质量

东南律师担任项目法律顾问期间，应邀参与对奥体中心、南京图书馆各个项目的勘察设计、咨询、土建、材料、机电设备安装、通讯、装饰的投标文件与合同审查、修改，有的工程项目的合同直接由法律顾问起草；在这项目重多、工作枯燥，合同的性质、主体、标的各不相同；工程项目合同的法律关系繁多，千头万绪，法律顾问把做好法律服务与保障工作，保证工程工期、质量与降低工程造价上，确保工程安全，作为法律保障工作的出发点和归宿．对不合格产品和不合格的施工单位，不管是谁，不管是否已经中标，不管是否已经进场施工，所供材料是否已经进场使用，法律顾问一经发现施工和供货单位违反合同约定与法律规定，均果断出具法律意见书，维护业主的合法权益丝毫不动摇。例如：2005年1月，奥体东广场音乐喷泉系统施工安装招标，经评委评审确认上海某喷泉设备有限公司为中标单位，公示期间，参与投标的杭州、宜兴、南京等三家同类企业举报至省纪委、监察厅派驻工地的纪检组。举报人所反映的被举报人的主体资格和资质上是否存在的法律问题、投标人有无弄虚作假的现象，这不仅事关中标人能否参与该工程的施工安装，更直接关系到工程的质量和评委的评审水平。为查明事实，准确适用法律，为指挥部作决定提供准确的法律依据与事实依据，法律顾问接受省纪委、监察厅驻工地纪检组的委托后，仔细认真的审核了被举报公司的投标资料，重点审查其营业执照，企业的资质证书，项目经理资质证书，走访了江苏省建工局，查对了相关法律规定，在掌握法律规定和事实的基础上出具了《关于处理奥体东广场音乐喷泉施工安装招投标投诉的法律意见书》，指出：现中标人无营业执照中批准许可的喷泉设备基地，中标人出具的企业名称变更不合法，中标人提供 1999 年的、非本公司目前生产的产品检测报告，不能证明该公司现产品的质量；中标人项目经理的证书造假，其资质证书不是由建设部主管部门而是由行业协会核发；据此，根据《中华人民共和国招投标法》第六十四条规定，法律顾问在《法律意见书》中果断指出：该公司的中标是无效的，应当取消该公司的中标资格。据此，法律顾问与省纪检组协商后，经指挥部同意，由招投标监督部门通知该公司取消其中标资格。法律顾问认真细致的工作，严格执行《中华人民共和国招投标法》，有力地保障了工程质量。

参与工程项目法律保障的法律顾问与江苏省纪律检查委员会、江苏省监察厅派驻工地现场的纪检组人员合作，运用法律手段查处工程违法违纪现象，实施工程建设中的法律保障与行政执法监督，保证工程建设合同的合法性，工作人员的廉政是本次工程建设中的一大亮点，首开律师与纪检在工程领域中合作的先河。

对已经中标并且订立合同、已经供货进场、部分货物已经使用，一经发现供货可能存在质量问题，法律顾问及时与指挥部材料处与供货商交涉，出具处理不合格产品的退货法律意见书，例如：江苏无锡某公司向奥体提供的总价款为 140 万元的阻燃型低烟无卤交联电缆，经检测发现该电缆在阻燃、低烟、无卤等指标达不到招标文件的规定，经检验确有问题，调查还发现该单位投标时隐瞒了部分事实。如何处理与退货、如何处理施工单位已经安装使该电缆、如何解决各方的实际损失？法律顾问根据事实与招投标的有关法律规定，于 2004 年 11 月 12 日向指挥部出具了《关于具体办理电缆退货事宜的法律意见书》，指挥部领导采信了法律顾问的意见，及时妥善清退了供货商所提供的并且已经实际使用的不合格电缆，较好地处理了施工单位造成的损失，有力的防止了在业主、供货商、施工单位之间可能发生的一场连环诉讼，进一步保证了工程的质量。

四、维权与防范侵权并重，保护项目法人的知识产权

奥林匹克体育中心建筑群在早期立项时，项目建设过程中均使用"奥林匹克"或简称"奥体"字样，根据我国 2002 年《奥林匹克标志保护条例》第四条关于奥林匹克标志权利人依照本条例对奥林匹克标志享有专用权，未经奥林匹克标志权利人许可，任何人不得为商业目的（含潜在商业目的，下同）使用奥林匹克标志以及该条例第二条第二款关于"奥林匹克"列入奥林匹克标志保护范围的规定，凡使用"奥林匹克"及其简称字样，或使用五环标志的都应当经过权利人及其授权机构批准，未经许可不得使用"奥林匹克"字样从事商业活动。为防止可能发生的侵权行为，法律顾问不仅口头而且用书面形式向指挥部提出法律意见，法律顾问的意见被指挥部所采纳，在后来工程招投标、各类合同的签订、对外行文公告均以"南京龙江体育中心建设经营管理有限公司"的名义。

2004 年 4 月前后，社会上某些单位曾冒用"南京奥体中心"的名称从事非法活动，有的虽被媒体曝光后其非法活动仍在继续，严重侵害了该法人的名称专用权、名誉权，造成了不良影响。为维护法人的名誉权，法律顾问向指挥部提出必须制止侵权行为的意见，并于 2004 年 4 月 19 日出具《律师声明》，阻止侵权行为的发生与继续，声明要求侵权人立即停止侵权、公开消除影响、赔礼道歉并保留依法追究侵权人的法律责任的权利。法律顾问的维权行为较好地阻止了侵权行为的发生，维护了项目法人的知识产权。

五、将安全与廉政条款固定在合同上，依法保证工程质量安全

奥体中心主场馆可容纳观众甚多，有的主场馆可容纳数万之众，而这种建筑物的跨度达百米以上、馆内人口密度高、面积与重量大；参与工程项目施工的单位多，防范工程事故、保证施工安全不仅是乙方及施工单位的事，甲方即业主更应责无旁贷，作为项目的法律顾问必须把安全放在首要位置，要保证工程竣工后的使用安全，对于观众负责。为此，首先在施工中就必须把工程项目的施工安全列入合同条款之中，用法律条款将安全固定在合同上，法律顾问在参与土建标书的制定与修改中，发现某招标代理企业未能将刚刚施行的《中华人民共和国安全生产法》载入招标文件中的施工合同条款内，投标单位中标后与业主签订工程施工合同时，法律顾问特意将《中华人民共和国安全生产法》载入 GF-1999-201《建设工程施工合同》

条款中，使工程施工安全做到有法可依，安全法制化。

地质安全评估对超高大跨度工程尤其重要，三峡水库出现的地质灾害给工程造成的损失，给业主与施工单位都留下了难以磨灭的印象与深刻的教训，为了防止可能发生的悲剧重演，法律顾问把眼光放在如何签订好安全评估合同上，如何将减震防灾的权利义务固定在合同上，落实到地质安全评估单位的合同义务中。法律顾问从维护工程安全大局出发，深入试桩现场，与江苏省地震局工作人员进行研究，在掌握大量的合同条款所必备的数据资料后，否定了以前地震部门惯用的、不切合实际、不能够确定双方权利义务的制式《技术合同》。法律顾问首创了在全国最先使用的《地质安全评估合同》文本，并将试桩以及地质勘探的相关数据资料载入合同之中，第一次将地质评估企业的防震减灾的权利义务写入地质安全评估合同之中，力求用更为准确的法律文件明确业主与地质安全评估企业的权利义务，为奥体项目后期工程建设与土建施工奠定安全的基础，用法律手段落实了"百年基业安全为上"。

法律顾问注意将廉政条款写入工程施工合同的补充条款之中，为双方起草廉政的合同条款，规范业主与参建各方的廉政行为，明确双方履行廉政合同的权利义务，响应并落实指挥部领导提出的"工程质量要上去，干部要保护好"的指示。

在整个项目法律保障过程中，东南律师与江苏省纪委、监察厅派驻工地纪检组的同志密切合作，协助查处投诉与举报并为其提供法律依据；为指挥部领导处理相关问题提供法律依据。做到了既能及时查处投诉的问题，又能准确适用法律，维护纪检组与指挥部的权威，依法及时处理相关问题，首先创造了律师事务所与纪检部门密切合作，为国有独资大型项目提供法律保障，解决重大疑难工程法律问题的行之有效的经验。

（三）值得深思的几个问题：

东南律师历经近四年的项目工程全程服务，受到指挥部领导、各部门负责人、工作人员、省纪检组与有关参建单位工作人员的关心、支持与帮助。通过透视项目运作的全程法律保障，对如何进一步加强重点工程与国有独资大型项目建设中的组织领导与管理，如何进一步加强项目建设中的法律保障，提出如下几点值得深思的

问题:

1、关于工程项目建设管理机构

随着依法治国方略的实施与法治政府建设进程的加快,对于重点项目工程尤其是国有独资的大型项目工程的建设管理尤为重要,业主或投资单位依法设立具有完整、独立法人资格的项目建设管理机构,其工作效能优于临时设立的行政管理机构,也符合国家发改委《实行建设项目法人责任制的暂行规定》第二条关于国有单位经营性基本建设大中型项目在建设阶段必须组建项目法人的规定,项目法人可按《公司法》的规定设立有限责任公司(包括国有独资公司)和股份有限公司形式的规定,实行"一项目一法人"。重大项目在通过国家立项、高评委审核通过后,即应根据《公司法》设立项目法人。例如设立"** 建设经营管理公司",更能彰显政企分立、项目法人以独立民事主体资格在民事活动中的便捷高效,依法行使权利、承担义务;不仅便于建设管理,而且便于工程项目审计、核标,以及竣工验收交付后的经营、物业管理、工程档案资料管理,克服以行政手段设立的工程指挥部在工程临时建设管理以及对外往来中出现的诸多不便;克服指挥部临时抽调的工作人员在工程竣工后可能产生的去留、定岗、定编、定位等诸多问题,实行由现行工程项目建设管理班子转型或过度为经营管理班子的同一与统一。

2、关于工程项目建设管理的模式

中国参加 WTO 后面对全球经济一体化的挑战与机遇,工程项目管理方式由传统的"政府部门+指挥部+公司"正在逐步转向管理模式多样化,比如适用国际惯例的 FIDIC 模式、民间资本参与基础设施项目建设的 BOT 模式、由项目公司代建模式;工程承包方式由传统的自筹、自建方式向工程总包方式过渡;国家建设部倡导的将工程全部(勘探、设计、咨询、施工、材料采购、设备安装调试、竣工验收等)发包给一个有相应总包资质的施工企业,便于统一管理,更能提高效率,减少环节,降低成本,保证工期与质量。为迎接 2008 第 29 届世界奥林匹克运动会而正在建设的北京奥体中心就是由联合体总承包承担整个建筑群的建设施工与管理的。工程项目实行总承包制更有利于项目的建设管理。

3、关于进一步加强工程项目的法律保障

"世界上的财富是由合同构成的"建设工程最能体现这一点。国际惯例 FIDIC

合同条件下的建设工程全部法律文件均由有相应业绩与资格的律师事务所承担的，律师即法律顾问参与重大项目或国有独资大型项目的可行性论证、立项、制定、修改招标文件、签订、审查全部工程合同文件，调处各类纠纷等已成为国际上工程管理的普遍现象，国有独资项目也不例外。目前我国仍沿袭计划经济年代行政首长运用行政权力解决工程建设中的问题，而且用行政手段解决工程建设中的法律问题的比重偏大，不利于项目公司在市场经济条件下建筑市场的运作与经营管理。随着我国对外改革开放的进一步深化，境外企业参与境内项目工程的竞标与施工不可避免，重大项目工程和国有独资项目工程在建设管理中应当认真执行《实行建设项目法人责任制的暂行规定》第 8 条中关于项目法人要精干，建设管理工作要充分发挥咨询、监理、会计师和律师事务所等各类社会中介组织的作用的规定，完善工程项目法律顾问制度，进一步发挥工程专业律师的作用；法律顾问的待遇应当相当于监理工程师的标准或者执行行业标准，要充分发挥法律专家的作用就应当给予与其劳动相适应的报酬，而目前多数工程专业的法律顾问费用只相当于一个分项工程监理的十分之一，或者更少，不利于项目工程建设管理的法律保障。

最近，中央"两办"要求政府部门、企事业单位健全法律顾问制，这将加快依法治国的步阀；2016 年 12 月 25 日，经全国人大批准进行监察法改革试点；总结、探索、完善在新的历史条件下在我国工程建设领域中法律保障与纪检监督结合、反腐倡廉成功的经验与做法，逐步走向制度化。

上述三个问题作为地方政府或重大项目的投资人即业主应当引起重视。

在总结我们工作的同时也发现了法律保障工作中还存在不足与问题，有待进一步加强与改进，欢迎各位专家不吝赐教。

代建风险管控

工程代建指政府通过招标等方式，选择专业化的项目管理公司（代建单位），负责项目的投资管理、实施工程建设管理，项目建成后交付给业主或业主指定的使用单位使用的制度。《国务院关于投资体制改革的决定》中对非经营性项目政府投资加快推行"代建制"，中国参加 WTO 适用国际惯例 FIDIC 合同条件《施工合同条件》明确载明。

最近在创新驱动、供给侧结构性改革中，代建制从试点阶段已日趋走向完善。笔者多年来直接参与政府投资代建的江苏大剧院、人民医院、崇启大桥等项目全程法律保障实践，对基础设施，公用产业项目代建，尤其在 PPP 运作模式下，政府工程又如何重新认识代建制，如何防控代建工程风险，令人深思。

一、实施代建制的一般原则

设定并运用代建制，目的是为了建立政府投资项目投资责任而设定的约束机制；实现项目建设和使用的建管相分离，降低投资成本，提高建设管理水平和投资效益。

在不涉及国家安全、国家秘密以及大数据工程项目，在地方政府行政区域内，对投资总额在一千万元以上的使用省政府财政性建设资金或政府融资性建设资金占投资总数在 30% 以上的，应当实行代建制。财政性建设资金包括财政预算内及预算内其他用于基本建设资金及非税收入中用于基本建设投资的资金。

实施代建制方式包括全过程代建和阶段性代建两种方式。全程代建的一般在项目建议书批交后选择代建单位组织实施；阶段代的项目初步设计完成后实施。代建单位不得将代建项目转让其他代建单位代建。

代建制项目的负责牵头单位是由政府机关的发改委负责，财政、建设部门配合；代建项目一般进入省市年度重大项目工程列表中。

PPP 项目运作通过政府与社会资本合作，在基础设施、公共领域，由政府或者社会资本发起，通过项目识别准备论证阶段、项目采购、项目执行、项目转交四个阶段，通过物有所值（定量定性）评估，财政可承受能力评估，设定 PPP 领导小组（中心）；编制项目方案（项目概况、PPP 运作方式、交易结构、合同体系、风险分配基本框架、监管架构、采购方式、财务测算）；其项目实施在订立特许经营协议后，项目运作方式采用委托运营、合同管理、BOT、BOO、ROT、TOT 等方式运作，一般常有 B 字的建设性资金均由社会资本投入；财政性补贴政府付费项目不超过上年度财政收入 10%；PPP 以项目公司（股权）方式建设的设施工程，由社会资本占主导地位的实施建设经营自主权。PPP 项目进入省级 PPP 项目库。

综上，根据出资人与项目性质，有区别的选择使用代建与 PPP，否则将构成项目风险。

二、代建制运作中常见问题与风险

由于代建目前尚未统一明确的法规，故在运作中存在一定的问题与风险：

一是代建单位与项目使用单位职责不明，二是项目使用人拒不执行项目代建合同，三是代建项目超代建费，数额巨大；代建项目验收，具体表现如下：

代建单位选择上普遍方式是采用竞争性磋商，少有公开招标；项目沿袭采用同一个代建单位（公对公）；代建单位其实是本级政府设定的另类"城建公司"；市场公开招标的竞争机制未能有效引入，省级设定的公司代建省发改委立项的项目，市、县亦加仿效；有的代建公司为了代建费或一团和气，无原则迁就项目使用方，有的导致重大变更设计错误，选址错误，给国家造成更大损失。

项目使用单位以克扣代建费为手段，另行组建项目建管机构介入代建项目中；"分庭抗礼，平分秋色"，使代建单位的主体资格与合同权利不能充分行使；擅自否决代建单位已经依法招标、公示的中标人（设备…）另行组织招标；擅自修改标书、合同，却不签字不负责；以不专业的负责人的使用意见取代或否定工程设计单位已经发改委审定的方案，多次修改，导致工期延误；因其行为致使投标人向省招标办，人民法院投（起）诉的，拒不参与处理，一律推向代建单位；擅自改动施工企业的工程保证金（保函）；挪用工程建设资金，外借他用；不顾设计单位合理推荐，自行选择、决定材料、设备、设施的供应商；自行将工程违法分包给不合格施工、供货单位；干预、主导工程联席令，架空代建单位，对其造成不当后果拒不担责；违反合同约定不按约支付设计、材料、施工及与工程相关的服务费用；个别领导的家长作风，影响代建与项目使用人工程承包建筑商、监理与纪检派往工地人员之间的工作关系，有的因协调监督不力发生工程责任与质量事故等等，核心是权利义务错位或不对等。

上述所形成的代建工程风险，最终表现为工期无限期延长，有的应在 3 年完成的，10 年却为竣工，工期损失导致在途建设资金损失惨重；乱干预、瞎折腾导致同一标段多次招标发标；投诉增加，停工待处；有的造成事故造成国有资产损失特别严重等等。

三、代建制工程风险防范

所有工程都有其共性的风险，就代建制而言则重在以下几个方面：

（一）选择与工程建设规模的特点相适应的适格的代建单位。

选择代建公司应当通过公开招标或邀标、竞争性谈判方式选择。

代建公司应当有与代建工程相适应的资质证书，具有从事相同相似工程代建的业绩，具有独立承担民事责任的法人资格及营业执照，具有与从事项目建设管理相匹配的组织机构、管理能力、专业技术人员和管理人员，具有与代建项目规模相应的设计、监理、工程咨询、施工总承包、房地产开发一项或多项资质。

项目代建单位或代建单位有上下隶属关系的法人不得承担代建项目的勘探、设计或施工代建单位是有与代建项目相似的招标、监理资质的，可以承担代建项目的招标、监理工作。

从代建实践看，具备上述单一种条件的代建单位是做好代建项目的有效条件。笔者参与南京市口腔医院扩建工程，由南京城建集团负责全程代建，设计团队具备第二种情况所必备的条件，所以代建工程进度顺利。因此项目投资和项目使用单位，选择适格的代建单位应当首先需要解决的问题。

（二）订好代建协议，明确参建各方权利义务

非 PPP 项目的政府建设工程、项目投资建设单位或授权项目使用单位与代建单位签订项目代建协议，明确双方权利义务，并依约严格执行。

问题是项目使用单位并不精通于工程代建方面的规定，代建合同中的关键条款一般由代建单位事先拟定，要阻止先入为主的现象，项目使用单位应通过招（邀）标选择工程类法律顾问，帮助签订代建合同。明确各方权利义务。

明确项目代建单位主要职责：1. 组织编报项目建议书，提出项目的功能、性质、选择、规模、工期、质量、标准；如果是全程代建的，侧重对代建单位的资质和经验条件要求，拟定对待建单位的招标方案；如果是阶段性代理的，"可研报告"及拟定的招标方案中对代建单位的资质、经验提出明显要求。2. 负责自筹资金的筹措，包括经省财政批准的转移支付方式解决自筹资金部分。3. 协助代建单位办理代建审批手续。4. 参与项目的编报工作。全程代建的则参与"可研报告"、项目初步设计和施工图设计工作；阶段性代建的组织编报可研报告、初步设计、参与施工图设计；5. 要把代建单位或自行负责办理规划、施工许可；质量、安全监督、竣工验收、产权登记等手续；6. 参与工程建设进度监督交工与竣工验收。

代建单位的职责：1. 全程代建的，除组织项目设计编报工作外，还应负责编报可研报告，初步设计，施工图设计；2. 受项目使用单位的授权办理建设工程招标，规划许可，施工许可，安全与质量监督；交工与竣工验收，产权登记，对建设工程的质量与生产安全负责；3. 负责项目的洽谈、合同签约、变更保管工作；4. 自行招标或委托招标代理机构完成项目勘探、设计、监理、施工单位的选择及设备、材料的选购，与供应商签约。5. 定期向本级政府发改委、财政、建设主管部门编报项目进展情况的年度报告，资金使用，年度投资计划，工程进度及质量与安全情况；报送资金支出预算、决算及资金拨款报告；6. 按规定办理资产交付手续，移交工程建设档案等。

在代建合同中明确了各方权利与义务后就可能防止扯皮、推诿、越权违约干预对方的权利，依约履行各自义务。

（三）上级行政机关应加强对项目使用单位，代建单位的监管与指导，及时调

处争议与纠纷。

由于代建项目"公对公"以及行政隶属关系明显的特点，省、市发改委、住建厅、财政厅等权力部门，对各自代建项目应加强监督，责成职能部门依法依规履行职责与合同义务，拒绝不作为及渎职行为。笔者参与的江苏省人民医院代建项目，涉及市中心大面积拆迁，涉及省军区干休所，以及政府其他部门职工房屋的拆迁，在省政府同意协调，督促下顺利完成拆迁补偿，小区道路变更改造工作。笔者参与的崇启大桥项目亦然。

项目使用单位与代建单位往往均为本级政府下属或隶属部门，对其产生的代建纠纷应尽可能通过协调、调解，行政办公会协商办法解决，只要纠纷调解还有一线希望与可能就不要诉诸法律与仲裁。

上级行政机关应为下级代建项目纠纷调解提供决策支持，侧重在学校、干休所拆迁安置用地；跨行政辖区争议调处，路桥河流使用反争议调处，却离不开上级行政主管部门的政策与资金支持；对项目超概算与重大变更等给予大力支持。加大对代建项目的程序，行为，实体监督。

（四）项目使用单位在充分尊重代建单位依约享有的自主权的前提下加强监督，项目使用人在上述职责范围内实施监督，做到积极参与监督，依法依规依约监管，监管不越权，参与不干预，授权不越权。主动配合参建与代建单位的工作。克服上述干预代建单位自主权的现象，依约支付代建工程款与代建费，不得以此为要挟，乱干预代建工程，防止以次充好，偷工减料，工期与质量的纠纷发生；要严格规定、执行代建项目实施程序。

（五）完善代建工程规章

由于基础设施，公用事业项目的多样性，由于项目使用、投资、代建单位的职能上的差异性，由于项目使用单位对代建项目需要的客观性，有权部门制定统一规范的《建设工程代建规范》刻不容缓。

规范应在总结各省、各地区在已经实施代建项目实践经验的基础上，结合创新驱动，供给侧结构性改革和国务院关于体制改革的规定，对非 PPP 方式建设的不吸收社会资本参与基础设施，公用事业项目的代建，应制定行为规范，统一合同代建活动。

代建规范应侧重对代建单位的资质、经验水平、业绩、规模、能力、处罚等强制性条款的设立；对代建行因代建单位及派驻项目负责人的渎职给项目使用单位造成损失的处罚做出规定；对构成玩忽职守犯罪方面应规定罪名、罪状以及入罪的条件、标准，防止串通投标，失职、贪污、侵占、受贿犯罪行为发生；

总结、宣传代建项目成功与失败的案例，指导审判工作，打击惩处代建犯罪案件，保证代建活动在法制轨道上运作。

参考文献：

[1]《招投标法》

[2]《国务院关于投资体制改革的决定》

[3] 住建部 .《建筑业企业资质管理规定》

[4] 住建部 124 号令《房屋建筑和市政基础设施工程施工分包管理办法》

[5]《江苏省省级政府投资项目代建制暂行规定》

[6] 国务院第 279 号《建设工程质量管理条例》

改进重大建设项目中的纪检监察

政府与社会资本合作、引进社资本参与基础设施、公用事业 ppp 项目运作中、在一带一路项目投资中，均涉土地使用权出让、工程货物采购、服务、知识产权交易行为；从工程建设领域中已经发生的各类案件看，加强、改进对重大项目工程及招投标过程的 监察是反腐倡、落实廉政建设的重要工作内容。

建设工程重大项目监察应当适应新的体制 执行新的法律规定

传统的纪检行政监察对重大项目监察往往从下级纪捡部门、项目使用人单位纪捡部门抽调干部与本级指派的和退居二线的纪捡干部组成派驻项目纪捡工作组实施纪捡行政监察。通过工地廉政教育、对招投标过程监督履行职责。对涉嫌受贿的疑人采用"双规"是当时最有力手段。

中央 2016 年做出深化监察体制改革决定并于同年 12 月在京晋浙三省试点，将修政后的《中华人民共和国行政监察法》来监察履行监督调查；兼公用权、廉洁从政、道德操守情况；调查贪污贿赂、滥用职权玩忽职守权力寻租利益输送、徇私舞弊、浪费国家资产职务犯罪行为并作出处罚决定。

为履行上述职权监察委员会可以采取谈话询问、讯向、查询、冻结、调取、扣押查封、搜查、勘验监查、鉴定留置措施。

对比可见，随着我国行政监体制的改革深入、随着新监察法的施行，各级政府对本级政府组织实施的一带一路项目 PPP 项目 FIDIC 合同条件项目及与相关的工作人员的监察体制、法律规章适用、权利与侦查手段、技术侦查方式应当进行改革、以适应形势需要。各级纪委长期使用的派驻制模式也应与时促进进行改革创新、对未取得显著成效的派驻制模式应予以取消，其职能由项目所在地同级政府监察部门承担，按修改后的《监察法》新法规定实施对项目工程的监察。

引进专业技术人才充实监察队伍，提高监察效果

笔者正在参与的某省大剧院、人民医院等大批政府投资项目和 ppp 项目项目的法律僻服务中、与省级和市级纪检派驻项目工地现场纪检工作组的工作人员接触中知悉，有的纪检工作人员从项目批准立项之日、开工之起即到现场办公挂牌上岗。其组成人员均为或大部分检在承担党内纪检监察、廉政工作任务的同时、编制内工作人员无法满足众多项目的监察工作需要、于是常发生抽调、指派下级纪检单位党务人员、退居二线人员进驻重大项目工程指挥部实施监察；由于有的驻现为工作人员对法律和工程专业知识的缺乏易形成"以权代法、以言代法"的环境下，对工作项目最易发生权钱交易的关键部位缺乏有效监督 . 指派进入纪检组工作人员往往按本级纪委的指示展开监察工作，影响了纪检监察的力度。监察中对于同级行政机关、项目负责人、项目指挥长非法干预重大项目招投标、指定分包、指定设备供应商、对施工单位违反规范与合同约定施工、造成重大工程责任事故给国家资造成巨额损失 、贪腐现象屡禁不止、工程含腐与工程建设进度同时俱进。

一带一路及 PPP 重大基础设施项目涉及中国参与的国际单边多边条约及 FIDLC 合同条件应用、涉及种类繁多的与工程相关合同文本、涉及 监察法、刑法、刑诉法、合同法、工程与项目管理等各种专业知识 . 为提高对项目工作实施有效监察应当引进法学、工程项白管理人才及与项目相关专业人才进入监察机构、引进懂外语、会现代化办公手段的高端人才进入监察机构、对现有党务出身的监察人员进行相关专业培训、进行相关专业培训、将工程专业与法学专业相结合、提高 工程监察专业人员的业务水平。

《中国共产党党内监督条例》第四条 党内监督 内容中第（二）条规定依法执政和第（七）条关于廉洁自律、廉政建设的规定。在《纪检工作制度》要求的"用制度管权，按制度办事，靠制度管人"的规定，执行《监察法》、强化法制的今天，项目管理中更应提升到用法律管权，用法管人，依法办事，增强法治思维能力。统一研究全国、招投标分级、分类监察是监察工作主要工作内容。

改进工程监察手段、提高监察效率

笔者与当前在大项目负责纪检监察的负责人交流中得知 . 特大型项目建设中均有纪检、监察部门联合组成的 纪检组进驻重大项目现场监督,据项目投资规模大小不同组成 2—6 人的纪检组分工展开工作:省政府自建的、为中央代建的大项目通常由省纪委派员进驻工地实施监督;地市级以下建设项目由当地纪检部门负责实施监督。参照中央巡视组的工作机制、根据监察法规定,结合实际情况,建议对大项目工程监察 建立垂直领导体系,使之更为有效地对本级及下级党政干部干预重大项目 . 招投标活动实施有效监督。

研究并掌握互联网时代网络远程电子招投标、评标手段:熟练掌握工程招标全过程 、签约与变更项目工程建设各阶段、PPP 运作模式、一带一路涉外项目中的关键部位、阶段实施有效监察。对列入被监察人的项目负责人、指挥长、项经理、社会资本及特许经营项目公司负责人关键人关键部门及承办人按照监察法的规定实施监察,适时采用询问、讯问、调查、侦查手段迅速查明项目被监察人相关事实、对项目被监察人财产经人民法院批准果断采取查封、扣押、冻结措施,对沿海、边境地区项目被监察人适时采取留置手段限制其人身自由。监察法赋与监察人员对项目工程中的被监察人可以采用技术侦查手段查明事实。

廉政监察,严肃法制 、割断监察人员与项目公司的经济联系

当下派驻项目纪检人员与项目部、指挥部同吃一锅饭、拿着项目指挥部每月发给的补贴招待香烟,有的纪检监察人员违反部委 12 号令规定擅自直接推修改标书、评分标准、荐评委干预项目招投标评标、干预投标人的投诉,不顾客观事实为被评委否决的投标人向省投标管理办公室直接提出有利复议观点提出倾向性意见。有的向项目持有人、业主总包方推荐设备材料供应商干涉建设总包一方经营自主权。有的违反现象表明不排除内在的经济利益趋使。

贯彻执行监察法、公正执法,监察人员与项目本身应当割断经济联系、防止权力寻租、利益输送,加强对监察工作人员的检查,对不履职的"越位、越权和以权谋私"的人员及时予以调换,违法的依法查处。重大项目监察由项目所在地监察部

门依法监察，自主决定监察方式、将派驻制改为巡视制或巡查制，上级对下级监察单位依法实施检查督促。

全球经济一体化，我国实施"一路一带"的经济战略，为实现"两个一百年"、"中国梦"的伟大目标，在时代转折关头，保证党对国家重大项目投资和国有资产的绝对领导，从人民法院、检察院及社会公开招聘，挑选合格人才充实纪检队伍，提高纪检队伍的法治水平。

提高纪检人员的法律思维和依法办事的能力

全面推进依法治国必须加强改进党对法制工作的领导。

纪检工作应与时俱进，除严格执行《中国共产党党内监督条例》、八项禁令、廉政的各项规定外，应当提高纪检工作人员的法治思维能力，主要指：提高对执行党规党纪的能力，提高依法行政的能力，提高民法、民诉法、刑法、刑诉法、招投标法的水平，提高法律思维和依法办事的能力。分清经济领域和招投标中罪与非罪的界限，分清此罪非彼罪的界限。

具备响应法律水平的纪检人员应当能看懂阴阳标书、黑白合同，熟悉 FIDIC、BOT、BT、PPP、GF-2013 建设工程施工合同等各类常用规范合同文件，熟知招标、投标、评标、唱标、决标、中标程序和标书制作，高素质的纪检人员才能实施有效的监督。

强化重大项目决策监督，预防渎职

如果一个项目招投标中的指挥长、负责人受贿 100 万元则认为是大要案；如果一个项目决策失误造成数亿乃至数十亿元的损失，追就决策人的渎职给国家造成的经济损失的往往较少，即使追究也轻描淡写，定罪和处罚很轻，罪刑不相适应。

改进纪检工作内容，通过对招投标活动监督"倒逼"审查重大项目项目立项决策程序是否合法、是否合乎整体规划，决策是否构成渎职是纪检监察的重点。

决策程序合法，通过招投标文件检查项目的立项申请、可行性论证、批复、规划要点，大型市政公用工程是否合乎公众参与、专家论证、风险评估、合法性审查，集体讨论决定的秩序，进行决策程序与施工实践审查。

非保密性项目工程做到方案评审公开、决策公开，招投标公开，中标公开，预防渎职犯罪行为发生。注重党内监督、社会监督相结合。招投标在阳光下进行。江苏大剧院重大项目的设计方案，通过中国专家论证、风险评估，网上公示，市民参与、集体研究，最终决定，选择的方案比英国伦敦扎哈事务所设计的设计方案更优。纪检对领导"三拍"（拍脑袋、拍胸脯、拍屁股）工程给人民财产造成重大损失的应当追究责任，构成渎职犯罪的移交司法机关处理。

严格依法对招投标、评标、决标程序监督，不直接参与招投标活动。"参与不干预"招投标活动是指纪检监督招投标的范围、内容。针对招投标选择评标专家、评标现场监督、对评委评标活动现场、对唱（开）标、决标、评标过程监督，使国有重大项目招投标活动依法公平、公开进行。改进监督的方法，有条件的实施远程电子监督。

注意招投标合同外的审查。合同明确规定的工程量清单，是合同双方结算依据。为了获取合同外利润，合同一方或双方故意加大合同外工程量，加大投资成本；有的通过订立补充协议，准备合同中已经约定的一方义务加入补充协议中；有的通过设计变更、施工变更加大合同外工程量与造价骗取国有资产，有的通过工程签证而变更合同总价等骗取国有资产。重视审计部门的专业审计，有效对项目全过程、总造价、总工期、质量实施监督、防止国有资产流失。

强化对重大项目全程监督，项目招投标建设涉及土地使用，拆迁办法、工程勘探、设计、招标代理、土建招标，设备材料等招标；重视对绿化、环保、防止重大安全技术事故的监督，重视政府重大设备采购有的涉及全球招标。

停止对大项目招投标不当干预，提高监督效率

停止纪检工作人员亲自改标书、确定标底和评分标准、开标时间、干预中标结果、干预评标复议、投诉、职能部门监管的行为；对违反七部委11、12号令推荐想象中的中标人，干预评标与投诉、复议、通知并推荐专家评委行为的纪检人员应当进行处理；纪检人员以"查人"、诫勉与谈话、罢免威胁具体负责招投标业务的工作人员，为自己以权谋私，粗暴干预招投标、非法收受贿赂的应当严惩不贷。

加强与律师事务所交流，发挥工程法律顾问团的作用，核查指挥部依法招投标和守法情况。

运用电子化手段，加强对大项目招标活动的监督，通过调阅网上远程电子招标信息、实施远程监控，从网上监督评标、决标活动。

检查、督促同级纪检工作部门的作用，发挥同级纪检部门的作用。

我国目前正在进行监法修订工作，新法加大了监察力度，为建设工作监察提供了法律保障。

高速公路路产损害案件快速处理

为保证公路完好，维护路产路权，依法治路，依法行政，规范执法过程，深化改革、机制创新，提高路案赔偿处理效率，近两年来不少省市都在探讨高速公路（PPP项目）路产损害侵权案件快速处理；本文借鉴国外和我国其他省市做法，结合法律规定，探索高速公路路产损害侵权案件快速处理。

高速公路路产损害侵权案件快速处理是指行为人违反法律规定、在高速公路（公路）上侵害路产路权造成损害后果，并当承担民事责任、经济赔偿义务的路损案件，路政管理机构依法处置的行为。

在高速公路上发生的路损案件按性质可分为民事侵权案件、行政处罚案件、刑事附带民事案件。本文侧重探讨民事侵权案件的快速处理。

一、路损案件法律关系构成、案件性质与区分

（一）路损案件的性质及法律适用

在高速公路管理实践中，发生各种形式的路产损害案件其性质多为民事侵权案件。

我国《民法通则》处理一般侵权行为有如下规定：第106条规定："公民、法人由于过错侵害国家、集体的财产、侵害他人财产、人身的，应当承担民事责任"。第117条规定："损坏国家的、集体的财产或者他人财产的，应当恢复原状或者折价赔偿。"《公路法》第7条规定："公路受国家保护，任何单位或者个人不得破坏、损坏或者非法占用公路、公路用地及公路附属设施"、第85条规定："对公路造成损害的，应依法承担民事赔偿责任"。

据此可见路损案件的性质是一种民事侵权、应当承担民事责任、赔偿经济损失的民事侵权行为。处理一般民事侵权行为适用过错原则。

《路政管理规定》第31条规定："公民、法人或其他组织造成公路损坏的，应向公路管理机构缴纳路产损坏赔（补）偿费"。该条款规定了民事赔偿的受理机关同时规定公路管路部门是处理民事赔偿案件的合法主体。

《刑法》117条及《刑法修正案九》规定"以危险方法危害公共安全罪"及破坏交通设施犯罪行为，犯罪嫌疑人除依法应当承担刑事责任外还应承担民事赔偿责任。

上述法律与规章规定刑事犯罪、民事侵权、行政执法案件的法律特征及性质，也是公路管理机构依法责令路案侵权人承担民事赔偿责任的法律依据。

（二）路损案件快速处理的原则

在高速公路发生的各类案件的处理原则是：

1、涉嫌暴恐案件、一般刑事犯罪的案件：由于行为人违反《刑法》117条、《刑法修正案九》及其他条款规定，故意犯罪对人身、路产、路权造成损害的，犯罪嫌疑人刑事犯罪侦查机关为公安机关，犯罪部分除适用罪刑法定、罪刑责相适应、罪自负原则外，犯罪对路产造成损害应当承担民事赔偿责任，公路管理机构以刑事附带民事诉讼原告参加到该类案件中，向犯罪嫌疑人主张路产损害赔偿。刑事附带民事民事诉讼案件适用过错责任、民事赔偿原则。

2、损害路产的民事侵权案件：适用过错责任、民事赔偿原则。过错责任构成要件①、有侵害路产路权的违法行为；②、有路产路权被侵害造成损失的客观事实；③、损害事实与侵权行为存在因果关系④、侵权人自身存在过错。此类案件主办单位为路政管理机构或路政公司。

3、路损行政处罚案件：行为人的侵害行为损害高速公路路产、路权，路政行政执法机构及工作人员以往对涉案当事人采取行政处罚方式处理，行政相对人对行政行为不服依法提起行政诉讼按《行政诉讼法》程序由人民法院判决处理此类案件，行政案件处理适用复议原则、具体行政行为不因诉讼而停止停止原则、审查具体行政行为合法性原则、司法变更权有限原则、举证责任倒置、行政机关在诉讼中不得自行收集证据的原则、行政诉讼不适用调解的原则。

以上三种不同性质的路损案件中最大量的是一般民事侵权案件，是本文研究重点。

二、高速公路一般路损侵权案件快速处理

（一）高速公路事业高速发展催生路损案件快速处理

高效是各国高速公路管理的追求目标。美国高速公路发展管理战略核心任务是：为用户提供安全、可靠、高效和可持续的交通条件；日本高速公路管理提出的六项基本原则为：顾客至上、赢得并保持社会的信任、坚持不断创新、保持高度环保意识、换位思考、支持和鼓励团队合作；用户满意、信任，追求卓越和创新的价值观。

中国高速公路事业发展催生高速公路路损案件高效快速处理。改革开放以来高速公路的建设与发展发生翻天覆地的变化，私人汽车保有量已经过亿，中国东部沿海地区发展高出全国平均水平，江苏省 2014 年高速公路承担的客、货运量分别为 34.2 亿人次、39.8 亿吨；客、货周转量分别为 2558 亿人公里，4113 亿吨公里，2014 年日均行使量达 98.19 万车、公里／日。随之而来的路损案件有所上升，2014年查处路损案件 3.3 万件，挽回损害 2.5 亿元。在路网规模不断扩大、管理职能不断扩展、在现有技术水平条件下，有限的执法管理人员对数百公里的条线管辖范围路损案件难以履行其职责、适应形势需要。路政管理现状要求对处理方式的机制改革。

路损案件的当事人要求快速处理。路损案件发生后如按往常行政处罚一般程序须经：立案、调查取证、告知处罚事实、依据、理由、组织听证、做出处罚决定、送达行政处罚通知书，中间还需通过听证、路政处罚的执行等程序，在旅途中的当事人不得不改变出行（旅行）计划且费时费事，当事人要求快速处理。

路政执法现实要求对路损案件快速处理。案发后路政人员须据《路政管理规定》填写：勘验检查笔录、询问笔录、公路赔（补）偿案件鉴定意见书、调查报告、赔（补）偿通知书、结案报告、责令车辆停驶通知书等法律文书；此外行政执法人员还要将侵害路损车辆、人员从现场带至行政执法点办理相关手续，其中任何一个环节就能造成大量时间损失、情感损失；有的当事人因此中断出行（旅行）计划、航班延误……行政执法机构也为此投入人力、车辆加大执法成本与案件处理时间；

路政员长时间滞留高速公路路面严重影响公路畅通，更有甚者造成生命危险加大。

路案损害案件赔偿处理实践证明，改用协商快速处理处理，减少了执法成本，缩短了路损案件处理的时间，提高了效率。据江苏省交管局锡澄支队四大队统计，原来处理一个路损案件需几天时间，现在采取快速处理方式仅需十分钟，大大方便当事人出行，保证了公路畅通。

高速公路事业及市场运营、路损侵权行为人、公路管理机构、路政执法人员都催生高速公路路损案件快速处理；要求通过机制改革、呼唤新规章诞生。

（二）路损案件快速处理的法律依据

如前所叙，我国《公路法》第 85 条规定"对公路造成损害的，应当依法承担民事责任"；《公路法》相对于《民法通则》为特别法，在法律适用中，特别法优于普通法；《路政管理规定》31 条规定更为明确："公民与法人或其他组织造成路产损坏的，应当向公路管理机构缴纳路产损坏赔（补）偿费"。

上述这些法律规定是组织实施高速公路路案依法实施民事赔（补）偿调解、收取补偿费用的法律依据。

（三）快速处理的合法主体——公路管理机构

在组织实施路损案件的快速处理中，有的路政执法人员习惯用路政行政处罚手段办理高速公路路损案件，认为用办理民事案件方式、平等协商、协议调解结案"名不正"；有的认为自己是行政执法人员，为快速结案仿效、复制快速处理的程序进行民事调解，但是担心违反规定犯错、缩手缩脚。

《路政管理规定》31 条授权公路管理机构对收费或不收费公路、对经营性收费而不是还贷性公路的路损接受赔偿。该规定授权路政管理机构是快速处理路损案件、接受民事赔偿的唯一合法主体。公路管理机构依法代表国家行使管理职责，在处理高速公路路损案件调解、快速赔偿、接受侵权行为人的赔偿是当然适格主体，名正言顺。

《公路法》第 85 条明确规定路损案件当事人承担民事责任，是民事案件。

高速公路路损案件的侵权行为人认为自己侵害事实清楚，证据确凿，依法自愿赔（补）偿的，在协商调解中按照平等、公平、公正、等价有偿、协商一致的民事活动准则签订民事赔偿协议书。协议双方应视为平等的民事主体。

在路损案件侵权行为人拒绝调解、转为行政执法时，此时的路政管理部门成为行政执法主体，而侵权行为人则成为行政处罚的行政相对人。

当侵权行为人已经签署民事调解书，拒不履行其签字认定的调解书载明的赔偿义务，而进入民事诉讼时，此时的路政管理部门应成为民事诉讼中的原告人。

（四）路损案件快速处理的方式

民事调解是路损案件快速处理的主要方式。

《民法通则》134 条规定承担民事责任的重要方式为赔偿损失。《路政管理规定》第 33 条规定："路产损坏实施清楚、证据确凿充分、赔偿数额较小且当事人无异议的，可当场处理。在通常情况下，公路路产与设施损坏只能更换不可利用，故需全部赔偿。当场处理的公路赔（补）偿案件，应当制作送达《公路赔（补）偿通知书》，收取公路赔（补）偿费，出具收费凭证"。

这对快速处理路损案件的程序、文书名称、处理地点等要件做出明确规定，但对当场处理与送达通知书之间，以何种方式实现受偿缺乏明确表示。《公路法》虽然认定路损案件是民事责任，但对受偿的方式缺乏明确规定。

法律没有禁止的就是许可的。公路管理部门可以对路损案件通过协商确定赔偿的数额、地点、方式做出决定，以双方协商的方式通过签订公路赔偿协议书的方式做出快速处理。

北京市路政管理局下属 10 个分局在不涉及执法情况下，对路损案件不到场，由其经营管理单位负责路产保护并按民事调解程序收取路损赔（补）偿费。北京市这一做法将路损民事赔偿与路政行政执法较好区分开来，从快速处理的主体上理顺了法律关系，民事主体适格，值得借鉴。

把深化交通运输行政执法体制改革，全面落实执法责任制作为工作目标。将民事赔偿主体与行政执法主体从现行一个机构区分开来并赋不同职能，是路政管理改革的一个方向。

目前，对路损案件索赔与接受赔偿的权利仍由路政管理部门行使，对赔偿数额、标准有明细规定的、有量化清单且有明确单价的，按清单赔偿。如赔偿价格清单中没有的则需双方协商一致后经过民事调解程序，制作路产损害民事赔偿协议书，协议书与送达通知书送达当事人现场签收。将送达签收程序作为一个条款载入路产损害赔偿协议书中，协议书一旦签署即为送达。将上述两个文书合为一体冠名为《路损赔偿协议书》，适用于各类公路和高速公路。

我国《行政诉讼法》规定行政诉讼不适用调解。该规定指向的是行政相对人和作出行政行为的行政执法主体。

在路产案件快速处理的民事调解文书中，一方主体是侵权行为人另一方主体代表国家对路产进行管理的公路管理机构，适用的是《民法》134条及《路政管理规定》第31条，路产损害索赔方式是通过自愿协商一致的方式，以调解方式达成对路产损害赔偿的目的。故调解中的双方主体应当是适格主体，适用《民事诉讼法》调解规定和《路政管理规定》第33条简易程序规定。调解中的双方应视为平等民事主体，公路管理机构制作的通知书冠名为《路损赔偿协议书》为妥。

路损案件侵害一方当事人在民事调解中其主体资格是否适格直接关乎《路损赔偿协议书》的法律效力。故侵权行为人是自然人的必须具有完全民事行为能力；是法人（企事业单位、社会团体）的必须具备相关手续与授权委托；负有侵权连带责任的有各方对侵权行为、民事责任按比例承担各自赔偿份额，在调解中必须做出区分与明确约定。公路管理机构对参与路损调解的侵权一方当事人的主体资格与授权委托手续需依法确认。

（五）路损案件赔偿调解快速处理的前置条件、方式、场合及文书

适用简易程序调解路产侵权案件。《路政管理规定》第33条规定："路产损坏事实清楚、证据确凿充分，赔偿数额较小且当事人无异议，可当场处理"。此规定应视为调解结案的前置条件。

《民事诉讼法》第96条规定："调解达成协议，必须双方自愿，不得强迫。调解协议的内容不得违反法律规定"，由此调解的基本原则是自愿原则和合法原则。以民事调解方式快速处理路产侵权损坏案件必须合乎《民事诉讼法》与《路政管理规定》简易程序的规定。

高速公路路案处理地点一般在侵权行为发生地，即路案案发的"当场"。当场制作《路损赔偿协议书》、当场送达、当场收取路产损坏赔偿费、当场开具损坏赔偿收费凭证。"当场"包括路政执法机构所在地和案发现场。

路案快速处理的法律文书主要由《申请快速处理须知》、《路赔偿协议书》组成。当事人有知情权。《须知》是一份由路政管理部门单方制作的格式文件，《须知》中书面告知当事人申请对损坏路产的交通事故快速处理赔偿后不得再以民事诉讼、申诉或其他方式对其申请快速处理路案的处理方式、赔偿标准、数额提出任何异议或主张；对确认路产损害的项目、数量及《江苏省公路赔（补）偿收费标准》等重要条款应当用加粗黑体字提醒当事人。

《路损赔偿协议书》由案号、案发时间、地点、当事人、序号、路损项目、单位、数量、赔偿标准、赔偿金额、收费标准文件号、侵权损害事实、法律适用条款，执行、当事人意见及尾部等条款构成。需要注明的是，由于路案性质属民事侵权行为，使用《民法通则》134条，《民诉法》第96条关于民事调解规定的法律条款应载入《路损案件赔偿须知》、《路损赔偿协议书》中。通过协商调解手段实现快速的目的。

（六）快速处理速度应配备足够的装备

为路政执法人员执法所需的各类车辆；通信、取证、缴费工具；伤员抢救等所需的各类设备。具体指巡逻车、对讲设备、现场航拍无人机、缴费所用的 POS 机、抢救伤员的直升机以及服装装具等。

江苏省高速公路管理局为路政执法人员配备巡逻车，在案发第一时间赶到现场；为路政员配备 POS 机，现场快速收取当事人赔偿费，该局锡澄支队四大队 2015年 1 月至 8 月 31 日，处理路产案件 119 件，其中快速处理 102 件，占路案总数的85.7%；执法巡逻车与 POS 机的使用，使得处理路案赔偿时间只需 10 分钟结案，当场开具由省财政统一印制的路产赔偿费收据，未发生投诉事件。

（七）保险公司是路损案件快速处理中的重要环节

路损案件当事人的车辆，在上路前一般都与保险公司订立保险合同，购买交强险、三责险等险种。投保人履行保险合同义务后如出险由保险公司负责理赔，但因毒驾、酒驾等以危险方法危害公共安全的刑事犯罪行为，不在理赔范围之内。

路损案件发生后，被保险人（当事人）应当将路案损失情况在第一时间通知承保的保险公司，路政管理人员与当事人达成的路损民事赔偿协议应当通知保险公司；保险公司依法理赔。重大路损案件保险公司要求参与的路政管理人员应当给予方便。

保险公司参与社会管理。高速公路路产损害风险分流离不开保险公司，建立与保险公司联动工作机制是快速处理路损案件的重要环节与重要方面。

（八）高速公路路损案件赔偿的原则、标准、数额

路案赔偿的三原则：一是全额赔偿原则。为前所叙，一般情况下，路产损坏只能更换不能再次利用，所以全额赔偿。二是实际损害赔偿原则。三是全额赔（补）偿使用损害相抵的原则。

赔偿金额计数的两种方法，即重置成本法，二是市场法。

为提高赔偿的准确性、快捷性，应当将路损项目的名称、单价、赔偿标准、赔偿金额载入《路损案件赔偿须知》中、印刷在反页，用黑体字加重注明，让侵权当事人明了同意以协商调解方式结案的条件、法律规定、适用赔偿标准。让侵权当事人在行使调解权利时知晓赔偿标准，以体现路案快速处理中的公平、公正与自愿、协商一致的民事活动准则，彰显和谐社会和核心价值观的精神。

（九）调整路损案件赔偿快速处理的数额

目前路损案件赔偿快速处理的数额多数限定于一万元之内。在处理现实交通案件的实际工作中有的个案路损数额高达数万元，限定数额过低不利于高速公路路损案件的快速、全面、高效处理；随着人民生活水平的提高与区域经济的发展，应当将路产侵权损害案件赔偿数额设定在 1~5 万元为妥。

（十）路案快速处理与损害鉴定

路损案件超出损项目的名称、单价、赔偿标准、赔偿金额之外的，对损害的数额难以现场确定的，经当事人协商不一致的还需要进行损害后果的鉴定。从备选的鉴定机构名单中提供给当事人选择，双方现场选定鉴定机构进行鉴定，赔偿协议要将鉴定机构和鉴定费用载入文书中。

国家对路产所有权享有占有、处分、使用、收益的权利，一切赔偿所当然归国家所有。路损案件赔偿所得应当上缴入库，上缴省级地方财政；赔偿与公路管理机构收支分离。国家投资建设的各类公路所有权归国家（特许经营项目例外），使用 POS 机收款，当天即可见赔偿款入库，网上公布，便于公共监督，提高实现赔偿的速度。

（十一）实现路损案件快速处理的技术手段

加快智能化建设，推进智能高速公路建设进程，将云计算应用到公路管理终端电脑中；信息传送、电子文件制作、送达、处理与高速公路路产损害赔偿案件处理相连，与参与公路案件处理的公安、保险、地方政府、车辆施救及相关部门相连，使路损案件快速处理的程序更加快捷、简化、全面。

（十二）路损案件的证据收集

在一切案件中证据是诉讼之王。在路损案件中，侵害人可能是一个或多个自然人或外国公民，驾乘人员也可能是一个或多个股东形成的中国或外国法人或事业单位、社会团体、其他组织的工作人员。在路损案件发生之时，应当参照《证据规则》、《民诉法》证据分类，电子证据的相关规定收集，保存路损证据；在证据未收集、保全前，路政执法巡逻人员应当责令侵权行为人维持侵害现场原状（抢救伤亡人员除外）。

路损快速处理案件证据形式包括现场录音、录像；当事人陈述，侵权人签字认可的申请协商调解快速处理路案的须知；当事人签署的《路损赔偿协议书》也是重要的证据之一。

对装有危险品、化学品车辆发生爆炸、泄露造成人员伤亡、环境污染、隧道、桥梁、涵洞等重大设施的严重损坏的特别重大事故；因此造成次生灾害的连锁性重大事故；超出快速处理范围的其他重大恶性事故，仍需责令车辆停驶，便于取证，责令侵权人出具书面证明材料：证照、身份证明、会同交警提取证据。

因不可抗力的自然灾害（地震、雪崩、山洪、泥石流）更要注意证据的收集。侵权人涉嫌刑事犯罪（酒驾、毒驾）时的证据应配合公安当场快速收集，作为附带民事诉讼证据举证之用；当当事人拒绝民事调解时作为行政处罚及行政复议、行政诉讼之用；拒不履行《路损赔偿协议书》的，作为民事诉讼举证之用；确实充分的路损证据将会起到稳定、支撑《路损赔偿协议书》、快速结案的稳定性，为其他形式的刑事、行政、民事诉讼提供证据支撑。

在高速公路上事故发生地点收集证据和处理重大路损案件的路政员时应当注意自身安全；建立收集与证据保管的规章制度；重点注意对已经收集到的证据的保管、保护工作。

（十三）做好路损民事调解结案的档案整理、归档、保管工作。

建立一案一档、书面和电子存档相结合的方式，根据损害的案件性质或者时间顺序编号，保存备查。

三、公路管理部门面对高速公路路损之债的三种诉讼方式

当事人的侵权形成了公路损坏，构成侵权之债，公路管理部门可以通过下列三种方式实现路损之债的债权。

（一）提起民事诉讼。侵权行为人在案发现场填写了《须知》参与调解签署了《路损赔偿协议书》，但不履行或不完全履行协议书中约定的赔偿义务，少付或者不付赔偿款形成债务纠纷。对于此类案件公路管理机构作为民事主体依法向侵权行为发生地即案发地法院起诉，以民事诉讼程序解决路损赔偿纠纷实现债权。

如侵权行为人破产，公路管理部门作为债权人应及时申报债权；如并购发生股权变更的则向新的法人追索路损赔偿款。

（二）通过当事人提起的行政诉讼参与处理。路案侵权当事人案发后拒绝协商调解并承担路损案件的民事赔偿责任、拒绝签署《路损赔偿协议书》；赔偿数额高出赔偿清单允许最高范围；依法作出行政处罚的案件，当事人不服拒绝民事赔偿，当事人主张复议、对处罚结果不服提起行政诉讼的，公路管理部门作为被告进入诉讼。公路管理部门要保证在行政诉讼中胜诉必须用好案发初期现场调取的证据，按规定程序参与诉讼，需要时委托律师为代理人代理诉讼活动，依法维护路产路权。

（三）刑事附带民事诉讼

侵权行为人行为构成犯罪，由公安机关侦查、人民检察院依法对被告人提起公诉，公路管理部门在刑事诉讼中申请参与刑事附带民事诉讼，向被告人对其犯罪行为造成的路损主张赔偿，由人民法院做出附带民事赔偿的判决。

无论采取哪种诉讼，证据是诉讼中必需的。公路管理部门在路案案发现场第一时间搜集到的证据是赢得诉讼、实现主张、维护路产路权的重要保证。

四、特许经营项目的路损案件索赔

为降低政府债务风险，提前满足社会需要，政府对交通运输、公用事业领域、

社会服务设施等引入社会资本参与投资建设。我国正在推行高速公路、公路及与其相关的路桥、涵洞、服务区等设施实施 PPP 特许权项目运作，项目运作经营是一项庞大、长久的系统工程，广义的 PPP 项目以及行业遍及整个社会各个领域，涉及能源类、交通运输类、信息系统类、生态环境保护类等各个方面。

根据不同性质的公共资源、采取不同特许经营模式。常用模式有 PPP，BOT（建设—运营—移交）、BOOT（建设—拥有—运营—移交）BOO（建设—拥有—运营）。项目运作历经政府决策层决策、特许项目审批、特许权授予、公共资源使用。尤其关于特许期与产品价格的确定都是由 PPP 项目主办的中方政府机构组织实施。运作流程路径：项目识别（项目发起、项目筛选、物有所值评价、财政承受能力论证）；项目准备（管理架构组建、实施方案编制、实施方案审核）；项目采购（资格预审、采购文件编制、响应文件评审、谈判与文件签署）；项目执行（项目公司设立、融资管理、绩效监测与支付、中期评估）；项目移交（移交准备、性能测试、资产交割、绩效评价）。

我国政府颁布了《特许经营管理办法》及先关规章。法律、规章和政策规定是特许经营项目的主要依据。外商参与我国"一路一带"基础设施投资、高速公路项目，对重大路损案件的处理还应当参照我国参加的双边和多边条约。

此类项目的路损案件的快速处理，在没有新的法律规定的前提下根据国家主权原则，路案处理的部门应仍然是公路管理部门，适用的程序同上，案件处理中的法律文书同上，双边和多边条约另有约定的除外。

PPP 或 BOT 等各类项目路损赔偿按公司《公司法》、《特许经营管理办法》规定，赔偿所得按公司股份或公司章程约定由投资人享有。中方在项目公司内持股的则按股比分配路损赔偿所得并上交省财政。

五、路损案件处理需要解决的几个问题

（一）完善路损索赔的公路管理机构

路政管理的建设与改革并重。路政建设管理是一个庞大的系统。路损索赔的实现是通过公路管理机构及其工作人员来完成的，而机构与人员的工作效率又离不开网络、设备与信息。路政管理人少而路线长的问题突出，随着高速公路管理转向区

域化，各支队（分局）平均每公里配备路政人员现在为 0.23 人，高速公路里程增加后从理论上测算应配备至 0.44 人，现阶段至少应配至平均每公里 0.30 人，以满足路政管理与路损索赔需要。

强化执法队伍廉政建设，反腐倡廉、杜绝路政管理中的钱权交易，保证路损赔偿的公平公正。推进人员队伍专业化建设。

提高执法水平、法制水准；推进执法资格考试制。通过招录人才在岗培训，健全对执法人员管理制度；强化每年执法资格年审业务培训，进行政策法规知识培训，熟练掌握常用法律、规章条款、索赔项目的价格标准；熟练掌握路损案件的程序、文书制作、取证、签收送达、执行；熟知民事调解、行政处罚的区别与工作方式；掌握各类证据的收集、保管；了解民事诉讼、行政诉讼、刑事附带民事诉讼的程序、举证方法及举证说明；保持良好的执法形象、礼仪。

公路管理机构应为一线工作人员提供常用法规、政策等执法手册。

加强路政管理人员的薪酬管理，绩效管理，保障工资正常增长机制，使工资与级别、效能挂钩。收入分配向一线路政执法人员倾斜。

关注现场路政事故处理，索赔调解、行政处罚、证据收集、排堵止暴，保障工作人员的人身安全，研究改进执法手段。

配备路政管理所需的各类设备。保证路政巡逻人员在第一时间赶到事故现场；江苏省交通运输厅依据《江苏省高速公路条例》强化公路路网管理行政执法（路损索赔）标准与规范建设。

推进强化公路管理系统的法律顾问制度建设。

推进路政管理体制改革。为使侵权行为人或行政处罚相对人对执法机构及隶属关于职权区分有一个明晰了解，便于路案及侵权事件与地方机构对接，便于推进片区管理模式，参照吉林省交管局的做法建议将支队统一更名为分局，省交管局下设分局；优化各分局的内部设置便于路损案件快速处理。

（二）完善修订合乎法律规定的与快速索赔相适应的路案赔偿文书

要使快速赔偿常态化、全面推进公路管理，公路管理机构出具的文书必须合法化。

全国其他省市区在使用的《路产案件快速处理单》，《公路赔（补）偿通知书》

其内容、法条引用、冠名等均按照《路政管路规定》第 33 条、34 条的规定制作并受其约束用来处理路损案件。现行的快速处理单与赔偿通知书其实都是行政文书的风骨。文中均注明"申请人民法院强制执行"字样，套用了生效行政判决书的执行概念。在现场快速处理民事调解不能解决路产损害案件则转为行政执法案件时方可使用快速处理单与赔偿通知书，方可在行政执法文书中注明"申请人民法院强制执行"字样。

笔者前文说明路损案件是民事侵权案件。实施赔偿是由于行为人存在过错民事责任，《民法通则》134 条承担民事责任的方式为：停止侵害、排除妨碍、消除危险、返还财产、恢复原状、修理、更换、赔偿损失等，是承担路损案件损失的主要方式。《民法通则》第 117 条关于规定"损坏国家的、集体的财产或者他人财产的应当恢复原状或者折价赔偿"的规定用以承担民事责任，明确侵权人承担民事责任的规定。下位法《公路法》第 85 条规定"造成公路损坏的，应当依法承担民事责任"。上述法律规定了路损承担民事责任的方式。统而言之路损应适用民事赔偿，承担侵权责任，按照民事侵权过错的原则处理，与之相对应的民事赔偿文书应当是《路损赔偿协议书》，用协商调解的方式处理路损赔偿、承担民事责任。

实践告诉我们，路损赔偿有在行政管理与民事赔偿之间的交叉，落实依法治路，使用《路损赔偿协议书》处理路损的每一个细节均须合法有据。

人民法院对经公证的债权文书、生效的仲裁裁决书、法院制作的判决、裁定、调解书，当事人一方或双方均可申请强制执行。而公路管理部门与侵权人之间形成路产损害赔偿的《路损赔偿协议书》，不在《民事诉讼法》允许的执行范围之内。

（三）关于对《路政管理规定》修改

《路政管理规定》第 33 条强制性规范与《公路法》第 85 条与《民法通则》第 117 条、第 134 条规定的个别条款相悖，与时俱进应当对《路政管理规定》第 33 条进行修改。

修改条文应将路损赔偿、承担民事责任写入；将侵权行为人与公路管理部门协商、协商调解处理路损案件的方式写入《路政管理规定》之中，以适应高速公路路损案件赔偿快速处理形势的需要。

参考文献：

1、杨立新《侵权责任法总则》（六）

2、钱金龙等《公路路损执法指导》

3、冯松林《特许经营项目法律保障》

4、交通部《交通运输行政执法程序与文书实务》

5、江苏省交通管理局"十三五"发展规划纲要

6、江苏省交通厅政治处《江苏建通运输》2 期

7、江苏省交通管理局《江苏省高速公路损坏案件快速处理规定（试行)》

中国高速公路交通运输行政执法体制改革

　　"深化行政执法体制改革"是党的十八届三中、四中全会所共同关注的重点。为深入贯彻十八届三中、四中全会精神各省出台改革方案，江苏省人民政府办公厅印发了《关于开展综合行政执法体制改革试点工作的指导意见》（苏政办发〔2015〕86号），该意见要求合理划分不同层级部门的行政执法职责权限、执法力量配置，减少执法层次，实现执法重心和力量同步下移，确保行政执法人员编制重点用于执法一线，防止执法机构"机关化"。

　　在这一背景下各省高速公路交通运输行政执法体制改革被紧提到日程上，在这一改革中，高速公路行政执法异地办案、行政执法管辖区域、行政执法的主体划分、执法主体职能区分等相关问题不可回避，江苏省交通运输厅正在紧锣密鼓地筹划交通运输行政执法体制改革，改革方案正在酝酿之中，笔者在该交通运输行政执法体制改革方案出台之前就高速公路交通运输违法案件异地处理、高速公路交通运输行政执法体制改革等问题提出以下意见。

省级高速公路交通运输　行政执法体制改革的必要性

　　各省交通运输厅系统下具有执法职能的部门设置从本地区实际出发设置下属执法职能部门。据调查了解江苏省省级承担行政职能事业单位改单实施方案 交通运输厅系统下具有执法职能的七个局一个办公室改革，拟设立为江苏省交通运输综合执法监督局，省高速公路管理局也列在被改名单当中。如果省交通运输厅体制改革进程中撤销江苏省高速公路管理局和江苏高速公路交通运输执法总队，则省高速公路交通运输行政执法体制和职能必将发生重大变化。高速公路交通运输行政执法体制改革与内设机构工作职能调整必然涉及行政规章与内部行政规定的重新修订，各支队以下的执法体制与案件异地执法可随之进行改革。如果不改变，江苏省高速公路管理局和江苏省高速公路交通运输执法总队现有的执法体制、职能、体系、隶属关系、执法通用文书、行政复议层级又如何体现其主体作用呢？

改革要求整合政府部门内部和部门间相同相近的执法职能和资源、归并执法队伍。所以无论执法主体改与不改高速公路交通运输违法案件异地规范化处理这一问题，新、旧体制都必须研究解决。高速公路建设飞速发展，至 2016 年全国高速公路里程高达 13.1 万公里，江苏省已建成高速公路 4657 公里，服务区 103 对，收费站 406 个。服务区域扩大，高速公路管理对高速公路管理机构提出更高要求、高速公路管理机构须提供高效、快捷、准确、及时、全面的路政执法服务。江苏省十二个高速公路交通运输执法支队发生的行政执法案件都由省高管局作为行政诉讼的被告，由省厅作为行政复议的复议机关不仅形成诉累，而且全省高速所有案件都只集中由南京中院行政庭审理更是加重了执法成本与诉讼成本，不便于当事人进行诉讼活动，也大大增加了南京中院行政庭的办案压力。

路政执法案件的类型及范围发生变化，2016 年 9 月 21 日起施行的交通运输部部门规章《超限运输车辆行驶公路管理规定》规定了"非现场执法"这种事后查处的执法方式。由于高速公路交通运输活动参与者具有流动性强、活动区域分散等特点，如果按照传统的执法模式，要求涉嫌违法的当事人前往违法行为发生地的特定执法支队或者大队接受进一步调查处理，既"劳民"又"伤财"。另外，即将公布并实施的江苏省公路违法超限运输非现场处罚办法和江苏省高速公路超限运输车辆监测及黑名单管理办法也分别对路政执法机构提出新的要求，互联网、物联网飞速发展，当事人、行政行为相对人对高速公路路政管理提出更高要求，传统的"在哪个基层执法大队辖区违法就只能在该基层执法大队处理"—过去的高速公路交通执法模式。全省一个省高管局这样一个唯一的行政执法主体已不能适应新形势发展需要，高速公路发展形势与路政执法紧迫形势召唤路政执法交通运输执法体制改革，要求各省高速公路管理执法改革同步，与时俱进现行的高速公路行政执法体制、功能设置、队伍建设、执法水平、执法实践经验，独立的财政经费、装备设施为交通运输厅系统下具有执法职能的提供基础与保证，具备以支队为独立执法主体实施全省独立执法可行性。改革势在必行。

依法设立多个具有法人资格的高速公路独立执法主体

建立独立以支队或分局为独立执法主体的法理依据。《公路法》第八条规定县级以上地方人民政府交通主管部门主管本行政区域内的公路工作；国务院交通主管部门主管全国公路工作，县级以上地方人民政府交通主管部门主管本行政区域内的公路工作；但是，县级以上地方人民政府交通主管部门对国道、省道的管理、监督职责，由省、自治区、直辖市人民政府确定。《中华人民共和国道路运输条例》第七条规定，县级以上地方人民政府交通主管部门负责组织领导本行政区域的道路运输管理工作。县级以上道路运输管理机构负责具体实施道路运输管理工作。

根据行政执法体制改革关于由基层监管的事、除法律法规规定外，省政府原则上不设立具有独立法人资格的执法队伍的规定、在不增加行政执法独立法人编制、人员的前提下，通过整合资源、减少执法层级、调整不同层级部门的行政执法职权、体现执法重心下移、依据上述法律规定，省级政府依法可以将全省各高速公路交通运输执法支队升格为独立的高速公路行政执法主体，将下属各大队视为其派出机构。全省的高速公路交通运输行政执法体制据此重新设立，通过地方行政立法做到改革于法有据。

根据法律位阶原理，各省级地方性法规的法律效力高于同级政府行政规章的法律效力、在各省级已经施行的地方性法规之后，故各省级政府行政规章就高速公路执法主体问题应重新审定、不能与上位法规的相冲突。例如江苏省新修订的《江苏省高速公路条例》于2014年3月28日经江苏省第十二届人民代表大会常务委员会第九次会议讨论通过，已于2014年8月1日起正式施行。根据该条例第四条第一款，省交通运输部门高速公路管理机构（以下简称省高速公路管理机构）具体负责全省高速公路的路政管理和养护、经营服务、收费等监督管理工作。应当将该条款中的"省高速公路管理机构"解释、释明或重新规定，由相关方面提请省人大常委会对此条款作出特别解释较为妥。当然，省政府可直接按公路法的授权规定明确认执法支队具有行政执法主体地位我国对高速公路管理机构不象行政区划那样有明确规定、全国并无统一模式，各省根据行政法规定与授权，结合各省特点与具体情况有权自行设立。 中国各省、自治区、直辖市的高速公路行执法机构不尽相同，并无统一模式。北京市下设行政执法局，路产损害索赔由高速公路公司负责，东北、华北做法各有异同，江苏省交通运输厅下设一个高管局隶属十二个路政支队，各支队下设执法大队负责行政执法与路产损坏民事索赔江苏高速公路领域所有行政执法和路损案件的文书用章均为"江苏省高速公路管理局行政执法专用章"，江苏省高管局是法律上的责任主体。

按照执法重心和力量同步下移的改革要求、各省将本来就是行政法人单位进行职能调整、利用现成的执法队伍、设备、将支队名称升格为局或综合执法分局、符合政府执法机构改革精神、江苏高管局下十二个支队具备升格为独立执法的条件：都具有一定数量的在编人员、有固定的财政经费拨款、有各自独立的办公场所、具备事业法人主体资格。

各支队都有适应执法需要的执法装备和独立的执法队伍。各支队多年来一直执法于在高速公路执法第一线，除行政复议外各支队都具有长期处理高速公路现场与非现场案件的办案经验和技术手段，具有与执法相适应的法律水平，将支队升格为独立执法主体其程序相应简单，只需将相关手续与规定予以变更即可。

各支队升格为独立执法单位的名称可参照外省做法、结合江苏实际并有所创新，可统一冠名为高速公路执法局或综合执法分局，按序号编排一至十二局或分局，或沿袭历年已经形成的沪宁、京沪、沿江等冠名作出具体规定，报请省厅批准后纳入执法体制"一揽子"改革，兼顾其他执法部门调整，统一冠名实施。

规定升格独立执法主体的权能和职责，在行政法规、规章和内部行政规定规定的范围内对执法主体的权能与职责予以现定，理顺升格后的独立执法主体的行政、党务和行政监察的隶属关系，明确省交通运输厅行政综合执法总局对下属各独立执法主体的业务指导、监督关系、是上一级行政复议单位。

规定升格独立执法主体统一的制式执法文书的式样、执法程序、相互之间委托执行的规定与标准，明确行政复议、行政诉讼、附带民事诉讼的职能与规定。 执法文书、执法程序等内容依交通运输部有统一规定执行。

规章规定执法主体对省辖区内高速公路交通运输案件可以异地处理

根据《公路法》第八条关于县级以上地方人民政府交通主管部门对国道、省道的管理、监督职责，由省、自治区、直辖市人民政府确定的规定，专门以地方规章或内部行政文件予以规定。

无论升格独立执法主体与否，以支队、大队为一线执法的现行执法体制都面临行政案件异地处理，本文概括为省内高速公路全区域行政执法；统传的行政执法在各支队行政文件规定的高速公路点、线构成的地域范围内执法，我们称之为内部划分的行政管辖区域。

高速公路的建制不在地方省辖市政府直接管辖之中，由于高速公路运输具有高速、机动的特点，行政违法车辆常跨越违法现场进入其他支队管辖的区域之中转化为异地、非现场案件，而此时具有执法区域管辖权的执法机构对前现场违法案件又缺乏完整充分证据，这是交通运输行政违法案件形成异地处理的成因与条件。

解决交通运输案件异地处理首先要从内部行政规章作出规定，允许各支队或升格后独立执法主体在省高速公路范围对行政违法案件可以异地处理。其次规定行政行为相对人的行政违法事实及证据等案件资料及时电传送达新辖区的行政执法主体或支队由其立案处理，再次将在第一现场违法案件委托违法车辆或行政行为相对人实际停靠的场地的执法机构，由其代为执法处理，再次对已经处理的案件执行由受委托单位处理、执行。

省政府通过规章规定对异地处理行政违法案件执法作出规定，凡在本省辖区高速公路上的违法案件行政执法主体都可规定异地处理与管辖，明确异地处理案件的范围、性质、主体机构职责、委托方式要求等，明确规定独立执法主体有权对全省高速公路交通运输违法案件实施独立的行政执法，执法与省内全境高速公路现场与非现场省内执法的空间、执法的范围；各执法主体之间边界。省交通运输厅就高速公路管理相关规定进行修改，对执法机构管辖区域涉及沿海、内河航道、铁路等管辖单位之间的协同与配合依法提请省政府制定行政规章，作出相关规定，对本省辖区范围内高速公路上的路政案件受理作出规定，已经有划分规定的从其规定。

明确各独立执法主体通用的执法文书，统一执执法文书式样，明确现定独立执法主体之间委托事项与范围权限。我国刚修改后的行政诉讼法将行政规章一以下的规范性文件的合法性列入当事人诉讼请求，所以地方政府规章的制定必须符合上位法规定，考虑行政诉讼法的相关规定。

明确各独立执法主体通用的违法行为告知书式样，规定使用范围、对象、方法以及发生行政复议时的受理机关与行政诉讼中的涉讼主体。

将路产损害民事赔偿案件与行政违法案件分流处理，提高专业执法水准

根据《公路法》第八十五条规定，路产损害赔偿属于侵权民事赔偿案件，其特征是侵权人具有民事行为能力；实施对路产侵害的行为；造成路产损坏的侵害结果；侵害行为与侵害结果之间具有因果关系。行为人因疏忽大意造成的日常大量路产损坏的民事赔偿目前由行政执法支队及其下属大队处理，有的仍然按行政执法程序处理，案件有的经过行政复议与诉讼程序，行政执法与民事赔偿混合。刑事犯罪中造成路产损坏的附带民事诉讼赔偿案件通常也由高速公路行政执法单位处理。用行政执法手段处理路产损害赔偿案件不仅案件处理周期长而且影响、消耗行政执法资源与力量。

改革路政执法体制，凡涉及路产损害的赔偿案件统一划归高速公路路产公司或省级交通运输公路事业发展中心承担，具体管理单位由各省厅视情指定，负责索赔的公司或中心有经营管理路产的职责，代表国家对高速公路资产享有所有权和经营理权，改革此项行政执法的法律依据就是《公路法》第八十五条规定此种案件可按路产损害快速赔偿和民事案件在庭主持下用调解、和解、判决方式处理，节约行政执法资源与成本。《公路安全保护条例释义》第28页载明："政府国有资产监督部门所履行的国有资产出资者职能、高速公路经营企业所承担的运营管理职能，不能混同甚至替代政府公路行业管理职能，交通运输主管部门及其公路管理机构应当切实依法承担起保护公路资产、监督收费运营的政府职责。"

行政执法侧重放在对高速公路建筑控制区范围内违法建（构）筑物、违规从事管道、河闸施工等违建行为的执法，侧重对车辆违法改装、车辆擅自超限、涉及黑名单车辆、非现场行政执法，侧重对公路法、公路安全保护条例及本省省级人大通过的高速公路管理条例规定的行政管理事项实施监督、执法。交通公安分局管辖的高速公路刑事违法案，涉及路产损坏的通知高速公路公司以带民事赔偿原告人身份参与诉讼、行使诉权、主张民事赔偿事项。改革将进一步分清行政、民事、刑事案件，提高高速公路执法效能与专业执法水平，降低成本，有利于当事人出行及案件处理。笔者在高速公路路产损害快速处理一文中有较为详细的说明。

划分省内全区域异地处理案件的种类与证据分类，便于取证、举证

异地处理即省内全区域执法案件根据《公路法》和《公路安全保护条例》规定执行。实际执法中案件种类包括现场执法与非现场执法两部分：每一部分又可分为行政案件、民事案件、刑事案件及刑事附带民事案件等。

现场执法常见案件很多，典型的案件是路产损坏快速赔偿。据《公路法》规定属性为民事赔偿性案件。民事赔偿快速处理其适用条件为：一是事实清楚、证据确凿、侵权人无异议；二是案情简单、侵权人担责无异议；三是对赔偿二万元公示标准之内的无异议的案件。现场执法案件：一是民事侵权案件和刑事附带民事赔偿案件；二是在控制区范围内违反《公路法》、《公路安全保护条例》建筑施工、违法树立广告牌等行政案件。此类案件一般在执法管理机构住所地处理，但上级指定的除外。现场执法证据对证据提出更高要求，即证据的客观存在性、取证合法性、证据与待证事实之间的关联性。当事人现场自认比诉讼中举证质证更为有效，充分用好违法行为告知书、当事人现场签字认可的陈述书。

非现场执法案件：1. 路损未报或逃逸；2. 超限即超超重、装载货物违规、违规通过收费站广场；3. 当事人拒绝检查扰乱秩序；4. 装载物触地、掉落、遗洒漂散造成路损污染；5. 客车违规停靠站点等处罚案件。此类案件通常由交通执法机构事后通过科技设备、信息化技术手段、技术监控设备记录资料等方法获取的证据确认，黑名单管理系统等非现场证据来执法；此类案件易形成跨区域执法条件，对高速公路交通运输违法案件协同处理机制显得很有必要。

跨区域非现场执法证据常见的形式主要有：1. 视听资料；2. 电子数据；3. 书证；4. 物证；5. 证人证言；6. 勘验笔录；7. 当事人陈述。

跨区域执法的证据要达到法律上规定的证明力，必须保证行政执法及跨区域执法案件为铁案，经受得起行政复议和行政诉讼质证，证据须符合证据三原则即证据三性：一是证据的客观性，二是取证的合法性，三是证据与待证事实之间的关联性。行政诉讼法及修订对行政执法主体的证据提出了更高的要求，而且行政执法主体在诉讼中不得取证，所以跨区域执法必须充分取证并妥善保管证据，保证行政执法的合法性、权威性和准确性。

建立高速公路省内全区域执法的协同机制、保证大区域执法效果

高速公路省内跨区域全境协同执法改革实质上是执法体制改革，应列入交通运输整体执法体制改革之中，是省、自治区、直辖市一级整体大盘子改革中的一部分，应将各个独立执法主体改革具体方案列入省、自治区、直辖市级交通运输执法体制改革总体方案与计划中，上下依存，在改革方案上上下兼顾，便于落实、执行，上级的方案及行政规章直接决定高速公路省内跨区域全境协同执法改革。

高速公路省内跨区域全境协同执法改涉及的是体制改革，对执法主体、执法体制、人员装备、经费、建章立制、功能定位的改革是省厅执法体制改革的基础，所以提供积极稳妥、切实可行的科研报告、方案、精确的数据资料是改革成功的重要环节。

高速公路省内跨区域全境协同执法改革与交通警察、内河航道管理、海事执法等职能交叉和执法协同，上级有权部门应通过沟通、建章立制或行政立法予以功能与职能上的划分定位，规定各自管辖范围与职权。为提高行政执法效能，有效治超、整治非法改装车辆、严厉制裁黑名单当事人，除刑事案件外，对吊销运输证、驾驶证等处罚中证据与事实的采信与使用应当作出便于双方执法协同的行政规定。高速公路执法中还涉及路产所在地地方政府，路政执法不仅需要处理在征地、规划、建设初期形成的历史遗留问题，还必须处理新农村建设、"三农"与涉路纠纷、乡镇换届未处理的涉路问题路产，路政执法单位之间形成协调与合作有利于提高工作效率，这些事项应列入各相关单位改革方案之中，工作中有专门机构与分工负责的工作人员对接，协调机制保持稳定高效。

协同机制具体内容上主要是：一是执法主体之间的协同。高速公路交通运输跨区域执法涉及多个执法主体，除交通运输管理行政执法机构外，另有路产管理单位、交通警察、交通运输相关部门，建立良好的协同机制有利于保证跨区域行政执

法效果。省厅及有权部门应就大区域执法改革出台规范性文件，明确行政执法协同的权利义务。协同机制建立之二是证据收集、传输、认证系统协同，对现场证据收集设备统一性、证据形式、证明事实、保管检索、传输方式、证明力采信认定作出协同约定。协同机制建立之三是针对不同性质案件证据特点要求做好协同，在行政执法与查处刑事犯罪中予以分工协同，在确保不同性质案件对不同证据要求前提下做好协同，例如民事、行政、刑事及刑事附带民事案件证据特质与要求。协同机制之四是委托执行，如支队认为必要，可以将其所受理的案件委托其他支队执行。

高速公路省内全区域执法的程序与方式

跨区域异地非现场处罚案件处罚程序与相关规定相同，其行政执法一般程序一是立案按相关条件与程序执行，二是告知、送达违法行为通知书，三是听取当事人陈述与申辩，四是实施行政处罚。对路产损坏案件快速处理采用民事赔偿中的调解方式，其程序与方法按《江苏省高速公路路产损坏案件处理规定》（试行）（苏交高法〔2015〕101号）执行。对违法超限运输非现场处罚按《江苏省公路违法超限运输非现场处罚办法》和《黑名单管理办法》执行。高速公路跨区域全境行政执法为减少案件当事人对案件受理与管辖可能发生的争议，应充分应用违法行为告知书，由当事人在第一时间填写，当事人确认受理并无管辖异议。

强化高速公路执法主体自身的法制建设

改革后的高速公路独立行政执法主体的行政权力加大了，但法定义务也加重了，为适应执法需要，要加强法律人才引进工作，充实执法第一线。2018年1月1日起施行的新修改的《行政处罚法》第三十八条第三款规定："在行政机关负责人作出决定之前，应当由从事行政处罚决定审核的人员进行审核。行政机关中初次从事行政处罚决定审核的人员，应当通过国家统一法律职业资格考试取得法律职业资格。"而目前各省高速公路交通执法系统取得该资格的人员少，迫切需要引进相关法律人才以弥补这一短板。

对现有行政法人员的行政执法水平通过培训、轮训，安排他们参加有关部门组织的培训班进行针对性培训，整体提高执法队伍的行政法、民事侵权法、刑法及相关诉讼法律的水平，以适应行政执法需要。

建立法律顾问制度，选聘具有相应执业经验的执业律师担任独立行政执法主体单位的常年法律顾问，明确法律服务合同中的权利义务关系：承担法律咨询、出具法律文书、发表律师声明、审查行政执法中相关文件的合法性、代理各类行政、刑事附带民事案件诉讼、与民调解工作等。设立专门的法制科室，处理职能与规章规定范围内的法律事务：承接上级法制部门的业务指导、负责执法队伍廉政建设、查处执法投诉案件、参与规范性文件的起草论证、调研、总结推广行政执法经验、纠正执法中存在的问题、提出改进执法的措施等。

加强独立执法主体装备建设

在全省、自治区、直辖市建立大数平台，对执法系统进行信息化管理，将各独立的行政执法主体之间的执法信息上传下分，为派出机构执法、跨区域执法、省与省之间联动执法提供支持，协同高速公路公司将高速公路在治超黑名单、非现场执法、重大恶性事故现场执法、暴力抗法、恐怖案件等在第一时间上传至平台，由专业人员负责对接，提高交通执法与相关部门的紧密度，路产损坏、人员伤亡和车辆设备损失，止暴制乱、防止环境污染扩大。协同高速公路公司改建扩建收费站点的电子设备功能，使之能承担称重、拍照、黑名单识别、上传联网、相关信息下载复制下传功能，改建服务区内电子监控上传设备，协同高速公路公司对高速公路沿途监控设施改造，与大平台数对接，为各执法主体提供第一手全境跨区域连动执法资料与证据。

为满足省、市行政区划内高速公路现场与非现场执法以及跨区域全境执法需要，对现有装备改造、升级以提高现有执法效果。采用高科技手段，满足大流量、快速度、远距离、大面积、大纵深取证与监控。拨付专款，对重点个别地区高速公路执法配备无人机、直升飞机等高空设备，将摄像与传输、取证与止暴、警戒与监控相结合，配备相应技术人员，使执法队伍达到齐装满员。

交通运输行政执法体制深度改革

为从源头上减少多头执法、重复执法、推进行政执法职能和机构组合、实行部门内部综执法、整合执法队伍、资源、实现在交通运输领域一个领域一个队伍的改革要求、探讨在交通领域内实施深度、综合执法改革、主要指：与省级综合执法改革同步、设立包括港口、码头等港航监督、公路运输、海事、高速公路监管七局一办的综合执法分局实施综合执法；成立上下对应的行政执法机构、例如将编成的、未改制前的、担任行政执法职能的部门撒七并一或撒六合一、形成综合执法体或综合执法总局。精减机构既达到行政执法改革的目的又达到提高执法效能目的作用。

我国监察法于 2016 年 12 月 26 日开始改革试点、其中将人民检察、公安、纪检等多部门职能进行整合；在交通行政执法宽领域大纵深改革中也可以将交通警察、车籍管理，路产管理等职能或部分职能整合为综合执法体，不仅对整治违法超限、非法改装、黑名单车辆整治也有显著作用、对反恐、打黑、利用车辆故意犯罪案件处理有重大作用。

虽然这种宽领域、大纵深、跨行业、跨部门执法改革难度比以上高速公路行一政执法的系统内单一职能体制改革难度大，更需要设立统筹顾强有力的改革领导班子、行政首长挂帅、部门配合，统一规划，制定包括组织、编制、人员、设备、职能、岗位设置、党务、监察、保障在内的综合改革实施方案，制定进度表．虽然难较大但都在政府行政隶属关系范围内、被改的各相关部门都涉及行政执法同一问题、且在日常执法中均有密切联系与协同；将各执法部门的职能整合的行政执法体制改革符合依法治国、法制政府建设、符合行政执法体制改革权力与执法力量下移的总体精神、应探索研究、制定计划稳步实施。

综上，为提升行政执法水平，提高执法效能，方便当事人，根据我国高速公路管理相关法律规定、发展现状并参照国外高速管理的做法，在省内通过异地办理非现场行政执法案件、改革行政执法主体、设立行政执法协同机制这些举措来推进行政执法改革具有可行性、必要性。高速公路改革有法可依，高速公路行政执法改革应与省交通运输厅行政执法体制改革同步，通过地方行政规章的修订使之具备可操作性，为提升总体执法水平应将行、民、刑及刑事附带民事案件分流处理，重新分工负责，建立稳定的协调机制及多功能的综合执法体制。

参考文献：

1 《中华人民共和国公路法》

2 《公路安全保护条例》

3 《中华人民共和国道路运输条例》

4 《江苏省高速公路道路运输监督检查办法》（苏交规〔2014〕4号）

5 《江苏省高速公路道路运输监督检查工作手册》

6 《江苏省高速公路交通运输非现场处罚工作手册》（试行）（苏交高法〔2015〕103号）

7 《江苏省高速公路路产损坏案件快速处理规定》（试行）（苏交高法〔2015〕101号）

8 《中共中央关于全面深化改革若干重大问题的决定》

9 《中共中央关于全面推进依法治国若干重大问题的决定》

10 《省政府关于深入推进依法行政加快建设法治政府的意见》（苏政发〔2015〕1号）

11 《省政府办公厅印发关于开展综合行政执法体制改革试点工作指导意见的通知》（苏政办发〔2015〕86号）

12 中共江苏省委 江苏省人民政府关于印发《江苏省贯彻落实〈法治政府建设实施纲要（2015-2020年）实施方案〉》的通知（苏发〔2016〕30号）

13 《交通运输部关于全面深化交通运输法治政府部门建设的意见》（交法发〔2015〕126号）

14 《公路安全保护条例释义》人民交通出版社

15 《中华人民共和国监察0法》

大剧院建设工程法律保障

——律师为政府项目服务的几点做法

滚滚长江东逝水，流经南京长江三桥、大桥、二桥、四桥，沿江两岸分别是南京河西新区和浦口国家经济开发区，现代化的建筑鳞次栉比。占地 19.66 公顷，建筑面积 27.14 万平方米、投资概算 36 亿元的江苏大剧院就坐落于江东奥体新城西侧；建筑群由歌剧厅、音乐厅、戏剧厅、综艺厅以及共享大厅五个功能单体组成。

江苏大剧院独具匠心的设计风格、惊世骇俗的建筑工艺、鬼斧神工的建造技术改写了世界大剧院建筑历史。江苏大剧院与中国国家大剧院、澳大利亚悉尼歌剧院等国内外著名的大剧院相媲美，记录、见证了中国改革开放的伟大成就和勤劳勇敢建设者的不朽功勋。

江苏大剧院和省人民医院同为政府工程均由江苏东南律师事务所提供从设计招标文件起草到工程竣工全程法律服务与保障，律师为大剧院工程法律服务做法如下。

一、以法律保护业主与国家利益，防止国有资产流失

设计是项目工程的龙头。2005 年指挥部按江苏省委、省政府的指示，就江苏大剧院项目设计向全球招标。东南律师团参与项目设计的招标文件载明：本次招标适用中国法律；设计取费标准适用中国 2002 年《工程勘探设计收费标准》规范。国际和国内数十家有过同类大剧院工程设计业绩的大型设计企业纷纷投标，英国扎哈设计事务所根据招标文件以紫金山玄武湖为背景要求，以抽象派手法，设计五座

山峰形状效果图。网上公示后南京市民参与评审，经评委评审英国伦敦扎哈设计事务所（同时担任青奥村的项目设计）为第一中标候选人。

2011 年 11 月，南京玄武湖北侧的太阳宫办公大剧院建设指挥部就大剧院工程设计合同中的三个设计阶段（效果图设计、结构设计、组织施工设计）的收费标准、设计成果提交时间、设计图纸修改、商标使用权、知识产权归属等合同条款进行签约谈判。英方团队由结构设计师、舞台机械设计师、音响、智能化设计师组成，聘请的上海、台湾的律师参与谈判，要求按项目概算 36 亿元的 10% 计收取设计费；英方为证明其收费的合理性出示了扎哈设计事务所在美国、澳大利亚、韩国及世界各地大剧院设计取费的案例并以 K 线图表示在电子大屏幕上播放说明；分别用中、英文表达并他们坚持按照投资概算总额 10% 的标准收费的观点和依据，英方同时用中国奥运会主场馆北京鸟巢的设计收费标准来证明。与扎哈谈判三天未能达成一致陷于僵局。

第四天，江苏东南律师团授权与扎哈设计事务所进行签约谈判。东南所开门见山直击主题，向扎哈所连续提问：你方收到招标文件没有？招标文件最后一页倒数第 2 行载明本次招标适用中国法注意到没有？适用中国法即中国《立法法》指引的《价格法》以及《价格法》指引的、也是招标文件中载明的 2002 年《工程勘探设计收费标准》；面对东南律师团队根据事实和法律的发问，扎哈设计事务所无法否定、表示认可；接着，东南所团队根据 2002 年《工程招标设计收费标准》的规定，指出大剧院项目全程设计完毕只能按投资概算额的 2.3% 收费，如果去除概算中室外绿地园林景观设计、大剧院内部装潢设计的概算，以 18 亿计算，该项目设计收费应当在 4000 万人民币左右，扎哈设计事务所主张按 10% 计算收取设计费 3.6 亿元没有事实根据和法律依据。在三天的谈判中，东南律师团还指出：中、英两国均为 WTO 成员国，中方给予英方最惠国待遇或者国民待遇及与我国同类设计企业同等待遇，项目全程设计也只能按照投资概算额的 2.3% 取费；现在双方谈判的时间是 2011 年不是 1840 年，谈判地是在南京的太阳宫并非南京下关的静海寺，根据中国《民法通则》公平、自愿、等价有偿和诚实信用的原则，扎哈所必须遵照中国《招投标法》规定对招标文件的实质性要求和条件相应；中英双方同为 WTO 成员国，按照 WTO 规则和国际惯例 FIDIC 合同条件规定，英方应当遵照执行招标文件规定的收费标准。通过艰难、复杂的多轮谈判，扎哈设计事务所最终同意按照中方招标文件规定的收费标准签订设计合同，设计收费降至四千万元以下。律师服务为政府和国家节省设计费数亿元。后来，江苏大剧院项目迁址至扬子江畔奥体中心西侧，设计依据的条件发生根本性的变化，指挥部重新设计招标。律师参与处理项目迁址所形成的法律问题

管风琴是大剧院乐队不可或缺的关键设备，奥地利国产的管风琴是当今世界一流品牌。2015 年公开招标奥地利里格尔管风琴公司中国上海代理公司中标签下数千万元的《管风琴设备供货及安装、调试合同书》。据合同第 9 条第 2 款规定：甲方现场检验合格，15 日内付至合同价款 50%，乙方提供同等额保函；3、甲方现场检验全部产品加工完毕合格，发货后 15 日内付至合同价款 60%；4、运抵工地、检验合格付至 70% 等

江苏大剧院建设工程所有用土地为国拨土地、建设资金为省政府财政拨款、负责工程建设的指挥部为国资单位，如按约出国到奥地利检验管风琴有人担心又是公款出国考察，有违中纪委八项禁令之嫌；如不出国到现场检验又难以掌控管风琴产品质量；如不出国检验而按合同约定支付进度款又担心代理公司携款外逃造成国有资产流失，出国与不出国、付款与不付款陷入进退两难。上述纠结关键之一是 60% 进度款中的 40% 支付问题，如何做到履行合同又不违反八项禁令呢？办法只有一个就是变更交货地点与付款比例。2016 年 3 月 7 日在建设方安排下律师团与乙方、代理方奥地利里格尔管风琴公司中国上海的代理公司在大剧院建设工地现场展开《管风琴设备供货及安装、调试合同书》变更谈判，最终达成一致意见：取消到奥地利考察检验，变更货到上海港与工地现场交货时间、进度款数额支付条款，律师团现场起草《补充协议》，有效地解决困惑双方管风琴货与款交接的问题，既模范遵守中纪委八项禁令又有效地防止国有资产流失。

二、支持新技术的应用，将知识产权掌控在业主手中

为做好江苏大剧院建设项目中的法律保障，东南律师团成员曾到北京国家大剧院学习，吸取经验教训，在项目招标前就谋划为业主掌控项目全部知识产权。

大剧院项目工程知识产权表现为该项目制作的相关效果图设计、结构设计、组

织施工图设计的各类图形、沙盘、与项目设计相关联的说明文字、电子文档与音响文件、项目特有标识、商标、著作权等；政府采购所涉及进口货物、对该货物已有知识产权的占有使用与保护；为项目专门设计的软件及智能化工程中形成的著作权等。

为防止江苏大剧院项目知识产权受到侵害、丧失，东南律师团队采取如下保护措施：在项目开工之初开办的法律讲座中言明项目工程知识产权的分类，保护方法与风险防范；在工程、货物、服务及智能化项目招标采购阶段，将知识产权的权属在招标文件中载明归业主所有；在订立各类合同、协议中，将合同项下的知识产权明确约定归建设方（业主）所有；在各类项目合同变更（增加或减少权利义务）中明确规定知识产权归建设方（业主）所有；对乙方未履行合同义务及时出具律师函，代表建设方（业主）主张包括知识产权在内的全部权利。江苏大剧院项目涉及的新产品、新材料、新技术、新工艺繁多，但凡经律师团队审核的合同文件均未发生该项目知识流失、侵害，或侵犯第三方知识产权现象，律师团通过各种法律文书将项目全部知识产权牢固掌握在业主手中。

江苏大剧院建筑面积达 27 万多平方米，项目包括歌剧厅、戏剧厅、音乐厅、综艺厅及附属设施，仅座位就多达 8592 个；不仅要满足现代歌剧、舞剧、话剧、戏曲、交响乐、曲艺和大型综艺演出功能需要，而且要具备接待世界一流艺术表演团体演出的条件与能力，同时又是面向社会公众的文化活动平台、文化层面的开放场所，保证新材料、新技术、新工艺与新的科学技术应用到项目中去，不光是设计、施工单位的义务，也是律师团队保障的工作内容。

如将舞台音响比作大剧院的咽喉，则扩音系统则是咽喉的中枢。北京某剧院工程公司是大剧院舞台工艺设计单位，依据《招标文件》2.1.2 条主扩声扬声器关于歌剧厅的扩声系统是以无源扬声器系统作为参考设计的主扩声扬声器，采用高品质传统点声源陈列扬声器的要求，将坚持点声源的传统设计理念载入《舞台音响深化设计图纸审查意见报告》中。

施工中，业主在与国家大剧院、上海、天津大剧院沟通交流，结合舞美学会专家的意见，通过专家论证一致认为：歌剧院综艺厅主扩声系统由原来的点声源扬声器改为线声源陈列音响的提议是合理的，是符合当代演艺使用要求的，在不增加音响总量的前提下，以线陈式音响系统为主更能满足使用多样性，效果更好。主扩声系统配置方式的改变，不仅牵涉设计单位下游关联厂家经济利益，而且关系到当今现代演艺广为使用的先进扩声技术在该大剧院项目中的推广使用。设计单位在深化设计中因此不同意将点声源扬声器改为线声源，并以"无法对此做出判断与审查，也无法提出审查意见"为由，不提供深化设计意见以此加以拒绝。

工期紧急，合同变更的谈判不能遥遥无期，律师团认真的研究了招标文件第四章技术要求，及时果断向设计方发出律师函：根据标书第四章技术要求中关于"投标人应当保证其提供的舞台音响设备及伴随服务，除了满足本技术规格的要求外，还应符合中国国家行业、国际和设备制造商所在国的现行标准、规范。当上述标准、有关规定之间存在差异时，应当以要求高的为准的规定，设计方及其深化设计方案必须满足业主、建设单位的技术要求"；作为工程专业律师在没有行业规范条件下必须向高标准看齐。律师团授权向设计方发出刚性的律师函，指出若不按照招标文件要求修改合同，届时将依法追究法律责任，承担一切不利后果。律师函以晓之以理，明之以法，设计方最终修改设计方案、改用线陈源扩声系统。此外，还有会议系统安装等类似这样的多例法律问题。律师依法将新技术推广应用到项目中去，提高江苏大剧院的整体建筑质量和品牌竞争实力。

三、为重大变更提供法律支撑，确保工期

江苏大剧院的歌剧厅堂、综艺厅、音乐厅、戏剧厅、综艺厅外形由四个莲花叶水滴造型的蘑菇状球面建筑组成。四个单体的球面外罩钢结构均由斜柱、摇摆柱、中环梁、顶环梁以及内凹顶盖的钢拉梁与环梁等主要部分组成。斜柱柱底为双向球铰支座，支承于下方钢骨混凝土框架柱柱顶上，混凝土柱顶设大截面混凝土环梁拉结形成框架体系；球形屋面建筑材料由钛金板、氧化铝板等多种材料构成，施工难度大、技术要求高、工程工期紧。四个球面钢结构施工原分为两个标段由两个单位承包施工。

上海某公司承接的球形屋面二标段施工合同约定从 2015 年 7 月 21 日开工，10月 31 日竣工；但时至 2016 年 2 月该公司对两个球形屋面主体工程的深化设计方案都没有拿出来更谈不上全面施工，工期延误构成违约。业主为确保工期决定从该公

司承包施工的二个球星屋面工程中拿出一个由第三方参建施工，该公司不同意，认为此举会对其工程业绩、效益、建筑界声誉造成负面影响，不同意变更2015年3月5日订立的施工合同。东南律师团全面考量合同履行情况、施工进度、违约风险、经济损失等因素，向业主及计划部门提出变更第二标段施工合同的律师意见，认为：乙方已经构成违约，不可能按约全面实际履行合同义务；变更施工合同不仅可以避免损失扩大、关键能挽回已经失去的工期，对甲乙双方均有利。为做好合同变更，律师团队选派主办律师在工地现场与乙方进行多轮艰难的谈判；东南律师向乙方公司及其法律顾问严肃告知江苏省委省政府对于工期的要求的重要性；乙方违约造成工期损失的严重性、危害性；当下工期情势严峻性；指出合同变更的必要性；变更施工合同依据《合同法》的依据；律师团现场组织协调有甲方、乙方、第三方参与的变更合同文件起草：确认已完工的工程量、交接界面、协调义务等，最终订立工程施工变更的《协议书》。

律师团队同时协助业主与参与第二标段施工的第三方订立综艺厅工程施工合同书，明确第三方施工的工程质量、合同工期、合同价款、工程进度款支付、双方权利义务、违约责任等，经协商一致业主与第三方又订立第二标段《工程施工合同》并对合同变更、备案登记等条款做出约定。律师团队有力支持业主对主体工程施工变更加快施工进度，防止工程施工纠纷发生。

屋面第二标段合同变更后，四个球面由两家变成三家集团公司同时施工，抢时间，比进度，比质量，有效保障工程施工的工期。为后期装饰工程、智能化工程施工提供充分的时间保证，保证工程提前竣工。

在项目施工过程中政府要求提前工程竣工时间，律师团的服务及时跟上，专门向指挥部各部门律师发函，要求指挥部各部门在赶工期时及时做好施工合同、采购安装合同、服务合同等各类与工程相关的合同变更，在确保工程工期提前的同时，保护知识产权，杜绝、防止各类合同纠纷发生，有效防范工程法律风险。

四、维护货物采购的公平、公开、公正竞争的市场秩序，保证产品质量

江苏大剧院采购的工程、货物、服务涉及《招投标法》和《政府采购法》的全部招标内容。尤其货物招标品种多、金额巨大，涉及国内外多家供应商；依据法律

规定招标、保证采购产品的质量是法律顾问的职责之一。

大剧院电梯招标引起国际知名电梯厂家及跨国公司的高度关注。招标中各大公司分别派出代理商参与竞标；国内许多集团公司也派出经销人员上门递送产品说明书、参与竞标。通过资格审查的投标人经评委评审、网上公示后某国际知名公司的电梯产品没有中标、引起轩然大波，该公司及其法律顾问不断向业主、招标单位负责人投诉、向省招标办等部门投诉施压，认为评标不公、一度造成业主电梯采购招标停顿、影响工程工期。

面对投标人无休止的投诉，东南律师团经对招标文件、投标文件、评委会评审过程、评审结果进行缜密审核、比照，发现该投标人将该跨国公司的电梯产品说明书代替生产单位的授权委托书并载入投标文件中，未对招标文件中关于授权委托条款做出响应，明显违反《招投标法》第二十七条关于投标人的投标文件应当对招标文件提出的实质性要求和条件做出反应的法律规定，评委废标有法律依据。为处理招投标纠纷东南律师团直面投诉公司及其律师，当面做出解答、参与有评委在场的评标复议会议、对评标结果发表律师意见、支持评委评审结果、出具律师法律意见书支持评审结果，平息了旷日持久的投诉纠纷，保证招标顺利进行。东南律师参与大剧院指挥部施工、计划、设备、智能化等部门因投诉引起的各类纠纷处理，保证货物采购的质量，维护公平公正公开的市场采购秩序与业主权益。

五、将预防职务犯罪纳入防范工程法律风险之中，主动做好预防工作

狭义工程法律风险范围一般指建设工程质量不合格、工期违约、建设资金不到位、不可抗力、工程安全事故和重大责任事故等风险。从广义的角度来看一切严重影响工程建设的因素均可认为工程法律风险。中国加入 WTO 规则中的 FIDIC 合同条款中，明确规定将参建的行贿方驱逐出场。

参建单位如果因破产、项目负责人犯罪等同样严重影响工程建设，一旦构成犯罪一人影响工程一片；双规、案件侦查造成工程停工、工期损失；材料设备合同履行违约、业主国有资产流失；因违约支付违约金；资金链条断裂等。律师团认为工程领域中的犯罪是工程法律风险的重要组成部分。预防项目施工中的各类犯罪就是预防工程法律风险。

为预防职务犯罪律师团队在制定大剧院法律保障框架时将预防犯罪列入工程法律风险防范之中；东南律师结合二十年律师辩护实践和历次工程犯罪案例主动与指挥部联系，在参建各方参加的大会上进行预防工程犯罪讲座中律师用为刑事辩护的案例、对照新司法解释、中央八项禁令，侧重讲清贪污、受贿、侵占、玩忽职守罪的四个构成要件、罪名，罪状量刑标准；讲清何为利用职务之便、何为关系密切的人、讲清罪和非罪的界限及预防的方法、手段和措施；主动与上级指派到项目建设工程的纪检、监察人员联系，配合他们的工作，参与廉政协议条款的起草修订工作；建议将廉政合同作为招标工程、货物、服务采购标书文件中的组成部分，当投（中）标人对招标文件的要求与条件做出响应的同时也必须自觉遵守廉政协议条款；为纪检介入、检查参建各方履行廉政协议提供合法依据。有效的防范了工程法律风险。

律师团队成员执业廉洁要求别人做到的首先自己做好，团队成员自觉执行廉洁规定、律师执业纪律，制定项目工程法律保障中的"四不准"：在参与甲方活动文件起草、争议处理、授权代理重大事项、出具法律意见书、律师函时，不准贪赃枉法、曲解法律、收受当事人好处；不准利用职务便利私下单独会见合同争议中的乙方；不准要求乙方为律师团队个人、家庭或关联单位提供装修等便利；不准参加乙方组织各种宴会、旅游等有偿活动。东南所党支部要求党员和律师，与参建单位一样模范遵守省纪检部门提出的廉政协议规定，抛弃"潜规则"，将维护国家与业主利益置于个人利益至上、守住律师执业道德和纪律的底线；党支部要求党员律师带头示范、发挥模范作用，廉洁自律三年如一日、律师团如一人，长期坚守不许改变。

近二十年来东南律师团队在担任省级政府机关法律顾问中、为政府工程江苏大剧院、奥体中心、人民医院、江苏联通、崇启大桥、徐州轻轨项等国家大型项目全程法律保障服务、评标中，代理各类工程诉讼、投诉纠纷，起草标书、修订合同中，涉及工程投资概算 760 多亿元；从未发生侵占、收受商业贿赂现象，从未发生与此相关的投诉。

六、业务精湛、勤勉尽责、忠诚业主的律师团是做好法律服务的关键。

为了做好省政府大剧院法律服务与保障，东南所一开始就从全所中挑选精干的骨干力量，条件是：首先要干净。凡进入团队律师必须未发生、发现违反律师执业纪律、投诉现象；其次专业素质高。将从事崇启大桥、灌江大桥、口腔医院、PPP项目数百亿工程项目法律保障实践的律师、有长期从事工程刑事辩护实践经验的律师选调入律师团，每一个律师都具有丰富工程专业法律服务实践的执业经验；每一个律师都具有独立处理从工程开工到竣工交付法律保障和问题处理的能力。执业近30年的东南所主任、书记（土木工程专业和法学专业）以普通律师身份参与律师团队为政府项目提供法律服务；其次要求忠诚、勤勉尽责、自觉履行项目工程法律顾问合同、廉政协议的义务。自从2015年下半年上级决定赶工期后，律师与参建各方一样没有固定节假日，跟进服务，在工地现场实施零距离法律服务与保障。主任律师4月份在医院动过心脏手术带着吊带出院、第二天带着伤口贴便到工地施工现场提供法律服务，定期上门到各处室了解工程建设中的法律问题，现场解答。律师团成员诚实守信、自觉履行法律顾问合同约定的义务。

充分认识政府项目的特点，坚持国家主权和政府利益至上的原则，精心提供服务。

在为政府项目法律服务中强化工程专业知识学习。不断研究总结经验，改进提高工作效率。一流的工程需要一流的尖端技术与产品、工艺，工程类不仅涉及土建、钢结构、智能化，还涉及新型材料、舞台设备、音乐设备等，律师在服务中虚心向工人、专家、甲方、乙方学习工程专业知识，形成懂工程专业、懂法律、会服务的专业律师。

做好跟进服务。根据工程进度、施工方案主动思考可能发生的法律问题，提前服务；参与工程例会，贴近、主动服务，敢于担当、创造性地提出律师法律意见；自觉履行法律服务合同，为提高工作效率；明确律师团队内部分工、规定了个人定期上门服务工作方式；对工程重大法律事件律师团、律师事务所发挥群体智慧，对标书瑕疵纠纷问题，在无法律明文规定的情况下召开律师专业研讨会，提出准确、高效处理的法律意见；对工程紧急事件分管律师日夜加班处理；三年多律师来从未因节假日耽误法律服务。

三年来律师团队共向大剧院指挥部发出决策参考的法律意见书7份、律师函11份、现场参与工程会议67次；应邀起草，审查工程、货物、服务各类合律风险与经济损失。圆满完成政府项目工程的法律服务与保障工作。

　　竣工后的江苏大剧院与沿江两岸现代化建筑群相映生辉构成美丽的画卷，四个荷叶状拱形建筑群如同静止的音符，像四个翩翩起舞的荷花仙子，阳光普照江山如此多娇，老山半落青天外，二水中分江心洲，使人联想那句名言：爱江山更爱美人。

新编FIDIC合同条件应用中的几个实践性问题

FIDIC 是法语国际咨询工程师联合会法文的缩写。该组织是由英国、法国、比利时等三个欧洲境内咨询工程师协会于 1913 年创立，组建联合会的目的是共同促进成员协会的职业利益，向其他成员协会传播有益信息。1949 年后英、美、澳大利亚、加拿大等国相继加入，现有 60 多个成员国，下设欧共体分会，北欧成员分会，亚太地区分会，非洲成员分会。总部设在瑞士的洛桑。1996 年，中国工程咨询协会正式加入菲迪克（FIDIC）组织。

FIDIC 合同条件它虽然不是法律，也不是法规，但它是全世界公认的一种国际惯例。它伴随着世纪的进程经历了从产生到发展、不断完善的过程。FIDIC 合同条件第 1 版于 1957 年、第 2 版于 1963 年、第 3 版于 1977 年、1988 年及 1992 年作了两次修改，习惯对 1988 年版称为第 4 版。1999 年国际工程师联合会根据多年来在实践中取得的经验以及专家、学者的建议与意见，在继承以往四版优点的基础上进行重新编写（下称新编 FIDIC 合同条件）。中国工程咨询协会根据菲迪克授权书进行编译、出版，机械工业出版社于 2002 年 5 月首次印刷 FIDIC 合同条件第 1 版（中、英文对照）。

新编 FIDIC 合同一套四本：《施工合同条件》、《生产设备和设计—施工合同条件》、《设计采购施工（EPC）/交钥匙工程合同条件》与《简明合同格式》。此外 FIDIC 组织为了便于雇主选择投标人、招标、评标，出版了《招标程序》，由此形成一个完整的体系。笔者结合从事 FIDIC 合同条件法律服务的实践，在此提出新编 FIDIC 合同条件在中国应（适）用中的几个实践性问题，赐教于同仁。

一、新编 FIDIC 合同条件的应用选择

（一）新编的 FIDIC 合同条件与旧版本的应用选择

新编《施工合同条件》，用于由雇主或其他代表工程师设计的建筑或工程项目。由承包商按照雇主提出的设计进行工程施工，但该工程可以包含由承包商设计的土木、机械。电气和构筑物的某些部分。《施工合同条件》由通用条件、专用条件编写指南投标函、合同协议书和争端裁决协议书格式构成。通用条件与专用条件各 20 条。通用条件 20 条共 158 款（款下所设的项略），另附录争端裁决协议书一般条件。通用 20 条款目录分别是：1、一般规定〔1.1 定义，1.2 解释，1.3 通信交流，1.4 法律和语言，1.5 文件优先次序，1.6 合同协议书，1.7 权益转让，1.8 文件的照管和提供，1.9 延误的图纸或指示，1.10 雇主使用承包商文件，1.11 承包商使用雇主文件，1.12 保密事项，1.13 遵守法律，1.14 共同的和各自的责任〕；2、雇主〔2.1 现场进入权，2.2 许可、执照或批准，2.3 雇主人员，2.4 雇主的资金安排，2.5 雇主的索赔〕；3、工程师〔3.1 工程师的任务和权力，3.2 由工程师的付托，3.3 工程师的指示，3.4 工程师的替换，3.5 确定〕；4、承包商 [4.1 承包商的一般义务，4.2 履约担保，4.3 承包商代表，4.4 分包商，4.5 分包合同权益的转让，4.6 合作，4.7 放线，4.8 安全程序，4.9 质量保证，4.10 现场数据，4.11 中标合同金额的充分性，4.12 不可预见的物质条件，4.13 道路通行权和设施，4.14 避免干扰，4.15 进场通路，4.16 货物运输，4.17 承包商设备，4.18 环境保护，4.19 电、水和燃气，4.20 雇主设备和免费供应的材料，4.21 进度报告，4.22 现场保安，4.23 承包商的现场作业，4.24 化石]；5、指定的分包商 [5.1 "指定的分包商"的定义，5.2 反对指定，5.3 对指定的分包商付款，5.4 付款证据]；6、员工 [6.1 员工的雇用，6.2 工资标准和劳动条件，6.3 为雇主服务的人员，6.4 劳动法，6.5 工作时间，6.6 为员工提供设施，6.7 健康和安全，6.8 承包商的监督，6.9 承包商人员，6.10 承包商人员和设备的记录，6.11 无序行为]；7、生产设备、材料和工艺 [7.1 实施方法，7.2 样品，7.3 检验，7.4 试验，7.5 拒收，7.6 修补工作，7.7 生产设备和材料的所有权，7.8 土地（矿区）使用费]；8、开工、延误和暂停 [8.1 工程的开工，8.2 竣工时间，8.3 进度计划，8.4 竣工时间的延长，8.5 当局造成的延误，8.6 工程进度，8.7 误期损害赔

偿费，8.8 暂时停工，8.9 暂停的后果，8.10 暂停时对生产设备和材料的付款，8.11 拖长的暂停，8.12 复工]；9、竣工试验 [9.1 承包商的义务，9.2 延误的试验，9.3 重新试验，9.4 未能通过竣工试验]；10、雇主的接收 [10.1 工程和分项工程的接收，10.2 部分工程的接收，10.3 对竣工试验的干扰，10.4 需要复原的地表]；11、缺陷责任 [11.1 完成扫尾工作和修补缺陷，11.2 修补缺陷费用，11.3 缺陷通知期限的延长，11.4 未能修补缺陷，11.5 移出有缺陷的工程，11.6 进一步试验，11.7 进入权，11.8 承包商调查，11.9 履约证书，11.10 未履行的义务，11.11 现场清理]；12、测量和估价 [12.1 需测量的工程，12.2 测量方法，12.3 估价，12.4 删节减]；13、变更和调整 [13.1 变更权，13.2 价值工程，13.3 变更程序，13.4 以适用货币支付，13.5 暂列金额，13.6 计日工作，13.7 因法律改变的调整，13.8 因成本改变的调整]；14、合同价格和付款 [14.1 合同价格，14.2 预付款，14.3 期中付款证书的申请，14.4 付款计划表，14.5 拟用于工程的生产设备和材料，14.6 期中付款证书的颁发，14.7 付款，14.8 延误的付款，14.9 保留金的支付，14.10 竣工报表，14.11 最终付款证书的申请，14.12 结清证明，14.13 最终付款证书的颁发，14.14 雇主责任的中止，14.15 支付的货币]；15、由雇主终止 [15.1 通知改正，15.2 由雇主终止，15.3 终止日期时的估价，15.4 终止后的付款，15.5 雇主终止的权利]；16、由承包商暂停和终止 [16.1 承包商暂停工作的权利，16.2 由承包商终止，16.3 停止工作和承包商设备的撤离，16.4 终止时的付款]；17、风险与职责 [17.1 保障，17.2 承包商对工程的照管，17.3 雇主的风险，17.4 雇主风险的后果，17.5 知识产权和工业产权，17.6 责任限度]；18、保险 [18.1 有关保险的一般要求，18.2 工程和承包商设备的保险，18.3 人身伤害和财产损害险，18.4 承包商人员的保险]；19、不可抗力 [19.1 不可抗力的定义，19.2 不可抗力的通知，19.3 将延误减至最小的义务，19.4 不可抗力的后果，19.5 不可抗力影响分包商，19.6 自主选择终止，付款和解除，19.7 根据法律解除履约]；20、索赔、争端和仲裁〔20.1 承包商的索赔，20.2 争端裁决委员会的任命，20.3 对争端裁决委员会未能取得一致，20.4 取得争端裁决委员会的决定，20.5 友好解决，20.6 仲裁，20.7 未能遵守争端裁决委员会的决定，20.8 争端裁决委员会任命期满]。附录，争端裁决协议书一般条件。《施工合同条件》专用条件 20 条是为通用条件的编写人给出备选条款，正如《施工合同条件》专用条件编写指南引言部分所述，专用条件是对通用条件的修改和补充。此外专用条件附件有专用公司担保函，投标担保函，履约担保函——即付函，履约担保函——担保保证，预付款保函，保留金保函，雇主支付保函的范例格式。《施工合同条件》第三部分是投标函，合同协议书和争端裁决协议书格式。与新编相对应的是 1988 年编译的旧版 FIDIC《土木工程施工合同条件应用指南》（即第四版红皮书），其第一部分由通用条件 72 条 183 款与投标程序、可能使用条款、投标书、附件协议书组成，第二部分专用条件 70 条组成。关于这两个版本之间的区别，东南大学土木工程学院的教授已经撰写了相关论著。笔者认为当事人在应用 FIDIC 合同条件时应当将新、旧两个版本相区别，选择使用新编的《施工合同条件》。

新编《生产设备和设计—施工合同条件》用于电气或机械设备借贷和建筑或工程的设计与施工。通常情况是由承包商按照雇主要求，设计和提供生产设备或其他工程，可以包括土木、机械、电气和建筑物的任何组合。该合同文件也是由通用条件，专用条件与投标函、合同协议书和争端裁决协议书格式三部分组成，其通用条款共 20 条 167 款。其第 5 条和第 12 条与《施工合同条件》不同，其他通用条款相同。《生产设备和设计—施工合同条件》通用条件第 5 条，第 12 条分别是："5、设计，5.1 设计义务一般要求，5.2 承包商文件，5.3 承包商的承诺，5.4 技术标准和法规，5.5 培训，5.6 竣工文件，5.7 操作和维修手册，5.8 设计错误"。"12、竣工后试验，12.1 竣工后试验的程序，12.2 延误和试验，12.3 重新试验，12.4 未通过竣工的试验"。与通用条件相对应的是第二部分专用条件 20 条。第三部分是投标书，合同协议书和争端裁决协议书格式。与该新编合同文本相对应的是 1987 年编译 FIDIC《电气与机械工程合同条件应用指南》（第三版，又称黄皮书），黄皮书由第一部分通用条件 51 条、招标程序、合同条件，与第二部分专用条件（A 项、B 项、保函、变更命令、移交证书、缺陷责任书、支付证书）组成。合同当事人在选择 FIDIC合同版本时，应在区分这两种合同文本的基础上选择适用新编《生产设备和设计—施工合同条件》。

新编《设计和采购施工（EPC）／交钥匙工程合同条件》（下称 EPC）用交钥匙方式提供加工或动力设备，工厂或类似设施，基础设施项目或其他类型开发项目。这种方式的通常情况是由承包商进行全部设计、采购和施工，EPC 提供一个配备完善的设施。"转动钥匙"即可运行。这种方式的条件与要求是：（1）项目的最终价格和要求的工期具有更大程度的确定性，（2）由承包商承担项目的设计和实施的全部职责，雇主介入很少。EPC其由通用条件、专用条件编写指南与投标函、合同协议书和争端裁决协议格式三部分组成。其通用条件共20条166款，其通用条件第3条、第5条、第12条与新编《施工合同条件》相比有明显不同，分别是："3、雇主的管理，3.1雇主代表，3.2其他雇主人员，3.3委托人员，3.4指示，3.5确定"。"5、设计，5.1设计义务一般要求，5.2承包商文件，5.3承包商的承诺，5.4技术标准和法规，5.5培训，5.6竣工文件，5.7操作和维修手册，5.8设计错误"。"12、竣工的试验，12.1竣工和的试验的程序，12.2延误的试验，12.3重新试验，12.4未能通过竣工后试验"。其第10条与之比较也少了"需要复原的地表"。其第二部分专用条件编写指南与专用条件相对应，也是20条。其第三部分投标函、合同协议书和争端裁决协议书格式是通用、一致的。与新编EPC相对应的是1995年版FIDIC《设计—建设与交钥匙工程合同文件》（即橙皮书），该书由第一部分通用条件20条共150款，并附投标书与协议书格式。合同当事人应用时必须在区分二种不同版本的基础上选择适用新编《设计采购施工（EPC）/交钥匙工程合同条件》。

《简明合同格式》用于投资金额较小的建筑式工程项目，特别适用于简单或重复性的工程或工期较短的工程。这种合同通常情况是由承包商按照雇主或其代表（如果有）提供的设计进行施工。其由协议书、通用条件、裁决规则、指南注释四部分构成，其中通用条件15条52款。《简明合同格式》一般不用任何专用条件即能满足使用要求，如项目要求对通用条款修改，或在合同中增加新的规定，修改或增加的内容应在专用条件标题下另行列出。《简明合同格式》第一部分协议书是由雇主与承包商之间签订，协议书由报价、接受、附录三部分组成，通用条件15条分别是：1、一般规定[1.1定义，1.2解释，1.3文件优先次序，1.4法律，1.5通信交流，1.6法定义务]；2、雇主[2.1现场的提供，2.2许可和执照，2.3雇主的指示，2.4批准]；3、雇主代表[3.1受权人，3.2雇主代表]；4、承包商[4.1一般义务，4.2承包商代表，4.3分包，4.4履约担保]；5、由承包商设计[5.1承包商的设计，5.2设计的职责]；6、雇主的职责[6.1雇主的职责]；7、竣工时间[7.1工程的实施，

7.2 进度计划，7.3 工期的延长，7.4 延迟竣工]；8、接受 [8.1 竣工，8.2 接受通知]；9、修补缺陷 [9.1 修补缺陷，9.2 除去覆盖和试验]；10、变更和索赔 [10.1 变更权，10.2 变更的估价，10.3 提早通知，10.4 索赔权，10.5 变更和索赔程序]；11、合同价格和付款 [11.1 工程和估价，11.2 月报表，11.3 期中付款，11.4 前一半保留金的支付，11.5 后一半保留金的支付，11.6 最终付款，11.7 货币，11.8 延误的付款]；12、违约 [12.1 承包商违约，12.2 雇主违约，12.3 无力偿债，12.4 终止时的付款]；13、风险和职责 [13.1 承包商的工程商管，13.2 不可抗力]；14、保险 [14.1 保险范围，14.2 约定，14.3 未办理保险]；15、争端的解决 [15.1 裁决，15.2 表示不满的通知，15.3 仲裁]。其第三部分裁决规则由总则、裁决员的任命、任命条款、报酬与获得裁决员决定的程序五个方面共 23 条构成并附裁决员协议书，其第四部分为指南注释，非合同组成部分（略）。

综上，合同当事人在明确新编 FIDIC《施工合同条件》《生产设备和设计—合同条件》《设计采购施工（EPC）／交钥匙合同条件》《简明合同格式》之间的异同之处，又要区分新编 FIDIC 版本与旧版本之间的区别，根据实际情况准确选用新编 FIDIC 合同条件。

（二）新编 FIDIC 合同条件与我国政府机关已编在用的 FIDIC 合同的选择

二十世纪八十年代，改革开放的中国开始探索推行 FIDIC 合同模式，第一批公路世界银行贷款项目即 1986 年陕西的西安至三原的公路项目（西—三公路）、第二批 1987 年的京—津—塘高速公路项目都采用了第 3 版 FIDIC 合同条件，此后，济—青高速、成—渝高速等第三批世界银行贷款公路项目采用了第 4 版 FIDIC 合同条件。中国财政部于 80 年代向世界银行提出编写符合中国国情的 FIDIC 条款的报告得到该行的批准，1990 年 6 月，由财政部出版的《世界银行贷款项目土木工程采购与招标文件范本》（中文版国内招标使用的 44 条，英文版国际招标的 78 条），并用作杭—甬高速、深—汕高速等施工承包合同通用条款。交通部于 1992 年、1995 年分别组织专家编写《公路国际招标文件范本》和《公路工程国内招标文件范本》（1999 年再版），在国际招标文件范本中通用条款采用第 4 版 FIDIC 合同条件，2003 年对《公路工程国内招标文件范本》进行了修订。

中国工程咨询协会推荐新编 FIDIC 合同条件比以往旧版 FIDIC 合同条件具有

显著的优点与实质性的进步，但是，中国政府机关经世界银行批准编写并使用的
FIDIC 合同范本在实践中已经体现出它的实用性、优越性，当事人根据工程状况选
择使用由我国政府机关修订的 FIDIC 合同条件的版本。因为应用新编 FIDIC 合同
条件，在应用过程中它本身也需要修改。

（三）不同的项目工程投资主体应选择相应的 FIDIC 合同格式。

如今，项目工程建设管理的模式很多，笔者以为概括起来大致有五：自营内部
管理模式，BOT 模式，项目总承包形式，项目管理模式，FIDIC 模式。

FIDIC 模式或合同形式又有四种，如前所述。不同性质的项目工程应当选择相
应的 FIDIC 合同形式，由雇主或其代表工程师设计的建筑工程项目，由承包商按
雇主提供的设计进行工程施工，对此类工程应当选用新编 FIDIC 合同条件之一《施
工合同条件》；关于电气和（或）机械设备供货和建设或工程的设计与设备，承包
商按照雇主的要求设计和提供生产设备和（或）其他工程，应使用《生产设备和设
计—施工合同条件》；建设工厂或类似设施的加工、动力设备、基础设施项目或其
他类型开发项目，在项目的工期，投资最终价格确定的交钥匙工程，由承包商进行
全部设计、采购和施工，最终提供一个配备完整设施的工程应选用新编《设计采购
施工（EPC）/ 交钥匙工程合同条件》；对于投资金额较小的建筑工程，或投资较
大但工程简单、重复或工期较短的，应当选择使用《简明合同格式》。

不同投资主体对合同形式的选择。业主为中国法人（含中外合资、外方独资的
企业）的项目，工程在中国境外，或虽在境内但雇主与承包商一方或双方为中国境
外的外国法人，项目工程进行国际招标的，合同当事人除按工程性质或状况选择相
应的 FIDIC 合同条件外，另应对所适用该合同形式的通用条款、专用条款进行修
改、确认与补充，如法律适用，争端（DAB）与仲裁（管辖）等做出选择与约定。

（四）交钥匙工程合同条件（EPC）与 BOT 的区别、选择

BOT（建设—运营—移交）的发包人、投资主体（业主）一般分别为代表各级
政府的主管机关，项目类型一般为市政与基础设施工程，方式往往通过特许权协议
的形式，通过公开招标选择中标人与其签订特许权协议即 BOT 合同，由中标的项
目持有人作为 BOT 项目运作的投资（融资、贷款）人，按照我国政府的有关规定
实施 BOT 项目建设，用建成的 BOT 项目的经营收入（在 BOT 特许协议约定范围

内）偿付项目投资投资人按照约定取得投资回报。笔者在撰写的《中国民营 BOT 特许权协议项目运作》一文中已经作了详细的论述。

新编 FIDIC 合同条件中的 EPC 方式的使用，其范围与特点在上文已经作了详细的论述，故当事人在选择使用 EPC 合同条件时应区别于 BOT，准确选择使用 EPC。

二、新编 FIDIC 合同条件在适用

FIDIC"原产地"为有着几百年商品经济的英、法等欧洲国家，数百年来的商品经济与市场经济孕育并产生了菲迪克组织与 FIDIC 合同条件以及与之共生的咨询工程师；产生了完备的资本主义法制，公平竞争的招、投标制度；多年来菲迪克组织不断完善和规范咨询工程师职业道德，在此基础上形成了独立公正的施工制度，八十多年的实践使 FIDIC 合同条件在世界建筑市场领域中日趋完善，并作为世界公认的国际惯例被缔约国广为接受。中国改革开放、实行商品经济几十年，是正在"奔小康"的发展中国家，如现阶段我国的业主、承包商、监理工程师等原封不动的套用新编 FIDIC 合同条件，必然产生一定困难，笔者 2001 年为江苏某开发商订立并实际履行的数亿元 FIDIC 合同条件就是对原合同经过修改后而实施的。中国财政部编写的《世界银行贷款项目土木工程采购与招标文件范本》也是对原有版本的修改。实践证明并验证从实际情况出发适当修改使用 FIDIC 合同条件是正确的。

菲迪克在组织新编 FIDIC 合同条件《施工合同条件》、《生产设备和设计—施工合同条件》、《设计采购施工（EPC）／交钥匙合同条件》与《简明合同格式》的前言中都分别提出："虽然有许多条款可以通用，但有些条款必须考虑特定合同的有关情况，作必要的改变……"。可以说，这是菲迪克对合同当事人在使用 FIDIC 合同条件时关于修改的授权，也是 FIDIC 实行当事人"意思自治"原则的体现。

当事人对 FIDIC 合同条件的主要指通用条件、专用条件（补充规定）中的权利与义务条款、管理条款、经济条款、技术条款、法律适用条款的修改。以 FIDIC《施工合同条件》为例：关于权利与义务条款：1、一般条款（1.7～1.14 款），2、雇主，3、工程师，4、承包商，10、雇主的接受，15、雇主的终止，16、承包商暂

停和终止，17、风险与职责；关于经济条款：13、变更与调整，14、合同价和付款，18、保证；关于管理条款：6、员工，8、开工延误和暂停，19、不可抗力，20、索赔、争端和仲裁；关于技术条款：7、生产设备、材料和工艺，12、测量和评估；关于法律适用：1.4、法律和语言，1.1.6.5、法律。从纯法律意义上说，合同是当事人权利与义务的约定，即合同的主要条款表现为权利义务两个方面。合同当事人应当根据当时具体实际情况进行商定，委托或者聘请晓通工程专业的律师担任业主或项目工程法律顾问，进行合同修改是合适人选之一。

在中国境内从事招标的 FIDIC 合同，其通用条款的修改可以参考的格式合同是我国 GB—1999—201《建设工程施工合同》。笔者参与该合同的起草与修订中获知，该合同语词定义、通用条款与协议条款的设定，是在总结新中国成立以来工程建设管理经验的基础上，在我国现行法律、法规、规章、政策的框架范围内，借鉴外国的成功经验，吸纳中国高等专业院校专家学者多年研究的合同管理的理论研究成果和一线工程管理（监理）工程师的实践经验，经过几次由上而下，由下而上的修改，最终定稿，成为我国目前建筑工程建设中广泛使用的权威性很强的格式合同。笔者担任投资数十亿元的南京奥林匹克体育场项目，南京新图书馆项目法律顾问期间大量应用的就是该格式合同。当事人对新编 FIDIC 合同通用条款的修改可以从 GB—1999—201 格式合同中吸收、借鉴通用条款精神用于 FIDIC 合同条件中去。同时要参照我国新颁布的法律、法规，明确约定合同所适用的工程专业的有关规范，使之更具有可操作性。

关于修改后 FIDIC 合同条件的形式，程序与方法。过去在应用 FIDIC 合同条件方面基本做法：一、直接使用 FIDIC 合同条件；二、修改通用条款适合我国 GB—1999—201《建设工程施工合同》条件；三、修改标书与合同条款适合固定的合同总价适用 FIDIC 合同条件；四、业主自行设计、自行施工参照 FIDIC 合同条件对工程进行管理等。完全委托监理工程师监理采用第一种方法的较少，取而代之的是将项目委托给项目管理公司运作的现在有所增加，例如南京国际商城建设项目。但应用新编 FIDIC 合同条件方法与以往旧版 FIDIC 合同条件相比都是基本相同的：1、选择工程师，签订授权委托书；2、按照《招标程序》竞标确定承包商与施工合同条件；3、承包商办理保函等相关手续文件并经业主批准；4、业主支付动员预付款；5、承包商向工程师提供工程所需的施工设计，施工技术方案，施工进度计划和现金流量估算；6、第一次工地会议；7、工程师发布开工通知，业主移交现场；8、承包商根据合同要求进行施工或设计，工程师进行日常管理工作；9、工程师据承包商申请进行竣工验收；10、承包商申请移交工程，工程师签发移交证书，业主接受工程归还部分保留金；11、承包商提交竣工报表（结算资料），工程师签发证书；12、缺陷责任期内承包商完成剩余工作、补缺并承担缺陷责任，工程师签发缺陷责任证书；13、业主归还履约保证金及剩余保留金；14、承包商提出最终结算报表；15、工程师签发最终支付证书，业主与承包商结清余款。

三、新编 FIDIC 合同条件的法律适用

FIDIC 合同中的意思自治原则同样体现在法律的适用与选择。如《施工合同条件》1、一般规定 1.1.6.5 法律系指所有国家（或洲）的法律条例，结合和其他法律以及任何合法建立的公共当局制定的规则和细则等，1.4 法律和语言，本合同应受投标书附录中所述国家（或其司法管辖区）的法律管辖等等。当事人明确规定所应用的 FIDIC 合同适用法律必须在投标书附录中明示。

我国《民法通则》第 8 条规定：在中华人民共和国领域内的民事活动，适用中华人民共和国法律，法律另有规定的除外；第 14 条规定：中华人民共和国缔结或者参加的国际条约同中华人民共和国民事法律有不同规定的，适用国际条约的规定，但中华人民共和国声明保留的除外，中华人民共和国法律和中华人民共和国缔结或参加的国际条约没有规定的，可以适用国际惯例；第 144 条规定：不动产的所有权，适用不动产所在地法律。我国《合同法》第 269 条将工程勘查、设计施工归并于建设工程合同之中。《合同法》第十六章建设工程合同对此做出明确规定。据上述规定 FIDIC 合同条件在法律适用上包括（但不限于）以下与工程相关的实体法如：合同法、建筑法、房地产管理法、土地法、安全法、防震减灾法、劳动法、产品质量法、反不正当竞争法、价格法以及勘探、设计、监理、建筑规范与取费标准等一系列部颁规章、地方人大通过的规章和行业管理规定。

法律适用还应包括程序法：仲裁法、民诉法、招投标法、菲迪克《招标程序》等，业主（雇主）就应根据具体情况选择适用。2003 年 3 月 8 日国家计委、建设

部、铁道部、交通部、水利部、信息产业部、航空总局联合发布的：工程建设项目施工招标投标办法是相关工程招投标必须遵循的部颁规章之一。

此外，全国人大、最高检、最高法颁布的有关立法和司法解释也是法律适用的重要方面。当事人不仅约定了法律的适用而且要对有争议的法律条款或者选择性的条款做出明确约定，例如，不可抗力，FIDIC 合同条件与我国合同法、FIDIC 合同条件与我国 GB—1999—201 建设工程施工合同中关于不可抗力的规定均存在着差别；"非典"即 SARS 是否属于不可抗力在上述合同通用条款中均没有规定。实践中有的合同当事人在签订时为了省事以"本合同以及与本合同相关的一切事项均受中华人民共和国法律管辖"一句话概括之，但有的需要做出具体明确的约定。

FIDIC 合同中的意思自治原则是当事人对权利义务约定的一种原则，但当事人在 FIDIC 合同中使用该原则时不得超出法律规定。例如：《合同法》第 273 条规定"国家重大建设工程合同，应当按照国家规定的程序和国家批准的投资计划，可行性研究报告等文件订立"，国家计委 3 号令以及联合发布的 30 号令对项目招投标均作了明确的规定。此外，我国重大建设项目工程对参建各方在资质审查、招投标、工程分包、项目法人责任制等方面均有明确规定，此类工程合同的订立如果采用 FIDIC 形式必须遵守中国法律、法规、规章的规定，这是国家主权的体现形式之一。当 FIDIC 合同具备涉外合同条件时，涉外合同的当事人不仅对法律适用做出约定，还可以选择处理合同争议所适用的法律。新编 FIDIC 通用条件在 1.1.6 条款中、我国民法通则第 45 条对此都做出了明确的规定。

四、新编 FIDIC 合同条件下的贿赂与合同解除

新编 FIDIC《施工合同条件》第 15.2 条规定：如果承包商或任何承包商人员、代理人或分包商（直接或间接）向任何人给付或企图给付任何贿赂礼品、赏金、回扣或其他贵重物品，以引诱或报偿他人，采取或不采取有关合同的任何行动或对合同有关人员的任何人做出或不做出有利或不利的表示。雇主可提前 14 天向承包商发出通知，终止合同，并要求其离开现场。简言之，FIDIC 通用条件规定承包商及其工作人员一旦发生行贿、送礼、拿回扣并经发现即被清除出场。

在现实生活中，为防止工程建设中的行贿、受贿行为发生，我国对一般重大项

目工程不仅派有监察厅人员、纪委人员和检察机关的人员参与项目管理，有的还进入项目管理班子之中，笔者曾为几个承包商（法人代表）辩护中发现，有的主要责任人还订立《廉政合同》。工程贿赂犯罪屡禁不止的原因之一是巨额金钱诱惑，工程质量、造价、工期等因此受到重大影响。菲迪克组织为了保证工程全过程的公平、公正采取更为严厉的制裁措施，一经发现承包商和工作人员送礼、行贿即终止合同。但执行 FIDIC 廉政条款有以下几个问题：对承包商及其工作人员用以引诱或贿赂的金额没有规定导致罪与非罪无法判定；工程施工不同阶段发生上述问题后对合同终止的时间没有规定；对行贿、送礼人的面认定过宽或不特定故难以操作。为便于操作对此款应当做出适当修改，并具体化、量化；根据业主、承包商内部不同职务、职能、数额，行（索）贿、送礼、挪用的对象、主观故意与危害的后果做出具体规定。行为人是否构成贿赂罪，我国《刑法》第 383 条、385 条、386 条做了明确的规定，对公司企业人员的罪或非罪在 163 条、164 条中作了明确规定；国家工作人员的职务犯罪的立案起点一般为人民币 5000 元、商业贿赂罪的立案起点一般为 10000 元；我国刑法实行罪责自负、罪不株连，罪刑相适应的原则。FIDIC 合同条件规定一旦发现上述贿赂送礼的行为就要求承包人离场走人，终止合同、工程停工，与我国自然人的违法与法人的违约相混淆；此外对雇主的损失等问题的处理应当做出具体约定。实践中合同当事人应权衡利弊对该条款适当修改，趋利避害慎重处理终止合同。

五、争端、DAB、仲裁、管辖

FIDIC《施工合同条件》、EPC、《生产设备和设计—施工合同条件》各格式合同在通用条件第 20 条中，对合同当事人在履行合同中对可能发生纠纷的处理作了规定；第 20.2 条"争端裁决委员会的任命"规定雇主（业主）与承包商各自任命一人，共同商定一人组成争端裁决委员会即 DAB，按附件程序规则的规定，对争议事项按程序规则裁决并制作争端裁决协议书。以上，均建立在自我、公正、公平（和解、调解）处理或者解决合同当事人之间纠纷，比一般通过诉讼、仲裁要便捷、高效、不伤和气。推行 DAB 还需要有一个宣传、熟悉、自觉遵守 DAB 程序规则的过程，DAB 成员的品德、专业、业务素质、法律水准、处理争端的实际经验等是当事人在任命 DAB 成员时必须考察的条件。当事人在没有搞通 DAB 之前，建议约定由我国仲裁机构按我国仲裁法律规定解决双方纠纷。用何种方法解决纠纷，在修改的通用条件或双方商定的专用条件中予以约定；对适用诉讼，国内仲裁或国际仲裁的也应当做出明确的管辖约定。据我国《民诉法》第 25 条即有关规定，当事人如事先、事后没有约定的，合同纠纷由合同履行地或被告所在地法院管辖，如诉讼管辖有约定的从其约定，但当事人约定管辖不得违反《民诉法》关于专属管辖与级别管辖的规定。

当事人在 FIDIC 合同条件中对争端约定国际仲裁的应用与通用条件 1.4 款中关于所适用的实体法相一致。FIDIC 通用条件第 20.6 款中规定：DAB 未能最终解决争端应通过国际仲裁，根据国际商会仲裁规则解决。1988 年 1 月 1 日总部设在巴黎的国际商会通过了《国际商会调解与仲裁规则》，仲裁规则共 26 条：1. 仲裁院，2. 仲裁庭，3. 仲裁申请，4. 对申诉人的答辩，5. 反诉，6. 书状和书面陈述、通知书或通告，7. 无仲裁协议的情况，8. 仲裁协议的效力，9. 仲裁费用的预付金，10. 案卷移送仲裁员，11. 进行仲裁程序遵循的原则，12. 仲裁地点，13. 审理事项，14. 仲裁审理程序，15. 当事人传唤、出庭，语言与法律顾问协助，16. 当事人反诉及限制，17. 根据双方同意做出和裁决，18. 裁决的期限，19. 由三名仲裁员做出的裁决，20. 关于仲裁费用的决定，21. 仲裁院对裁决的核阅，22. 裁决的做出，23. 将裁决通知当事人，24. 裁决的终局性和可强制执行性，25. 裁决的保存，26. 一般规则。仲裁院本身并不仲裁案件，仲裁员负责仲裁。当事人按仲裁规则仲裁争议事项，在订立 FIDIC 合同条件时 时应让当事人对该规则有所了解后再订立国际仲裁与管辖条款。

六、专业律师在 FIDIC 合同项目中的作用

菲迪克组织在新编 FIDIC 合同条件的起草就有法律顾问参加，菲迪克多次提及律师参与对 FIDIC 项目标书审查，在西方国家应用 FIDIC 合同条件的项目工程中由律师担任项目、项目公司或担任业主、承包商的法律顾问，参与工程建设的管理，在上一世纪前早已成为普遍现象。世界的财富是由合同构成的，项目工程也是合同构成的，合同是当事人权利义务的约定。我国 GB—1999—201《建设工程施

工合同》通用条件中许多条款是我国法律、部颁规章、行业规定的具体化、定型化，FIDIC 合同条件的通用条件不仅是当事人根据意思自则原则对其权利义务的约定，也是当事人对合同法律适用（实体法与程序法）约定的具体化、定型化。选择合格的专业律师参与 FIDIC 合同项目的管理，是有效地防范工程合同风险，降低工程造价，保证合同工期、维护业主以及委托人合法权益的成功经验之一。

从事 FIDIC 合同条件项目工程法律服务的律师一般条件是：具有法律本科与工程专业本科（相当于或经过相应培训）学历，执业（专职）满三年以上、有从事过此类工程项目法律服务实践、具有工程专业法律服务的实践经验，熟悉并从事过 FIDIC 合同条件的运作。由律师事务所与业主订立法律服务协议后，律师作为项目法律顾问按照律师职业道德与执业纪律，按法律服务协议中约定的权利义务开展工作并对委托人负责。

FIDIC 合同条件中的工程师不参与合同的修订。而律师受委托后可以从立项、可行性论证、招投标（标书起草修订、审查，承包商、供应商资质、资格审查，开标见证），修改、审查、订立（谈判）FIDIC 合同协议书，业主／咨询工程师标准服务协议（监理协议）；处理合同履行中的合同变更、修改，参与 DAB 人员的推荐与争端调解，代理国际仲裁与诉讼。受业主委托对重大事项发表律师声明，对工程重大法律问题出具法律意见书，配合工程师处理工程中其他法律问题。律师优秀品格，精深的专业与法律知识，娴熟的法律服务技巧是业主之首选对象。律师扎实的专业理论功底与丰富的实践经验比各种头衔更为重要。

项目工程中的合同公证是由公证处的公证员根据民法通则第 55 条规定，对某一民事行为的真实性、合法性进行公证并出具证明。担任项目法律顾问的专业律师依照律师法和民法通则的规定完全可以对项目工程的招投标以及某一民事行为的真实性、合法性提供律师见证。在实践中有的当事人用公证员代替法律顾问显然是错误的。在 FIDIC 合同条件项目管理中业主应当将工程师（监理工程师）、律师（项目法律顾问）与公证员的职能相区分，充分发挥律师的专业特长。

FIDIC 合同条件从实践中产生，又在实践中不断修改、完善，准确把握 FIDIC 合同条件精神，密切联系工程具体实际情况，适当的修改，妥善处理新编 FIDIC 合同条件在应用中实践性问题，是每一个与 FIDIC 有关联的人应当考虑并解决的实际问题。

参考文献：

1、国际咨询工程师联合会，中国工程咨询协会：《施工合同条件》、《生产设备和设计—施工合同条款》、《设计采购施工（EPC）／交钥匙工程合同条件》、《简明合同格式》

2、国际工程师联合会：《土木工程施工合同条件应用指南》（1988 年第四版）、《电气与机械工程合同条件应用指南》（1987 年第三版）、《设计—建造与交钥匙工程合同条件》（1995 年第一版）、《业主／咨询工程师标准服务协议书应用指南》

3、刘宇峙、袁剑波等：《FIDIC 条款与公路工程施工监理》

4、民商事与 WTO 规则研究室：《国际通用民商事规则》

5、刘宇豪：《统一合同法与合同标范本全书》

6、GB—1999—201《建设工程施工合同》

7、《民营 BOT 特许权协议项目运作》

8、李启明、陈星汉《房地产投资决策与风险防范完全手册》

9、江平：《中华人民共和国法律全释》

10、朝彬：《建筑工程项目管理实务全书》

11、江苏省高院：《民商事审判手册》

12、汤礼智：《国际工程承包总论》

13、成虎：《工程项目管理》

14、博尔：《中国合同（契约）大全》

第三章

PPP项目工程常见犯罪预防

马克思说过，一个人除了善良的心以外健康是最大的财富。现在看来还不完整，应当加上自由。对工程领域犯罪分子司刑，除判处死刑和驳夺政治权利外，主要是没收财产与劳动改造。我国参加 WTO 组织承认的工程领域的国际惯例 FIDIC 合同条件，FIDIC 明确规定将贿赂的行贿人逐出施工现场。现在，我国对外正在实施一带一路战略、对内正全面推行 PPP 项目运作。 PPP 项目以特许经营方式实施，权钱交易、国有资产流失风险加大。中纪委巡视组及网站上公布的涉嫌犯罪案件许多与项目工作有关，犯罪数额特别巨大，给国家造成重大损失。加强在建的各类工程及 PPP 项目领域反腐倡廉建设，意义重大。

PPP 项目工程常见犯罪是指从项目审批、入库、立项、执行机构组织项目实施、至特许经营期满合作经营者移交阶段，项目工程参与方因故意或过失，触犯刑法，造成危害社会的严重后果，构成犯罪，依法应当受到处罚的犯罪行为。

一、PPP 项目工程前期犯罪

国有资金项目工程在项目决策前期常见犯罪为玩忽职守罪和滥用职权罪。在项目工程建设和司法实践中，人们关注工程违法的焦点通常或习惯放在受贿案件上，忽视对决策机构或决策者玩忽职守犯罪的监督与举报，人们对高层决策机构、领导人的敬畏及对决策过程不明晰，项目工程决策中的玩忽职守犯罪立案查处少、打击不力。决策中的玩忽职守是指国家工作人员违反职责规定，不履行或不正确履行其职责义务致使国家和人民利益遭受重大损失的行为。常见表现为有决策权的领导人违反职责规定错误决定项目工程上马或开工建设、造成重大损失或事故、构成玩忽职守的犯罪行为达最高检 1987 年司法解释认定死亡 1 人以上或重伤 3 人以上、直接经济损失在 5 万元以上的危害后果、行为与后果之间有因果关系即构成本罪。该罪犯罪主体是在国家机关、国有企业、事业单位、人民团体中从事公务的人员。主观方面是疏忽大意过失和过于自信过失。侵害的客体是国家机关、企事业单位正常管理活动，客观方面是违纪、违规、不尽职责义务，致使国家与人民利益遭受重大损失。此罪量刑据《刑法》397 条规定处 3 年以下有期徒刑或拘役，情节严重处 3 年以上 7 年以下有期徒刑。对待此类犯罪要区分在政治经济改革中工作失误的界限。

在决策中滥用职权造成重大损失的构成滥用职权罪。目前有的政府工作人员在岗不作为、有的决策失误造成巨大经济损失却无人问津。在建设法治政府、构建科学决策机制中，决策者对工程决策应认真履职尽责，切不可在位不作为，或长官意志、滥用职权，构成犯罪。

二、PPP 项目工程实施阶段犯罪

PPP 项目执行机构在实施阶段负责对特许经营项目资产评估、物有所值，为招标或竞争性谈判选择合作伙伴而参与或负责 PPP 项目招标文件起草、相关职能部门负责对投标人资格预审、决定财政补贴和特许经营期限及特许经营权的授予，在这一阶段是钱权交易的高发期。常见职务犯罪主要有：贿赂罪、贪污罪、挪用公款罪、签订、履行合同被骗罪。贿赂罪由介绍贿赂罪、行贿罪、受贿罪三个罪构成，犯罪主体为国家机关、企、事业单位从事公务的人员；除签订、履行合同被骗罪过失犯罪外其余都属主观故意犯罪。

公务人员在 PPP 项目运作中利用职务之便贪污、收受贿赂是故意犯罪。据《刑法》第 38 条规定，国家工作人员非法占有国有财产五千元为立案的起点，国家机关、企事业单位、人民团体的工作人员利用职务之便非法收受、索要他人财物为他人谋利益的对直接责任人和单位主管领导处五年以下徒刑；单位并处罚金，收受回扣以收贿论。

在 PPP 项目用地审批环节，政府土地管理机关工作人员违法批准征用、低价出让国有土地使用权的，构成徇私舞弊罪，情节严重判处 3 年以上 7 年以下有期徒刑。

刑法修正案九将与国家机关工作人员关系密切的人的受贿视为该国家人员的受贿，扩大了受贿罪的主体范围。

关于 PPP 项目工程中国家工作人员犯贿赂、贪污罪的量刑问题，我国《刑法》第 383 条规定贪污受贿 5 千不满 5 万判处 1 年以上 7 年以下有期徒刑；贪污受贿 5 万以上不满 10 万判处 5 年以上有期徒刑，情节严重的判处无期徒刑；贪污受贿 10 万以上的判处 10 年以上有期或无期徒刑，情节特别严重的判处死刑，并处没收财产。

PPP 项目的民营资本投资人、招标代理人、咨询中介服务公司在 PPP 项目运作阶段可能发生行贿罪、商业贿赂罪；项目公司设立、工程建设运营阶段可能涉嫌工作重大安全事故罪、偷税罪、串通投标罪等。

三、PPP 项目工程领域犯罪成因与趋势

形成工程领域犯罪的原因是多方面的，共性有以下几点：

巨额工程款对参建人产生巨大金钱诱惑。一般工程投资概标算数亿元、有的高达数十亿元，在 PPP 项目工程运作的参与各方，由于法制观念淡薄，面对巨大的金钱诱惑不惜以身试法、铤而走险。

官风不正。从中央令计划、徐才厚案到各省、市地方政府高官犯罪可见，持有重权人将自己置于法律之外、利用职务便利进行权钱交易，在当下实施 PPP 项目运作中，各级政府退出一大批 PPP 项目，政府掌控 PPP 项目特许经营权，民营资本方为获取特许经营权及项目公司利润，行贿将更为普遍和可能，暗箱操作使行贿更为方便。由于司法腐败，纪检属地方领导，即便有发现政府机关、企事业单位工作人员以权谋私，往往用党内组织处分、行政处理取代刑事处罚；工程贪腐案、串案、共同犯罪案件与司法、政府官员相连，在处理时出于自保又使赃官之间因利害关系官官相连，利害关系又使赃官们官官相护，工程犯罪一个接着一个。

一届政府机关的政治权力被核心人群继承、分割出租并形成成若干个怪圈；司法机关腐败、司法不独立又形成工程领域冤假错案增多、有的漏网之鱼长期得不到查处；工程类刑事案件审判量刑不准、课刑不公、打击不力，使涉案贪官无所畏惧，

形成前赴后继、继往开来之势；在工程招投标领域，放松对中介机构、民营投资人串通投标犯罪的查处，单靠行政监督而不实施司法查处，犯罪未得到有效遏制。派驻大项目工作组监察成效甚微，权钱交易仍在进行中。

高科技的应用与反侦查能力增强使职务犯罪更加隐蔽；利用职务之便与接收赃款分工、分头实施、变形介入；罪犯对赃款给付方式电子化、变形化，将交付现金转变为以高价名画、古董、股权、银行卡、专利权、职位等具有金钱价值但又非金钱方式所取代；赃款交付从国内转向境外。

有的为逃避重大失误与渎职犯罪，对分管或职责范围内有关项目工程重大事项不作为、装糊涂，给国家同样造成巨大经济损失。

四、PPP 工程犯罪预防

从有的项目工程罪案可见：大厦树起来干部倒下去。要完成伟大民族复兴，保护好党员干部，积极预防 PPP 工程领域内的犯罪不仅是司法机关纪委工作内容，也是参与 PPP 项目工程中各方都必须做的长期工作。笔者结合几十年工程刑事案件辩护实践提出以下预防做法：

增强参建人员对犯罪后果的认知。当官用权与收赃、劳改都是其本人实施或完成的，只有当本人认识到犯罪后果的严重性，在自觉预防问题上才有所成效。要达到这一点，政府机关应当适时组织参与或长期负责 PPP 项目工程的公务人员到法庭旁听罪案审判，到劳改农场实地参观罪犯服刑，这比单纯授课效果好；刑法规定了罪刑相适应原则，心知肚明收赃便是收的双开决定书、收的就是刑事判决书，自觉不贪。

职能部门注重 PPP 实施各个环节的监管。如项目登记审查、国有资产评估、特许经营者资格认定、产品定价、特许经营期设定、维修标准与回收技术标准、政府财政补贴标准、民间资本合作伙伴选择方式等关键核心条款的审核与设计。

强化科学决策民主决策，充分执行党的民主集中制准则，对重大、核心项目决策防止一人说了算与一言堂。预防渎职行为发生，要事先让党委一班人在决策前就知道，设立、强化对 PPP 项目全程监控机制、完善监管制度。有的 PPP 特许经营期长达几十年，当年的工作人员或许已经退休或调高、管好 PPP 不仅靠人，更重要的是，各级政府法制办应在建立、完善监管机制上做好文章，靠体制与制度管理。

《特许经营法》早日出台，坚持以法管项目工程是根本性问题。发挥政府法律顾问作用，从头做好规范文件起草工作，处理好特许经营合同中的重大法律问题。

分清罪与非罪之间界限，搞清何为职务之便、何为赃款、何为关系密切的人。笔者刑辩执业三十年发现有的领导为人讲课，进了监狱仍掰不清上面的问题和相关司法解释，缺乏警惕与防范而入狱。

加强 PPP 项目工程建设过程中的犯罪预防。将廉政条款设计好载入 PPP 通用合同中、将廉政合同编入招标文件中，甲方乙方都对照执行，也是纪检工作组合法介入检查的依据；针对 PPP 项目施工进程与投诉，及时进行教育与查处，及时解决苗头。

对 PPP 领域中重大案件从严判处，加大对 PPP 领域中重大犯罪案件打击力度、对事关民生安全的罪犯从重从严判处并在媒体和相关网站上广为宣传，使贪腐之人达到谈贪色变、达到不想贪、不敢贪。

严格遵守党内政治生活准则。党员干部在 PPP 项目运作中发挥先锋模范作用，做好表率、健全的组织生活、加强党性修养作为晋升或降级降职标准，教育党员干部洁身自好，在 PPP 实施各阶段及时检查督促民营资本、合作方执行廉政协议情况，警钟长鸣。增强党员、机关干部对付糖衣炮弹和美女侵蚀的反制能力，必须自觉做到两头都要硬。

PPP项目运作中的法律保障与风险防范

2014 年国务院关于创新重点领域投融资机制鼓励社会投资提出了指导意见，部颁规章和相关规定对 PPP 准入领域做出规定；最近，学术界对于广义与狭义的概念各抒己见。笔者参与安徽省某市智慧城市 PPP 项目前期运作，直接参与江苏省某市利用长江水为市民和开发区企业供冷供热的江水源热泵公用事业 PPP 项目，从可行性论证、招标文件制作、PPP 协议设计、评标、组建 PPP 项目公司与制定公司章程，对 PPP 项目公司融资、建设、运营法律服务实践提出法律意见，本文结合相关法律、法规与规定，就 PPP 的法律保障谈几点粗浅看法，请同行赐教。

一、提供 PPP 项目保障的法律框架性意见

做好 PPP 项目法律保障，应当对项目的情况、政府的构想、可支配的资源、采用特许项目的模式进行充分的了解。在此基础上，组建懂专业，精通特许项目相关规章、有工程建设经验的律师组成 PPP 项目法律保障团队。

在上述基础上，律师团队根据法律、规章和政策规定、政府发起人的意图等起草 PPP 项目法律保障的框架意见，对项目运作中可能发生的风险，充分的论证并提出风险防控的法律意见。

项目的运作管理、常用法规、合同签订、风险管控提出法律意见

二、为发起人实施 PPP 项目运作做好顶层设计的法律支持。

在我国推行基础设施和公用事业领域内实施 PPP 特许权项目运作是一项庞大、长久的系统工程，广义的 PPP 项目以及行业遍及整个社会各个领域，涉及能源类、

交通运输类、信息系统类、生态环境保护类等各个方面。主要工作有

协助选择特许经营模式。PPP 常用模式有：BOT（建设—运营—移交）、BOOT（建设—拥有—运营—移交）BOO（建设—拥有—运营）并根据不同性质的公共资源、采取不同特许经营模式，做好设计。笔者代理的是 BOT 特许经营项目。

为 PPP 项目可行性论证提供法律支持。项目运作历经政府决策层决策、特许项目审批、特许权授予、公共资源使用。尤其关于特许期与产品价格的确定都是由 PPP 项目主办的中方政府机构组织实施。运作流程路径：项目识别（项目发起、项目筛选、物有所值评价、财政承受能力论证）；项目准备（管理架构组建、实施方案编制、实施方案审核）；项目采购（资格预审、采购文件编制、响应文件评审、谈判与文件签署）；项目执行（项目公司设立、融资管理、绩效监测与支付、中期评估）；项目移交（移交准备、性能测试、资产交割、绩效评价），律师团为各阶段提供法律服务和风险防范。

协助发起人做好政府辖区内 PPP 项目运作的规划设计、分批实施方案；组建政府 PPP 项目运作机构；组织工程专业、财税、金融、法律人才，专业技术人才参与机构运作提供帮助。

民企、外企参与中方 PPP 项目也应有聘请法律专家和相关的专业人员参与项目实施。PPP 项目参与各方组成由相关专业人才参与的工作班子具体从事 PPP 项目运作，能提高工作效率，减少失误与纠纷发生。

当好政府的助手做好 PPP 项目合理的顶层设计，构建有效的风险分担机制，按照风险收益对等原则，在政府和社会资本间合理分配项目风险，项目的建设、运营风险由社会资本为主设立的项目公司承担，法律、政策调整风险由发起人政府承担，协助发起人做好项目论证、招标文件

当好政府的顾问。从管理层面讲，实施 PPP 项目必须符合本地区国民经济和社会发展规划，城乡与土地利用规划，在本级政府可授权项目内，在特许的基础设施和公用事业的范围内，确定特许经营方式，提出特许经营权授予条件和实施方案。对选择特许经营者做出明确的要求与规定，其中关于经营期限、产品价格、应急预案、对协议作为实施设计不许变更的事项应事先做出要求，便于签约和后期运作实施。

据法治政府权力清单制度，本级政府对下级政府报批的 PPP 项目或依照职权本级政府直接授予的 PPP 项目及公共资源，应认真做出规划，做好顶层设计与实施计划，做好试点，以点带面，有序展开提供法律支持。采用竞争性磋商或竞争性谈判采购方式的，项目采购文件应明确评审小组根据与社会资本谈判情况可能实质性变动的内容，包括采购需求中的技术、服务要求以及合同草案条款。

三、PPP 运作中涉及相关法律、规章、政策规定

律师团应充分发挥专业优势，为 PPP 项目运作提供法律、规章和政策的支持；

能源类、交通运输类、信息系统类、生态环境保护类等 PPP 特许权项目涉及各类特别法、部颁规章与政策规定；

国外企业参与中国 PPP 特许权项目运作除必须适用中国法律法规外，还将涉及中国参与的相关双边和多边条约，WTO 成员国还将涉及相关规则。

从狭义的 PPP 特许权项目运作而言，除适用《公司法》、《民法通则》外，还适用《合同法》、《预算法》、《招投标法》及实施条例包括目前仍然在施行建设部《市政公用事业经营管理办法》及其他部颁规章；正在制定、待通过的《基础设施和公用事业特许经营法》（征求意见稿）是 PPP 特许权项目特别法；与《基础设施和公用事业特许经营法》相关联的指南、协议标准文本等是特许经营的示范文本。

各级组织机构在本地区实施 PPP 项目时，除适用普通法和特别法外，地方人大依据《立法法》制订的地方规章与政府规定也是本地区 PPP 特许经营的重要依据。例如江苏省建设厅苏建城【2007】325 号文件列示的有关特许经营招投标、公益董事或监督员、公众参与监督、临时接管、市场提出、履约保证、股东监督、产品质量监管、中期评估制度等。

随着改革的深入，我国法律、规章的立、废、改速度加快，地方规章不能与上位法相悖。尤其在《基础设施和公用事业特许经营法》生效后，地方规章、政府规定与上位法相悖的应当修改或废止，停止施行。

政策是法律的灵魂与指导，法律是政策的定型化和稳定化。国务院印发的"国发【2014】60 号"《关于创新重点领域投融资机制鼓励社会投资的指导意见》《国务院关于加强地方政府性债务管理的意见》（国发【2014】43 号）、《关于推广运

用政府和社会资本合作模式有关问题的通知》；国家发展改革委印发的《关于开展政府和社会资本合作的指导意见》（发改投资【2014】2724号）《政府和社会资本合作项目通用合同指南》；财政部印发的《关于政府和社会资本合作模式操作指南（试行）》（财金【2014】113号）《关于推广运用政府和社会资本合作模式有关问题的通知》及财政部等四部委"财预【2012】463号"《关于制止地方政府违法违规融资行为的通知》等，都是PPP项目运作中指导性政策。

四、PPP项目常见的法律文件。

由于PPP项目性质，社会功能，政府公共资源投入与特许权授予的不同，与项目相关的法律文件也有差别，但一般有下列法律文件构成：

第一阶段 立项与招标：项目与工程的立项申请书（可行性论证报告、含顶层设计文件）；项目批准文件；规划、土地使用、环评、地质安全评估文件；招标代理合同；招标文件（招标邀请书、投标人通知、招标内容及要求、PPP项目文本、评分标准、招标文件格式、履约保函、中标通知书、PPP特许权协议书及其他文件）。

第二阶段 设立PPP项目公司（投融资平台）：签订项目公司合同、章程、领取工商营业执照、税务登记等企业法律文件；项目公司召开首届股东会，建章立制并完善公司法人运营的人员制度、财务制度、公益董事一票否决通知；股权设置变更等法律文件。

第三阶段 PPP项目建设、运营阶段：项目建设类文件（从工程建设立项申请、工程施工招标、设备采购、工程竣工、交付）全程法律文件；融资类文件（融资、担保、抵押、保险类合同）；增资扩股或股权变更法律文件；项目工程升级报告、设备维护、更新类法律文件；产品销售或服务价格确定、设备维护更新文件，与终端用户签订产品销售或服务类文件等。

第四阶段 回购和接管：通知书、评估报告、设备清单、交接签收或接管手续等法律文件等。

PPP项目公司作为一个独立法人享有《公司法》规定的权利，向社会承担相应义务，对公众安全负责，须在PPP项目《特许权协议》基础上，据《公司法》规定制定公司章程；公司自己制作的法律文件不能违背特许权授权范畴与特许权协议约定。

五、注重运用法律手段对 PPP 项目风险防范

社会财富是由合同构成的；效益和风险并存，PPP 项目也不例外。

中、外企业投资 PPP 项目为了获取各自的经济利益，政府推行 PPP 项目为了在满足社会需求的前提下减轻政府债务，政府参与 PPP 项目本身也是一种经营行为。有效地运用法律手段防控风险才能实现投资人、业主的经济效益与社会效益。风险控制侧重于以下几个方面：

1、组织好的可行性论证为龙头的顶层设计，使 PPP 项目依法有序进行。

律师团参与项目运作应按照《政府和社会资本合作项目通用合同指南》设定的程序进行

我国推广 PPP 特许权项目期限不长，如何解决项目运行中客观存在的法律、金融、施工，保险、经营、维护中的风险问题，需要由专门人才组织的机构进行充分论证；对设计、建设、运营、维护、回购、接管中对可能发生的风险进行评估，在可行性论证顶层设计中对可能发生的问题与风险提出预案，通过保险等方式为项目风险管控实施分流。

2、设计准入条件，选择适格的 PPP 项目合作伙伴，保证 PPP《特许协议》全面、实际、完整的履行。

为保证 PPP 项目公司建设、长期运营不至中途夭折，选择民企、外企投资人参与 PPP 项目合作成为适格的合作伙伴至关重要。为防止不适格现象发生，在标书起草时对准入条件规定提出了要求，准备资格预审文件，发布资格预审公告，邀请社会资本和与其合作的金融机构参与资格预审，例如笔者代理的在江水源 PPP 项目的招标文件中规定：投标人不仅是独立的企业法人、注册资金不少于 X 亿元且有 X 亿元存款并提供银行说明；近几年未发生违法、违纪事件，无工程质量、安全事故发生；有从事该项目建议管理经验；对联合体及股东说明文件提出要求等，为选择适格的 PPP 项目合作伙伴实施了有效风险管控。

适格的投资人又为后续的项目融资、工程建设、运营维护提供了保证。

3、投资人投标文件提供完美的 PPP 项目运作方案。

为防范项目公司设立和融资中的风险，标书要求投标人资质证明文件，项目公司组建方案，资金参与项目融资方案；为工程建设防控风险，在招标文件组成中对投标人于投资 PPP 项目提交能反映其综合实力的工程业绩、资质、技术人员、资格、商业信誉、工程建设方案与风险防控方案；对运营管理、设备维护更新升级、分红比例等做出承诺。提供完美的 PPP 项目运作方案。满足招标文件要求的投标人方可为 PPP 特许权经营项目的合作伙伴。

4、合理关切投资人对政府风险防范与说明。

投资人对主持实施 PPP 项目政府的债务总量、法制水平、诚信度、政策的连续性、行政区划调整可能、政府的管理经营能力、廉政风险的关切是可以理解的；对 PPP 项目建设风险在廉政协议中予以明确约定；说明市场经营风险和运营维护风险等有投资人承担的法律依据；对政策和法律风险由政府承担的政策依据；对可能影响投资人投资安全和经济目的实现的风险招标文件中、投标答疑中做出解释，最后由投资人做出投资 PPP 项目决定，体现公平公正的原则。

5、对可能发生的法律风险约定在先

对于我国法律可能发生的立、废、改，对于政府政策可能发生的变化，对不可抗力风险也应考虑其中，在招标文件中做出要求。

6、做好《特许经营协议》的设计，防范合同风险。

对 PPP 项目投资、建设中可能发生的风险包括安全风险，约定有项目公司提供投保，风险合理分流；降低终端用户、政府和 PPP 项目的投资风险。

7、设立《特许经营协议》违约处罚条款。尽管合同与签订之间有一个过渡期，但一旦中标通知书发出，视为合同已经成立。各方都必须履行合同中权利义务。中标后不签订特许协议的视为违约，违约方向守约方支付违约金，防范毁约风险发生。设立违约金、定金制度保证合同全面实际履行。

设置好投资人准入条件、寻找好的合作伙伴、是 PPP 特许协议项目运作常青树经久不息的核心条款之一。

六、为确定合理特许权期限与产品价格，为合作共赢的平衡点提供法律支持。

我国第一个 BOT 特许权项目沙角 B 电厂运作成功因素之一是项目合作方对特

许期限、产品价格、回购等做出合理约定。特许项目合作共赢是成功的关键。

我国经济跨越式发展不断打破常态，PPP 特许期长达数十年，提供适合的产品价格会因市场变化发生而变化。因此在签订 PPP 协议时按规定进行成本审核后定价，对协议履行期内业主单方面提高产品价格，除约定依据物价部门的相关规定外，在听证制度下允许业主有在特许期调整产品价格的自主权，在协议中留有可据市场价格变化区间的可调空间，体现公司法人的经营自主权与特许协议中约定相结合。巩固合作共赢。

政府财政对 PPP 项目补贴是否作为政府对 PPP 项目公司投资，应在协议中明确约定。政府对产品的采购承诺也应在协议中明确约定。这样将风险放在可控范围。

PPP 项目常青树经久不衰的内在动力是参与各方的合作共赢，律师团队的工作，关键是协助双方找到都可接受的平衡点。

七、协助发起人建立有效的监管机制

律师团队协助政府立有效的监管机制，侧重做好以下几点：

1、政府授权不越权。

政府依据相关法律、政策规定，依法授予中标的投资人的特许经营权，在双方签订的法律文书的约定，依法设立的项目法人有独立经营自主权，政府参与项目运作的具体工作人员，除依据《特许经营协议》和《公司法》规定外，政府授权不越权；政府或派驻人员不干预 PPP 项目公司正常经营，保证 PPP 项目公司依据《公司法》应当享有经营自主权和依据《特许权经营协议》应当享有的特许经营权。

组织专门人才负责 PPP 项目实施。在政府内部设置负责 PPP 项目管理部门，加快项目前期工作。联合有关部门建立并联审批机制，政府部门负责筹建由行政、法律、金融、税务、技术人员组成的专门机构，负责 PPP 项目运作；对项目全程监督；

2、在项目公司设立申请中，由工商、税务、环保部门依照要点进行审查，对可能影响环境安全的事先进行环评。实施有效的监管

3、在提供公共服务定价时，除由业主提出的初始价格外，组织听取用户意见，价格部门予以监督。在涉及设备更新、维护，成本增加与产品价格浮动时，规定业主调整产品价格要召开价格听证会议。税务物价、管理部门加强审查，依法经营。

4、投资人以非现金方式（知识产权）投入 PPP 项目的，必须依法进行评估，在项目融资中金融部门放贷按相关规定对投资人进行审核，提供抵押、担保与反担保，财产权属清晰。

5、城市安全管理部门对 PPP 项目公司生产安全、提供的产品安全等进行检查，如江水源的管线、泵站安全进行检查。保证业主在经营中所提供 PPP 项目产品不危及公共安全。

6、政府针对本地区不同项目情况，对城市重点区域、开发区核心区域采取优先提供服务的，采取投资补助，贷款贴息方式，用经济手段实施监督等。

八、完善《特许权经营协议》的设计与签订。

在 PPP 项目中，订好《特许权协议》（即合同）是明确各方权利义务，防范风险，平息可能发生的纠纷的大事，是投资各方都必须重视的问题。

就 PPP 项目订立的特许权主合同一般只有一份。我国招投标法 27 条的规定投标文件应当对招标文件提出的实质性要求和条件做出响应。

如何订好《特许权经营协议》，首先要适用部颁通用规范文本；签订聘请政府法律顾问、专业技术人才参加；招标文件中主《特许权经营协议》是要文件。不同行业 PPP 项目对合同条款有不同的要求，律师和有专门人才组成的机构应结合特许行业特点与法律、规章规定，通过多轮审定设计完美的《特许经营协议》文件。

一般特许经营协议主要条款为：

项目概况（名称、地点、服务区域及建设内容、投资额）；项目公司的设立，特许经营方式、区域范围、期限，项目公司经营范围、认缴资本，股东出资方式、比例；股权转让；产品或服务的数量，质量及标准；投垫资期限、方式；投资回报方式及调查；项目运营、产品或服务地域与设施、履约担保、设施建设与投资、所有权与经营权、政府监管、质量保证、工程验收、设施的管理维修更新、建设用地、最终用户、合理价格承诺、产品收费、安全责任、应急与临时接管、参与各方权利义务、特许期经营风险分担，特许期内项目评估、接管、回购交接方式、程序、协议变更，政府承诺、资产转让、保密条款、不可抗力、提前终止与退出，违约、争议与管辖、法律适用、其他约定。

签订《特许经营协议》应依据招标文件中已经提出的、经投标人以投标文件确认、实质性响应的特许经营的协议原件为准。

如重大变更双方另行协商另行签订补充协议，需经招标办备案的办理备案手续，招标流标改为竞争性谈判的也应当及时向相关部门报告并小理相关手续。特别重大项目需要报驻项目纪检组的应及时报告。

八、PPP 项目运作中令人深思的几个法律问题

在我国推广特许经营权是社会基础设施和公共事业的重大变革，涉及千家万户，各行各业，社会各个领域；PPP 项目中的 BOT、BOO、BOOT 等运作方式时间不长；结合其他省市推行特许经营项目运作，存在以下几个令人深思的法律问题：

PPP 项目方式运作它需要完善的法制环境与规范的市场 .需要诚信法制的政府，PPP 项目要求急需加强这方面的建设：目前我国多种经济成分并存，从经济总量上看民营资本占主导，但是公共资源交易行为是由政府主导，政府以权代法、行政干预现象仍然严重存在；加快诚信法政府建设，量化权力清单、完善配套规章尤为重要；

我国国土辽阔，基础设施领域宽广，公用事业门类繁多，推行 PPP 项目运作，职能部门应结合"一路一带"战略制订较为详细长远的特许项目建设规划；研究设立专门的各级政府监管部门；规范 PPP 项目运作管理机构与职能；

PPP 项目运作需要强有力的法制保障，保证项目在法制的框架下运作必须抓紧制定、完善相关法律、法规，应加快立法速度；尽快审议通过《基础设施和公用事业特许经营法》；出台配套规章；规范 PPP 特许经营项目示范合同文本；建立严格的 PPP 项目评估、价格听证、公益董事、公众参与监督、临时接管和退出、产品质量监管、中期评估、PPP 项目担保、资产证券化、转让制度等。

明确 PPP 项目国家财政补贴归属权。明确财政补贴是拨给组织实施 PPP 项目的政府还是给 PPP 项目公司；规范政府对 PPP 项目公司注资、公司股权调整。

规范政府换届与 PPP 项目运作稳定性、公司转让、运作、回购、接管；对可能危及公众安全的项目的强制保险等。

城市开发特许经营

城市公共基础设施开发建设，不仅投资大、建设周期长，而且回报率低。为了减少政府债务风险，利用民间资本参加建设，提高城市基础建设的速度，满足社会需要，世界各国及地方政府从二十世纪七十年起普遍采取以 BOT（建设、运营、移交）为主要特许经营的引资方式，吸收民营（国际）资本参与城市基础设施的开发建设。如美国的道斯威火电厂、澳大利亚的悉尼海底隧道、巴拿马伊士运河、英法共建成的英吉利海峡海底隧道……

中国政府对特许经营项目实行"先行试点、宏观引导，逐步摊开、规范发展"的策略，从 1987 年广东沙角 B 电厂首先实施 BOT 特许经营许可后，各级地方政府尤其南方沿海城市先后实施特许经营项目的运作，如成都污水处理厂、武汉军山大桥、长沙电厂、上海延安东路隧道、深珠高速以及北京至通州的高速公路等。

例如、进入二十一世纪的古城南京虎踞龙盘、临江沿海、不仅地处长江金三角有利位置，而且面临国际资本转移和我国政府实施沿海战略、西部大开发战略、一带一路战略的大好形势。为实现两个"率先"目标，加快城市建设与经济发展的速度，南京市政府提出以长江为轴，跨江发展两翼齐飞的战略。在有限的财政收入的情况下，准确实施城市开发特许经营，不仅能加快实施跨江发展战略，实现"两个率先"目标，而且加快南京地方与区域经济发展，加快国际化大都市建设速度，提升国际竞争力，打牢可持续发展的基础。城市特许经营是当下市政公用、基础设施建设、PPP 项目建设的主要方式、最为明显的是 BOT、BOO、BOD 模式、主要是 BOT 模式。

一、城市开发特许经营权的法律依据与地方立法

2003 年 8 月 27 日全国人大常委会通过了《中华人民共和国行政许可法》，该法共八章八十三条，于 2004 年 7 月 1 日起施行。《许可法》第十二条第三款规定："直接关系公共利益的特定行业的市场准入等，需要赋予特定权利的事项"可以设定行政许可。第十六条规定："地方性法规可以在法律、行政法规设定的行政许可事项范围内，对实施该行政许可做出具体规定。""规章可以在上位法设定的行政许可事项范围内对实施该行政许可做出具体规定。"此后，国家发改委、财政部等公布一大批关于 PPP 项目运作的规范性文件。

围绕特许经营各级政府制定地方法规和规章。我国《立法法》第四章第六十三条规定："较大的市的人民代表大会及其常务委员会根据本市的具体情况和实际需要，在不同宪法、法律、行政法规和本省、自治区的地方性法规相抵触的前提下，可以制定地方性法规；本法所称较大的市是指省、自治区的人民政府所在地的市。"第七十三条规定："省、自治区、直辖市和较大的市的人民政府可以根据法律、行政法规和本省、自治区、直辖市的地方性法规，制定规章。"据上述法律规定，国家发改委等制定了基础设施公用特许经营管理办法、财政部制定 PPP 运作指南等。全国各省都制定相应规章：如北京市人民政府《北京市城市基础设施特许经营办法》，南京政府《南京市城市基础设施特许经营办法》等，加快制规范特许经营项目的实施。我国正在加快《特许经营法》的起草。

二、特许经营的范围

城市基础设施特许经营范围国家计划委员会、国电力部、交通部 1995 年联合发布《关于试办外商投资特许项目审批管理有关问题的通知》，规定由外方以国际 BOT 方式运作的基础设施项目包括：2×30 万千瓦火力发电厂、30—50 公里的高等级公路、1000 米以上的独立桥、独立隧道，供水厂，25 万千瓦以上的水电发电厂等。2011 年后 国家发改委、财政部联合发布的《城市基础设施特许经营办法》中对基础设施、市政公用特许经营项目范围做出新规定、例如：机场及配套设施、高速公路、隧道、桥梁、立交桥、港口、码头、大型仓库仓储设施、卫星、通信、邮

政设施；江、河、湖、海的堤、坝、闸及疏浚、土地围垦、滩涂开发；医疗、卫生、教育设施等。在一带一路战略实施中，中国的轻轨交通、路、桥建设、卫星、通信工程、高端制造业正走出国、遍及沿线国家。

南京市基于南京市城市基础设施开发建设的实际，参照北京市的做法建议对以下项目可以实施特许经营：过江隧道，长江三桥，污水处理厂，固体废物处理，供水、供气、排水、排污，收费公路、地铁、公园等。市政府可视城市发展情况与已特许经营项目试点运作情况及时予以调查，按照积极稳妥、规范运营的思路实施宏观调控。在推行 PPP 项目试点中南京市最先进行江水源电力热泵项目、对民生息息相关的污水处理厂，固体废物处理，特色镇项目建设项目已经遍地开花

三、民营资本参与城市特许基础设施项目建设的方式

特许经营是基于行政许可，在不违反法律规定的前提下，可以实施多种特许方式，据国际与国内常见的几种模式，介绍以下几种方式：

BOT 方式。BOT 是英文 build-operate-transfer 的缩写即建设—运营—移交。政府与民营企业签订 BOT 特许权合同，约定将某一市政特许项目交由民营企业投资建设承担风险，项目所有权归政府。在特许期内由其经营管理，按特许协议约定收取经营收入，并在特许期满后交还给特许人——政府。上海竹园第一污水处理厂项目就是以 BOT 形式，允许民营企业经营 20 年的范例之一。BOT 合同中对被特许人违反 BOT 合同，政府单方面收回并接管 BOT 项目应特别约定。笔者《中国民营BOT 特许权协议项目运作》一文有较为详尽的阐述（见《中国建设报》2003.4.3）。

BLT 方式。即建设、租赁、移交。政府与被特许人（民营企业）通过签订BLT 合同，由被特许人出资建设，由其租赁经营并收取租金，特许期满后该设施无偿交还政府。

TOT 方式。即转让—经营—转让。政府投资建设的项目，在一定时期内（特许期内）有偿转让给非政府投资经营，政府以此回收项目投资资金，并最终收回该项目设施，即由经营者将该设施交还政府。这种方式适用于已经建成的、投资与所有权归地方政府的项目。中央财政投资建设的项目，经许可后亦操作。

BOO 方式。即建设—经营—所有。政府将城市市政项目通过 BOO 合同由被特

许人投资建设政府的特许项目，该项目设施建成后由被特许人经营，并最终拥有该设施。政府通过 BOO 合同收回资金。此类项目在县、区级范围内，以及较大的市内投资规模较小的市政项目，例如公厕等。

特许经营权转让方式。政府将其原属行政职权范围内独有的某一特许权，通过特许经营权转让的方式，由民营企业经营，向政府交纳特许经营转让费，期满后将合同约定的特许经营权归还给政府的方式。这种方式适用已经建成的市政设施，例如：城市市区、城市郊区的公交线路的运营权，地铁、奥体中心、隧道等设施的冠名权。

改制为私有化方式。将现有的国有基础设施企业，按照政策规定进行改制，中小型改为民营或私营，政府收回投资，大中型企业改制为国家持股的，有民营成分参与的混合式企业，对国有股按规定在资本市场出售，收回投资成本。

四、城市特许经营权授予

以特许方式实施的城市市政项目，它通过提供公共产品服务于社会与大众，满足人们对社会生活需要，故其授予经营者的方式，应当遵循公平、公正、公开的原则，采用招标方式的由政府职能部门发布特许项目招标公告，通常由政府职能部门代表政府向社会发布招标公告，社会资本与政府合作。

实施招投标的城市特许经营项目，应当按照《招投标法》对于服务类和工程建设项目类分别招标。2003 年 4 月 3 日，国家计委、建设部、民航总局七部局联合发布《工程建设项目施工招投标办法》是城市市政工程建设项目招标、投标、开标、评标、定标的主要法规。除实施有标底招标外，还可以进行无标底招投标。投标人可以是一个法人，也可以联合体竞标。强化投标单位的资质审查，杜绝首长干预、防范贿赂犯罪现象发生，确保合格的社会资本特许经营者从事特许项目的建设经营，是保证市政基础设施特许经营合同全面履行的关键，它关系到社会稳定，政府的投资回收，广泛的社会效益的实现，故特别重要。政府职能部门应当依法对投标人的资格、商业信誉、资质、业绩、技术、资金（融资渠道）、设备等进行审核，保证合格的被特许人参与投资建设、经营。投标人中标的，依法签订特许经营合同。

五、特许经营合同的订立

特许经营有服务收费类合同，有市政工程项目类合同以及基于行政许可法和市政府《城市基础设施特许经营办法》所规定的特许项目而订立的合同。BOT 特许权项目协议的条款主要有：一、特许：1、语词定义、其他说明；2、特许及特许的授予，特许期；营运项目的权利，项目公司义务；3、先决条件。二、项目建设：1、土地购置、成本；使用期限；2、设计要求、标准审查与核准，设计变更的权利；项目公司责任；3、建设；项目公司与主管局的义务；工程质量及其保证与管理；现场道路人员材料与设备、图纸与技术；工程承包与分包；工程的进度、延误、变更、报告、拒收；4、检验的程序、证书：参加人、通知、争端；不免责条款；5、工期延误、赔偿、退还保证金。三、项目的经营。四、项目维护（三、四据不同性质的项目作不同规定）。五、项目移交，移交范围程序费用；移交的合同、资料、配件；技术移交与人员培训；移交效力。六、当事人各方的一般义务（略）。七、转让；核准的程序、效力。八、争议及解决方法。九、其他。

BOT 特许权项目协议中还要明确政府承诺可以涉及的土地使用、相关基础设施提供等内容；明确投资者获以回报的主要方式；规定政府对有关事项的补偿；明确政府的监督权。

六、城市开发特许经营的监管

城市市政建设工程与服务项目（BOT）特许经营的监管主要在以下几个方面：

1 地方政府、人大加快立法。如前所述，根据《立法法》、《行政许可法》结合城市实际，在全国普遍推行 PPP 项目、加快城市特许经营项目实施多年来，我国尚未制定一部完整的《特许经营许可法》。故应尽快制定《特许经营许可法》。明确政府职能部门在项目运作中的地位，职能，防止、克服政府在特许经营中既当运动员又当裁判员的现象。在保证经营者的合法权益同时，政府又能依法行使.项目监管与回收权。防止国有资产流失、保证公共产品质量与公众安全。

2.定义社会资本、鼓励民、私、外资本进入.城市市政建设工程与服务项目、规定进入城市开发特许经营项目的主体条件、资金性质。当前城市特许经营大项目的社会资本投资人主要是央企、国企，民营、私营、境外资本参入城市市政建设工程与服务项目少、小；对降低政府债务减持力度不大。推广、借鉴英国民营资本进入城市及国家基础设施领域，参与城市市政建设工程与服务项目成功做法、放宽政策规定，减少国有企业与国有资金进入城市市政建设工程与服务项目中的比例。

3 简化民营、私营资本进入城市市政建设工程与服务项目的手续、简化通用合同条款、给予依法设立的项目公司依据公司法与公司章程享有经营自主权。

4、加强对 BOT 项目等基础设施建设项目的质量管理，贯彻建设部《建设工程项目管理规范》，充分发挥法律服务、管理、财务审计等中介机构作用。

5. 注重特许经营项目招投标、竞标单位资质审核以及合同的订立与管理，建立健全合同与工程档案资料。

6、加强对基础设施特许经营项目的运营商建设、经营基础设施项目的履约情况，及时、慎重使用中止与回收特许经营权，保证政府职能机构与负责具体工作人员相对稳定性、连续性。

7、研究总结城市基础设施经营管理中的问题与经验，举办有国内外专家学者参与的学术论述，研究建设国际大都市进程中，市政骨干、核心工程的运作与经营模式，为开发城市，建设城市、管理城市提供前瞻性理论、法律与技术依据。

市政公用PPP项目法律风险防控

我国地方政府市政公用 PPP 项目一般都由政府组织实施。十八大四中全会提出推进法治政府权力清单制度，重大决策规范程序，推行重大决策终身责任制及倒查制度，有效防范 PPP 项目全程法律风险 直接关系投资人、决策人与享用公用设施资源的公民，结合多年工程法律服务和 BT、BOT、PPP 项目法律保障实践 撰写此文。

所谓 PPP 项目 是指非公有制企业通过公开竞标取得并参与市政公用事业项目，通过签订特许经营合同，在约定的期间、范围内，投资经营某一公用事业产品，或提供服务的项目。

为加快我国市政公用事业改革与发展，国务院关于深化改革的政策规定为非公有制企业参与市政公用等国有垄断事业单位、基础设施行业投资与建设指明方向，建设部《市政公用业权特许经营管理办法》为推进市公用设施事业的市场化，实行政企分开，政资分开，政事分开，是保证公众利益制度创新规范参与各方民事行为的规制。

PPP 项目适用范围包括：城市供水、供气、供热、公共交通、污水处理、垃圾处理等行业。省、自治区、直辖市通过法定形式、程序确定市政特许经营的市政公用事业的产品以 PPP 项目形式实施。政府交管部门按照《办法》规定程序选择投资人（经营者）并经政府批准后组织实施。

市政公用 PPP 项目风险是特许经营项目风险中的一部分。我国已经大量推广、实施的 BOT、BOOT、BT 项目中，从资本运作的成分分析可见，均存在政府统一管理下的非公有企业、通过民营资本运作，参与政府特许项目运作、市政公用 PPP

项目的特许范围只不过限于城市供水、供气、供热、公共交通、污水处理、垃圾处理等类项目而已，笔者试从投资主体分述其主要风险。

政府风险。项目持有人、审批人的地方政府，作为 PPP 项目合同一方的地方政府，对 PPP 合同相对人可能构成以下风险：

政府信誉风险。推行地方保护主义，不履行 PPP 合同约定的义务，单方面变更终止 PPP 合同，扩大或滥用公益独立董事的职权，都可能对非公有企业投资人及 PPP 项目构成风险。十八大四中全会提出加快法治政府建设，相信在中国共产党的领导下会建立职权法定、权力清单明晰、决策程序法定化、高度诚信的法治政府。

政府债务风险。PPP 项目中有政府或相关联国有企业、事业单位投资的合同约定，历届地方政府形成累计债务过重而无力履行 PPP 项目合同中的投资义务；将用于 PPP 项目中的计划土地、设施挪作他用或拍卖抵债，导致 PPP 合同约定的投资义务不履行，政府用已经建成并实际运营的 PPP 项目收益抵债侵害非公有制企业投资人合法权益等。凡此种种要求非公有制企业在决策前对政府债务风险进行评估；及之，政府如以 PPP 项目投资人出资则对自身债务进行评估；防止因政府债务影响 PPP 项目运作。

政府项目政策风险。政府职能部门及其主要负责人，可能因调动、升迁、职务犯罪而离开原岗位；历届政府换届、区划调整可使 PPP 项目中政府原先承诺的优惠政策及连续性受到影响，这些，却要求投资大在投资前对政策风险进行评估，并在 PPP 合同中有针对性的予以约定。

法律风险。PPP 项目运作经营周期长，有的长达 20 年以上，此期间面临国家法律的立、废、改，行业部门的产业政策市政公用服务产品价格调整，要求投资人在 PPP 合同中对法律变更发生的风险约定相应的应对措施；中国不仅是贸易大国，也是投资大国。

不可抗力风险。变化多变的国际环境中包含战事风险；险恶的气候导致不能预见、不可避免的自然灾害以及罢工、恐怖组织活动、动乱等对 PPP 项目运营构成的风险，投资人应对可能发生的法律风险、不可抗力风险事先合同约定，一旦发生时有应对措施，维护 PPP 合同投资人合法权益。

非公有企业经营风险。对 PPP 合同相对人一方的政府而言，如何识别防范非公有制企业的风险更加重要。从非公有制企业主体看，其投资 PPP 项目的第一价值取向是商业利润，往往看轻社会效益与政府职能；注重收回投资成本实现利润最大化，在 PPP 项目投资、建设、运营、维护中，就投资主体本身而言，可能发生公司集团的分裂；因资不抵债或到期不能清偿债务而破产；所以政府部门在选择非公有制企业投资时应对其商业信誉，资产与负责率，公司产品销售等方面进行调查、评估，在招标中，提出明确的资信条件要求，必要时责成其提供担保与保证。注意以非公有企业作为投资人，注重法人行为，切不可仅以企业法人代表的行为取代 PPP 项目运营中投资人权利义务的民事行为，防止因法人代表因自然人主体资格与取得权利丧失后导致 PPP 合同相对方遭受损失，分期、分批投资的应责成提供有效、不可撤销担保，保证 PPP 合同全面、实际履行。

项目风险 PPP 项目不能通过立项审批。已经审批但长期未实际运营而过期失效。用于 PPP 项目的资源（土地、水气、交通等设施发生重大变化或灭失）发生重大变化丧失特许权，项目立项、决策程序违法被禁停；已经批准的 PPP 项目在运行中被取消；PPP 项目的资源设施布局发生变化，凡此种种均为项目自身风险。政府职能部门是该项目组织实施的直接负责人，应该认真执行清单制度，针对不同项目要求，遵循公众参与专家论坛、风险评估、合法性审查、集体讨论决定的 PPP 项目决策程序，推行项目决策执行公开、管理公开、结果公开、服务公开的原则，防止因决策失误而不能通过审批或丧失特许经营权的条件发生，保证项目安全运作。防止因决策失误形成的集体投诉、上访与项目运作不力。

PPP 项目公司经营风险，政府职能部门（开发区管委会）通过公开招标，确定市政公用 PPP 项目中标人，通过中标人组建 PPP 项目公司，PPP 项目公司就特许经营项目工程公开招标，确定工程建设单位，实施 PPP 项目的建设、运营、维护、管理与移交。

在设定 PPP 项目公司问题上，目前有几种运作模式：一是由中标的非公有制企业单位组成项目公司负责后期工程建设与运营；二是由招标人下属的国有公司参与与中标人组成混制 PPP 项目公司，实施后续运营事项。

从《公司法》角度去看，国有公司有权依法参与市场经营，独立行使经营自主权，问题是，由于国有公司资本有限，在混合制股份中所占比例较小，政府职能部门在招标前对此做出了不利于投标人的条件与要求，在 PPP 项目公司合同，章程中形成投资与股份、分红、权利与义务不成比例，有损中标人权益。

特许经营、BOT 模式的运作就是充分利用民间资本，非公有制企业参与到市政垄断行业的项目开发中，以减轻政府债务，提供更多的市政公用事业产品为民服务，满足社会需要。从深化改革、政企分离、政事分离、政资分离的方向看，全部中标人投资设立市政公用 PPP 项目公司更好。

建设部第 126 号令即特许经营管理办法第七条明确规定参与竞标人的条件；第八条规定了选择投资人（经营者）的程序；第七条规定了特许经营协议的内容，这些都较为宽泛，需要政府职能部门（招标人）在招标文件作进一步更为详细的规定。对取消变更特许经营权、临时接管、公益董事、公众监督、市场退出、产品质量、成本管理、中期评估、设备维护、担保等在招标文件做出明确规定，有的写入市政公用事业 PPP 项目合同中，以资遵守。

PPP 项目公司股东会成员一般权利与公益董事权利之间，如发生合同发生合同约定的事项，公益董事行使的否决权是一票否决制，与资本投资形成的股权、与《公司法》规定的同股同权不一致。《公司法》第 11 条规定"公司章程对公司、股东、董事、监事、高级管理人员具有约束力"。对于公益董事权利行使须在确定 PPP 项目中标人的招标文件就必须写明，使投标人职能做出响应这一法定刚性条款，并写入 PPP 项目公司的协议章程中而不可撼动。

中国特色镇PPP运作

在政府职能转换和中央大力支持的背景下，PPP项目建设逐渐成为中国社会发展的新常态。接下来，如何更广泛深层次的开展PPP项目，是我们需要考虑的问题。特色镇PPP项目是指在物有所值评估中具有明显的经济增长点，具备可持续发展的集镇，在基础设施建设、公共事业领域中并入PPP运作模式。中国特色镇按性质、区划、位置有多种划分方式。从经济发展潜力角度看，笔者将其划分为：1."一带一路特色镇"，从古丝绸之路海上与陆地，从中国东部向西部延伸，沿线途径的特色镇。2."长江流域特色镇"，指西从长江发源地东流入海的沿途流经的特色镇。其中由分为长三角特色镇、长江中下游区域的特色镇。这是贯穿中国东西的大区域，最具活力的区域特色镇。3."京杭大运河"特色镇，是指从北京至杭州，运河流经东西两岸的特色镇。这是一条待开发，由南向北的江、海交叉的区域特色镇。开发大运河以及沿江特色镇PPP运作均可发挥相互支撑、共同发力的作用。将长江与京杭大运河合称为"一江一河"，沿途特色镇的PPP运作对中国经济发展、推动作用巨大。

此外，还可分为珠江及珠三角特色镇、长城沿线特色镇，沿海特色镇等。特色镇的建设应当列入地方政府建设规划中，项目应纳存PPP项目库中，统一规划建设。之所以称之为特色镇，因为它具备明显的资源优势，一般体现在制造、工艺、旅游、矿产、环境、工农业产品资源等各个方面。具有独特的资源优势，能够形成PPP公共产品。特色镇与小城镇、乡镇区别在于，后者是以行政建制为明显特征的集镇，前者以特色为特征的集镇；后者具备相当行政级别（正处级、副处级、科级）为前提的政权组织；前者可以是也不一定与行政级别相同的政权组织，有的可能是自然村。

在过去的招商引资中，各级地方政府充分发挥特色镇的优势进行招商引资。今年，国务院下发招商引资文件《关于扩大对外开放积极利用外资若干措施的通知》以来，为特色镇及 PPP 方式的推行提供了广阔的空间与政策支撑。

笔者参与江苏盱眙"美丽蒋坝"PPP 项目运作，南京浦口新城"江水源"PPP 项目运作实践。经验证明，推广"一带一路特色镇"和"一江一河特色镇"PPP 运作，能够对中国经济发展和城镇建设发挥巨大作用：一是加快特色镇、乡镇、小城镇基础设施建设，改善乡村、城镇的环境，促进环保建设；二是增强基层政权治理能力、法制、诚信建设，提高效能；三是降低、减轻政府任务，直接惠民；三是促进居民所在地、项目所在地就业，拉动内需保增长，驱新驱动面向基层；四是更准确执行国发（2013）、36 号，（2014）60 号，（2015）42 号及发改委、财政部及各省市相关政策规章规定，吸收社会资本，民营资本，民间资本投入特色镇、乡城、小城镇基础设施、公共事业项目建设中，让人民看到他们身边发生的 PPP 项目提供的公共产品与服务，将眼前的资源变成经济效益，造福人民。同时增进社会进步、和谐和增强社会对政府公信力，缩小城乡差距，普遍体现社会的公平正义。

一、特设镇 PPP 项目准备与论证

据财政部 2014 年 113 号文件规定，特色镇 PPP 运作中政府和社会资本合作流程为项目识别、项目准备、项目采购、项目执行、项目移交五个阶段共十九个界面。2016 年 92 号文件规定将前两个阶段合并成一个阶段，即项目准备论证阶段。

项目准备与论证阶段主要界面与内容为：项目识别、筛选、物有所值评价、政府财政承受能力论证，管理构架组建，实施方案编制，实施方案审核共七个方面。其中，物有所值评价、财政能力论证与实施方案为重中之重，形成三个报告文件，即物有所值评价报告，财政承受能力论证报告与实施方案三个书面文件。

特色镇 PPP 项目发起分为政府发起和社会资本发起，政府发起通过财政部为主设定的政府社会资本合作中心，简称 PPP 中心，向政府职能部门，如能源、交通等，征集潜在的政府与社会资本合作项目。从新建、改建存量项目中遴选。社会资本发起则听通过项目建设建议书方式向 PPP 中心推荐（一）物有所值评价。从

定量与定性两个方面评价。定性评价主要通过 PPP 运作模式与传统模式相比能否增加供给，优化风险，提高运营效益，促进创新和公平竞争；定量评价指在项目生命期（特许经营期限内）政府支出成本现值与公共部门比较值比较计算出量值。判断特许经营期内是否降低成本。特色镇 PPP 项目通过了物有所值评价后，法律框架是决定因素。（二）项目准备。地方政府协调机构成立专门协调机制，组织指导、简化流程、提高效率，设立实施机构，实施机构完成项目实施方案编制，主要分为：1. 项目概况（基本情况、技术指标、公司股权）2. 风险分配（项目设计、建造、财务、运营、维护由社会资本承担；法律、政策最低需求风险由政府承担）3. 项目运作方式，特色镇应根据项目具体情况选择一种，包括合同管理；委托—运营；建设—运营—移交；建设—拥有—运营；转让—运营—移交；改造—运营—移交。4. 交易结构（项目投融资、回报及配套安排）5. 合同体系（行政类的特许经营协议；民事类的有关 PPP 工程建设，材料设备采购等，商事类的 PPP 项目公司设立，股东协议等，程序法如民事诉讼、仲裁），涉外项目还应适用 WTO、FIDIC 及相关仲裁规则与双、多边条约。7. 采购方式选择（招标与不招标方式）8. 财政测算等。

二、特色镇 PPP 项目采购

特色镇 PPP 项目采购主要界面与内容为资格预审、采购文件编制、响应文件评审谈判合同签署。换一种说法，就是 PPP 项目的投标人资格预审、招标文件制作、对投标文件的评审和特许经营协议的签订。对这一阶段运作的程序，《招投标法》、《政府采购法》均有明确规定；对不采取公开招标的如邀请招标、竞争性谈判、单一来源采购，按法律与政府相关不公开招标的文件规定执行。在特色镇 PPP 运作中，有些部门主张或偏向竞争性谈判方式，我在《中国工程咨询》上对此曾专门撰写《竞争性谈判与风险管控》一文。笔者认为，凡具备公开招标的项目应当依法招标，政府部门制定的规章效力不得高于法律的效力；目前正处于全国规章如《招投标法》法理修订阶段，笔者在《统一招投标法规》中对规章情况、对两法（《招投标法》、《采购法》）的修订提出具体意见。特色镇 PPP 运作项目符合公开招标的应当依法招标，可以避开错综复杂的社会关系，挑选适格的民营资本参与项目建设，更能彰显公平、公开、公正的原则，防止"苍蝇"滋生腐败。

三、特色镇 PPP 项目执行

特色镇项目执行阶段的界面与内容主要指项目公司设立、融资管理、绩效监测与支付、中期评估。

在特色镇的 PPP 项目公司设立中，政府 PPP 中心应监督项目公司出资到位情况，政府指定相关机构依法参股相关公司。在实际操作中，地方政府往往将历届政府沿袭使用的、由政府出资设立的城市投资建设公司作为投资特色镇的股东，选择不符合财企（2014）113 号文件精神城投公司大部分承担政府对当地市政建设、改建、旧城改造、私地拆迁安置等任务，有的负债过重，是不洁净的投资主体，不是政府"相关机构"。在运作中应当防止；另外，政府对项目的财政补贴应支付给特色镇项目公司，不得作为政府相关机构或城投公司持有项目公司的股权投资的股金；在订立《特许经营协议》和项目设立时的《股东协议》、《公司章程》中应力避霸王条款，政府与社会资本或民营资本签订条约合同协议中应遵循法律地位平等原则、诚实信用原则、权利义务对等原则，防止以强凌弱。项目公司诞生后，项目公司依照合同与《公司法》依法行使项目建设的勘探、设计、招标投标、工程建设以及其他项目产品定价、价格调整、人事招聘等属于企业自主权的权力，政府不得干预；政府指派参与项目公司的股东或者增设的公益董事，应当模范遵守公司法，在未发生约定的突发事件、临时接管等合同约定的事项，不得滥用权力破坏特色镇项目公司的经营自主权；提醒政府与民营资本全面实际履行特许经营协议、股东协议中约定的义务；按合同法规定修订合同；项目实施机构监督违约行为及违约责任处理，另对价格机制、设备维修标准与返还，合同变更及争议处理做出约定。维护项目公司以及为社会提供特色镇 PPP 产品质量、价格、收费及收费机制，安全生产、环保与劳动者权益保障，依法公开信息，保障公众知情权，为社会提供优质高性价比的公共产品与服务。

处理好政府换届与特许经营期内合同继续履行的关系。特色镇特许经营合同期限内的长达数年、数十年！而当届政府任期为四年，而后定全面改选换届，继任或后任的地方政府党、政一把手必须以政府法人的资格继续履行合同义务。在签订特许经营协议时先须明确约定，保证民营资本、特许经营权与收益权。

新一届政府必须继续履行合同约定义务，尤其是项目投资的付款义务，不得以换届为由拒绝履约而违约。目前有的地方政府因违约败诉的判例令人警醒！建设新型法治政府，转型升级刻不容缓。在基层特色镇 PPP 项目运作尤为重要。

四、特色镇 PPP 项目移交

这一阶段主要界面与内容主要有：移交准备、性能测试、资产交割、绩效评价。

项目移交只对原特许经营协议中约定的已经选择运用某一种 PPP 运作方式而定。例如已经约定采用 BOT（建设—经营—移交）的，在生命期满，特许经营期到时，按约定进行项目移交；如果采用 BOO（建设—经营—所有）的，则期满时归民营资本、投资人所有，不需移交。

是否移交必须根据特许经营合同约定而定。移交的投资人、评估、移交方式、内容、标准、补偿、移交文档、知识产权、人员及设备的完好率均需在特许经营协议中事先约定明确，执行有据可依。移交法案后 PPP 中心应做出绩效评估。

五、特色镇 PPP 运作风控须解决的问题

中国特色镇 PPP 项目运作，一般都在县市基层，有的对 PPP 运作程序不尽了解；管理人员的水平各不相同，高低不一；基层政府班底更换快，裙带关系相对多；有的法制水平与诚信度有待进一步加快；有的基层腐败存在小官巨贪现象，合同违约现象较多。个别乡镇或特色镇履约支付能力相对较弱。有的存在严重贪污、受贿现象。我国关于 PPP 的特许经营许可法尚未出台，凡此种种不一一列举。

在特色镇推行 PPP 项目运作中，除强调地方政府统一规划，规范试点，挑选项目外，突出对当地关系村民、市民的污水、有害气体等环境污染项目优先实施 PPP，造福子孙后代。

加强政府诚信度、法制水平、履约能力建设，推行政府法制顾问制；强化对乡镇基层反腐打击力度，惩治村官贪污腐败；统一特色镇资格评估和定价调整的指导意见与市场调整规范；对已经和正在实施的县、市基层乡镇、特色镇 PPP 项目调查；进一步细化项目运作、审批程序，通过项目协助、任务减免、转移支付方式，加大财政扶持力度，增大村民知情权、参与度与监督权；防止政府官员将惠及千家万户

的惠民工程作为自己的政绩工程而列表不列里、重名不务实，背离中央的政策与法律规定。提高基层 PPP 中心管理水平，加快基层乡镇、城镇、特色镇相关人员培训，保证特色镇 PPP 运作在法制轨道上运营。

参考文献：

1. 国发【2013】36 号，【2014】60 号，【2015】42 号
2. 发改投资【2014】2724 号
3. 七部委 25 号令
4. 财企【2014】76 号、112 号、113 号
5. 苏财规【2015】19 号、【2016】25 号
6. 《竞争性谈判风险管理》、《PPP 项目运作法律保障》

PPP运作中几个实践性问题

我国特许经营（PPP）从试点阶段走向推广阶段，与之相配套的条例、财税政策、通用合同条款相继出台；刚刚颁布、今年底施行的《评估法》促进 PPP 特许经营项目顺利实施。笔者在从事苏、皖、津京冀地区 PPP 特许项目法律保障实践中发现一些问题撰写本文，抛砖引玉，请大家指教。

一、关于以 PPP 之名、行代建之实问题

国发（2014）60 号文件明确要求，鼓励社会资本投资重点领域；创新融资方式、渠道，健全政府和社会资本（PPP）合作机制、风险监管机制，完善合同设计，建立独立、透明、可问责、专业化的 PPP 项目监管机制。

某省以 PPP 名义申请立项、入库在建设的、投资概算二十多亿元的 PPP 项目，采用"竞争性谈判"方式选择某国企为合作伙伴负责项目建设，由该建设单位出资组建名为 PPP 项目公司、实为子公司的运作平台；虽借鉴 PPP 通用合同条款订立特许经营合同，但在项目公司投资收益、盈亏风险、建设资金来源上采用的是代建模式，即由乙方垫资建设、待工程竣工验收合格后，甲方分三期付清工程建设款（含同期银行利息）；合同对其他条款做出了类似的约定。

有的国企将已经中标的 PPP 项目施工，通过授权转包由发包人即 PPP 项目执行机构建设。

有的 PPP 实施机构通过竞争性谈判选择资金实力雄厚的国企作为投资人，形成国资对国资、国企对国企的格局，民营资本的投资人被拒之 PPP 门外，这与 PPP 项目运作模式与吸引民营资本介入的有关文件规定不协调。地方政府债务未能

有效减轻。在大力发展国有企业的同时，在执行 PPP 项目政策问题上国企和民企都应当自觉遵照执行。

政府有权部门、监管部门应按照国发（2014）60 号文件要求，对 PPP 的立项、入库、审批、组织实施进行检查；对已经选定的 PPP 项目合作伙伴的特许经营合同价款支付方式应事先审查、事中监督、事后审计，切实履行国发（2014）43 号、60 号文件、2724 号、财金（2014）76 号文件及《基础设施和公用事业特许经营管理办法》的相关规定。发起 PPP 项目的政府及其执行机构、央企、国资企业都应自觉、准确执行政策与条例规定，保证 PPP 项目运作不走形。

二、关于将在建的 BT 转为 PPP 项目模式的问题

甲省为乙省某市高速公路连结线（隧道）三个标段的 BT 项目工程承包施工，因拆迁、凿岩施工作业困难多，项目施工工期长，业主坚持对未完工以及已完工的标段均按 PPP 模式运作，双方经多轮协商未果形成纠纷。

BT（建设移交）与 PPP 运作模式存在显著区别：运作的主体、投资运营方式、经营期限、施工管理模式、工程风险分担方式、收益分配、工程交付方式不同。上级曾明令禁止以 BT 方式发包工程，有的无视上级规定仍以 BT 方式发包，政府债务并未减轻；面对上级的查处有的将在建的 BT 工程强行转型为 PPP，将项目建设运营风险转向施工乙方。

此类问题处理，对原以 BT 方式运作、已经竣工的工程，应根据最高法有关司法解释及《合同法》、《民法通则》关于等价有偿的准则，对乙方已完工的工程量进行审计、结算、支付工程款，对未完成施工的工程订立终止协议；对原 BT 合同约定但尚未施工的工程，在政策许可范围内、经甲乙双方协商一致，能单独以 PPP 项目运作的，则以 PPP 项目招标（邀标或竞争性谈判）方式确定 PPP 项目中标人、授予特许经营权、设立 PPP 项目公司进行运作。

处理此类不同性质项目，合同的变更，其关键是合法、合规、协商一致。防止因变更不成形成旷日持久的工程纠纷；使项目宝贵的建设、运营期被诉讼立案、司法鉴定、工程审计、上诉、执行等司法程序占用，造成合同外的经济损失。

三、关于 PPP 项目工程建设中的挂靠经营问题

国发（2014）43 号、60 号文件、《基础设施和公用事业特许经营管理办法》规定了允许实施的 PPP 项目的领域、范围；基础设施和公用事业 PPP 项目涉及民生与社会生活各个方面，涉及社会不特定多数人的人身安全。

PPP 项目公司设立后负责工程建设施工的主要是投资人、民营资本的乙方，主导工程建设的招投标、工程的建设、运营、维护、移交。实践中发现有的 PPP 项目工程施工与其他工程一样也存在挂靠经营问题：个人挂靠集体、集体挂靠公司、小公司挂靠大公司，民营公司挂靠国有公司，地方公司挂靠央企。用大公司的资质投标、由挂靠公司从事具体工程施工；挂靠施工的内容主要指土建、钢结构、装饰工程、智能化施工等；材料供应、设备采购主要通过代理商实施；挂靠的方式是通过订立所谓的承包合同、交纳挂靠费实施。

由于挂靠经营的中、小企业在施工管理，工程资金、施工设备、技术保障、施工队伍力量不足造成工期、质量纠纷和重大安全责任事故；有的挂靠企业为工程垫资因资金不足向民间借取巨额高利贷无法偿还形成债务纠纷、有的挂靠单位负责人因无法偿还债务自杀身亡使建设停建；有的挂靠单位因行贿在"双规"期间被监视居住、刑拘、取保候审、刑事审判，挂靠单位不能履行工程施工合同，不仅构成建设工程合同违约，而且造成国有资产重大损失，有的形成共同犯罪。

防止此类问题发生必须遵照国发（2014）60 号文件关于设立风险与监管机制，对 PPP 项目工程发包的政策、商业、环境、法律风险要进行充分论证；完善合同设计，建立独立的、透明、可问责、专业的 PPP 项目监管机制；政府招投标管理职能部门对 PPP 建设单位实施监督；发挥地方行业协会作用；对关键、核心、主体工程严禁挂靠经营，由总包单位独立完成。对入围参建企业的资质、业绩、资金、人员、设备、技术力量进行充分论证与竞标；对于参建单位建立资信与信誉好、实力雄厚、诚信、无黑名单不良记录的档案库，从入库单位中挑选施工的竞标单位，保证优秀的施工企业参与到 PPP 项目工程建设中去。禁止以包清工的形式将建设工程转包。

四、关于政府的 PPP 项目补贴问题

上级政府财政部门对不同类型的 PPP 项目的财政补贴，鼓励民营资本加入 PPP 项目运作。但在 PPP 项目运作中，有的政府执行机构在招标文件中明文将上级政府对 PPP 项目的财政补贴划归本级人民政府的职能部门或下设的城投公司、城建公司等国有公司所有；有的将上级财政补贴作为本级政府及其国有公司投入 PPP 项目公司的出资，以此作为资本持股并以此参与项目公司的分红。为达到上述目的，政府招标文件中对 PPP 项目公司设立、出资、股权、财政补贴的归属做出不利于民营资本投资人的要求。民营资本投标人只能按照招投标的要求编制投标文件，对招标文件提出的实质性要求和条件做出回应，只能同意上级财政补贴款归招标人且不可更改。

如上级财政政策规定补贴是补给 PPP 项目的，招标文件或在竞争性谈判中先行说明；所以财政部门对补贴款的使用应当给予更加明确的规定；在酝酿、制定的特许经营许可法中，对财政部门补贴款的使用权人予以明确规定；为防止招标人占用补贴、鼓励民营资本参与投资，在特许经营资产评估后政府将补贴的数额以让利方式从评估资产中抵扣；补贴或从 PPP 项目公司的税收中抵扣，以提高民营资本加入 PPP 项目的积极性。

五、关于 PPP 项目公司特许经营期内民营资本转移问题

取得特许经营权、PPP 项目公司报批设立后，有的在 PPP 项目公司章程中、在特许经营合同约定中允许民营投资者的股份在适当条件下转让，形成 PPP 项目公司民营资本合作方中途易人。

投入 PPP 项目公司的民营实体是经过公开竞标选定的合作伙伴，在 PPP 项目生命期内必须保持合作的稳定性。笔者认为除非出现《公司法》第 181 条规定的公司解散原因发生、不可抗力事件导致 PPP 项目公司无法存在时解散或终止，一般情况下不得在章程或合同中约定民营资本中途抽资转股条款，因为：PPP 项目是城市基础设施，社会事业项目居多、投资大、回报慢、运营周期长、影响不特定多数人和社会稳定；PPP 项目的公开招中标的初始投资人、民营资本合作伙伴是认为信

誉好、资本实力强、经营管理业绩好的企业，是保证项目实施和生命期内稳定的重要条件与基础；纵观世界各国特许经营权项目及英吉利海峡隧道，巴拿马运河、中国首个特许经营的深圳沙角 B 电厂以及近几年来各省市成功运作的案例，不难看出民营投资人不仅是特许经营项目建设、经营者，而且是项目长期稳定的根本，成功案例已经证明。中途更换则原标书规定的投资人，合作人的条件与优势可能发生变化，影响 PPP 项目运作。

保证合作期间的稳定防止合作人变更，应在章程中做出不得变更的约定条款。《公司法》第 72 条第 3 款："公司章程对股权转让另有规定的，从其规定。"假如公司章程与合同做出股权转让规定，投资的民间资本则随时可能制造条件抽资控股，脱离了特许经营法规约束的空间，为 PPP 项目公司的建设、运营、维护、移交烙上了不确定的阴影。

我国《公司法》立法依据是商法，当事人之间的协商一致具有很强的自治力；而《基础设施和公用事业特许经营管理办法》和正在酝酿制定的《特许经营法》立法的依据是行政许可法，特许经营权是行政授权的行为，为保证 PPP 项目和社会稳定应适当增加强制性规范。

笔者认为在 PPP 项目合作伙伴招标文件中、在标书 PPP 公司章程中、在 PPP 项目公司的特许经营合同中均应填写保持原始民营投资人与资本相对稳定，不得转股抽资的变更条款，这有利于特许期内 PPP 项目的投资、运营、维护、移交；更有利于社会稳定与长治久安。

六、关于 PPP 合作伙伴选择方式问题

中国地方政府 PPP 项目的合作伙伴从广义上讲可以是多种合法投资实体，丝绸之路、一带一路项目建设中如适用 PPP 模式境外投资人也应视为合作伙伴；本文仅从中国法人角度考量选择合作伙伴。

《中国招标》2016 年第 7 期登载的贵州省 1334 个 PPP 项目、计划投资 9412.79 元，已签约的 82 个项目中投资额 305.99 亿元，引入社会资本 44.52 亿元。从该组数据看，民营资本只占 1/7 左右，民营资本进入比例小，影响民营资本投入原因是多方面的。当级政府的诚信度、地方法制环境、项目运作风险，特许经营的许可条

件、资产评估比例，经营回报比例，许可经营周期等每一个因素都制约民营资本的投入与项目运作。

如仅以竞争性谈判取代公开招标选择合作伙伴，会形成国资对国资、PPP 项目的合作人多半是国企的现象，这虽然使项目的运作和执行机构承办人的风险降低，但对国债减持，机构精简，并未起到预想的效果，民营资本被挡在 PPP 项目大门之外，有的民营资本流向境外其他国家的投资。

笔者在 2016《中国工程咨询》第 3 期登载的《PPP 竞争性谈判与风险管控》一文中详细阐述了本人的观点。如 PPP 招标人单一使用竞争性谈判选择合作人的做法，可能绕开了《招投标法》、《政府采购法》；为使民营资本参与更多的 PPP 项目中，应当依法招投标选择我国民企为 PPP 项目合作伙伴；对个别 PPP 项目特殊情况不需招标、需采用竞争性谈判方式选择合作伙伴，由有权单位制作条例加以规定，（国家发改委制定的招投标实施条例规定了可以不招标的情形）。保证 PPP 模式运作在法制轨道上。

七、关于 PPP 项目咨询代理单位问题

目前，政府 PPP 项目由当地 PPP 中心库中列示的、认为经过培训、有代理资格能力，经有权部门考核认可的入库咨询公司为 PPP 项目代理人，为政府代理PPP 项目运作。这些经过培训的咨询公司最先接触并取得特许经营项目的示范文本，最先向政府执行机构演讲 PPP 项目运作方式，最先承揽 PPP 项目运作的咨询服务。

应江苏某 PPP 咨询公司邀请，笔者参与该公司承揽的某个 PPP 项目的招标文件、公司章程、合同、起草；项目谈判、评标、设立项目公司等全过程法律保障，从中发现该类 PPP 咨询代理公司其实就是原招标代理公司的分公司或子公司一部分，大部分或全部工作人员专业是财会类等并非法律专业；他们受专业限制对 PPP项目运作法律风险难以识别，更谈不上风险防范；全部 PPP 文本基础由笔者所带的律师团队完成。现在，许多或几乎所有 PPP 项目均由这些被人认为有代理资格的咨询公司代理。

笔者认为，PPP 项目运作涉及许多法律、法规、部颁、规章和政策规定：国家

PPP 中心库推荐的 PPP 大项目可能有其他国家或境外企业参加合作，有的将涉及我国与该国订立的单边或多边条约；涉及 WTO 规则及 FIDIC 合同条件等；就国内法而言，不仅涉及《招投标法》、《政府采购法》、《建筑法》、《合同法》、《公司法》、《土地法》《基础设施和公用事业经营管理办法》及相关条例，而且 PPP 项目公司在贷款、抵押、担保方面涉及金融类法规；还将涉及与此相关的《破产法》；此外，还将涉及国务院财政部及相关部委有关 PPP 项目运作的政策规定。可以说，PPP 项目运作是主要以法律为主，在政策指导下运作的时代产品；涉及以《公司法》为代表的商法，以《合同法》为代表的民法，以《基础设施和公用事业经营管理办法》为代表的行政许可法。笔者在《PPP 项目公司的法律保障》一文中较为详细的阐述。

当下，如仅以入库的、有限的咨询公司代理 PPP 项目，将限制具有长期从事法律与工程法律专业实践的专业法律机构的介入，有可能产生偏差，影响 PPP 项目合法、合规的全面推广与规范运作；不利于政府对法律风险的防控。

建议政府法制办协同地方政府司法机关、律协，由其推荐具备相应资质、条件、业绩的律师事务所介入，包括外国在华设立的分所，通过竞争择优选择，以提高政府 PPP 项目普及速度，提高 PPP 项目代理的质量、防控法律风险发生。

八、关于混合所有制与境外资本加入 PPP 项目问题

外国资本、财团投资我国能源、交通、通讯、城市基础设施项目建设是我国对外改革开放的一贯政策，中国民营资本参与我国政府在境外、丝绸经济带上投资已成常态。如何将混合所有制引入我国 PPP 项目之中是一个大课题。

1978 年，随着改革开放政策的实施我国相继出台了中外合资企业法、外商独资经营法等相关法律规定和外商投资项目指导目录及相关规章。一手抓改革开放、一手抓法制建设，为招商引资与经营顺利实施奠定了坚实的基础。但是，我国早期试行的期货业中有的造成巨大损失，究其原因之一是立法滞后。笔者 1994 年代理的中国南京金中富期货经纪纠纷集团诉讼案便是一例。当前，加快 PPP 项目的立法与配套规章刻不容缓。

混合所有制作为一种所有制形式推广、进入 PPP 项目之中。PPP 项目涉及我

国各个经济领域和社会生活各个方面，民营企业参与 PPP 项目运作中，以混合所有制的方式长期共存，通过试验、实践研究总结混合所有制长期共存的具体操作模式与方法，是经济体制改革工作的重要内容之一。为此，在 PPP 项目立项、可行性论证、项目公司设立、经营管理等全程通过混合所有制方式，结合基础设施和社会事业政策许可范围内的企业改革，参照我国成功立法经验，总结 PPP 特许经营项目混合所有制的经验、是保证 PPP 项目运作长期稳定和实现经济效益和社会效益的有效做法。

政策是法律的灵魂、指导；法律是政策的定性化、稳定化。根据现已出台的法律、政策、办法、规章，总结特许经营项目试点经验，探索丝绸之路经济带和 PPP 涉外项目实施对接的具体做法，纠正存在的问题与偏向，是有权部门首先要考虑的、前瞻性的问题；有效防范法律风险是保证我国 PPP 项目全面展开、防止国有资产流失与犯罪的大事。

参考文献：

1、《中华人民共和国公司法》

2、国发【2014】60 号文

3、《中华人民共和国招标投标法》

4、《基础设施和公用事业经营管理办法》

5、《中华人民共和国民法总则》

"一带一路" 特许民营项目运作中的实践性问题

　　1月18日习近平主席在达沃斯经济论坛上在阐述中国在全球经济一体化中，又再次说明他倡导的"一带一路"倡议对沿线国家经济发展、基础设施建设的重大意义。中国在推进实施"一带一路"的基础设施，X的特许经营项目，不断引向X，对推动内需，驱动创新X结构改革发挥越来越大的作用。笔者结合在PPP项目运作中的体会，就运作其中的实践性问题提出来，请各位指教。

一、加强政府诚信建设，提高履约能力。

　　政府是特许项目的授权人，特许协议的合同X，X是项目公司的股东。在PPP项目准备论X阶段，项目采购阶段，项目实施阶段，项目X阶段中，政府制作的物有所值评估，财政承受能力评估中均处于主导、控制地位。设定项目公司的规划土地、工程建设或项目改造、不动产所有权、产品定价、价格调整等一系列问题上，政府的诚信度是核心的。PPP的缔约特征更需要缔约人的诚信履约。政府从习惯使用行政权力的执法主体、转为契约履约主体、X需要在法治的基础上增强履约自觉性，从已经发X的诉讼案件中，政府失信违约是导致纠纷发生的原因，而班子更替，领导人更换，特许期内合同权利义务的延续，有的下届政府或主要负责人不予认可，纠纷发生X是与政府诚信度分不开的。所以，加强诚信建设与X建设一样重要。

　　地方财政收入或上级专项X不足以支持一个大项目或多个项目的资金投入，负责人处于各种考虑置财政承受能力于不顾，届时政府不能承担资金、土地等合同设定的支付义务，构成违约纠纷引发讼争。政府应将履约能力放在积极稳妥的位置，精确测算、评估，做好预案，保证项目建设资金的支付，履行合同约定义务。

二、全面提高综合保障能力。

地方政府财政部门为提高 PPP 项目实施中的服务质量，保证项目落地生根、开花结果、生命常在，对咨询机构进行资格招标，通常多半为：招标代理机构、工程造价咨询机构，会计审计结构，法律服务机构，咨询服务参与投标，选择高水准、大规模、信誉好的咨询机构入库为项目提供保障与服务，这无可厚非，这种能力一般是单一的。

但是，PPP 项目性质不同、规模大小不同、运作方式（BOT、TOT、ROO、ROT、OM、MC）不同，所需咨询机构提供服务也不一样，根据服务机构专业分工、资质、管理规定，往往同一个咨询机构很少同时都能满足某一项目保障服务，尤其 BOT 项目的咨询从项目准备论证阶段至项目移交阶段，需要不同专业资质、资格条件，通常中标，机构另行选择其他专业机构补强一同完成一个项目。事实已经证明，还将继续证明，综合服务是做好 PPP 项目的基础。

以资格预审为合格条件的入围单位为 PPP 服务的合格单位的命题与结论是不正确的，形成新一轮地方保护主义。应当推倒，因为一个入围单位不可能同时具备法律、财务、造价审核、工程专业、招标代理的资质与业绩，以某一个入围单位负责某一大型 BOT 不排除将发生因服务能力不足给项目造成潜在损失。相反，实施各专业组成的综合式联合体进行投标，发挥不同专业组成的联合框架内各专业咨询机构作用，保证项目实施。

三、可行性论证、机构、物有所值评估后，法律保障是决定因素。

对"一带一路"中国境内（领海、领土、领空）的基础设施，政府项目的 PPP 运作，按照国发（2013）36 号、（2014）60 号、财金（2014）76 号、113 号（2016）92 号相关文件规定，PPP 项目物有所值定性、定量评估可行性论证后，法律保障是决定因素。

"一带一路"境外企业、社会团体参与中国政府组织的及中国企业投资参与境外投资项目建设的，法律保障更为重要，理由如下：

1、因为项目适用大量行政法。以特许经营协议为龙头的特许项目合作协议生效后，项目建设手续审批、产品销售，价格制定、调整，项目维护制度涉及不同类型、功用的行政法规、规章，直接影响项目运作与运营。例如《基础设施、公共事业特许经营管理办法》、《公路法》、《航空法》、《铁路法》、《水法》、《建筑法》……PPP项目几乎涵盖行政法规全部。

2、因为适用商事法规。如项目公司设立、股东协议、企业登记、变更（股权、字号、住址等）。

3、因为适用民法：项目公司与参建各方（勘探、设计、招标、土建、材料设备供货商等），知识产权、不动产所有权也包括其中。

4、因为适用外国企业、组织参与建设的涉外法律规定，包括中方施工企业在工程所在地国施工建设所涉及的法律规章：WTO成员国使用国际原则民商事规则中包括FIDIC合同条件在内的大量国际惯例应用。与中国订有战略合作伙伴关系的国家还应考虑单边、双边条款。

5、因为适用多种程序法。在中国境内因PPP项目名下实行的法律行为形成的纠纷包括行政纠纷、民事纠纷、上市纠纷、涉外纠纷等。解决这些纠纷视不同法律关系、主体、合同性质而适用行政诉讼法、民事诉讼法、仲裁法。在"一带一路"境外投资建设、施工等还将适用工程所在地法、地方规章，包括应用在境外可能发生的诉讼与仲裁法规应用。

浩瀚的法律、国际惯例与条约的应用需要不同的法律人才。例如工程律师、涉外诉讼律师、精通国际私法的律师。我们虽然开始培训"一带一路"律师，但是离"实战"需要相距仍然遥远，个别招标代理、造价、财会的"入围进库"的咨询机构，根本无法承担，也没有资格。但是，目前是他们占据了主导地位，相反，大批法律咨询机构，富有工程法律服务的专业律所有的反而被排斥在圈外。手续烦琐的PPP项目运作难度可想而知。

为做好法律保障，对不同性质，不同运作方式、适用不同法规"一带一路"上的境内外PPP项目，应选择培养不同的专业与法律服务人才，以适应项目实施需要。

四、建立平等的民事主体关系，坚持缔约双方地位平等。

"一带一路"境外 PPP 项目运作的工程所在地在国外，实施中相对于国内项目而言，建设主体多半为国企或大型民企，争议有限，主要风险是不可抗力（战争、自然灾害）；许多项目的背景是国家，合同中的主体一般享有最惠国或国民待遇。

"一带一路"在中国境内实施的，或者地方政府自行组织实施的 PPP 项目，由于合同由政府事先起草载入招标文件，投标人只能对标书做出实质性相应，早已载入标书合同条款中的不平等条款自然形成特许经营合同中的组成部分；有的因此不签约或签约后中止履行。据《中国工程咨询》第 xx 页 xx 行记载，5000 个 PPP 项目中只有 20% 的成功落地生根。笔者参与标书与合同起草中，政府单方的不平等主张占据上风，乃至将财政对缺口外补贴资金也作为政府持有的 PPP 项目公司的股权，导致项目夭折。

商品经济中的共赢是合作成功的内在动因，而合同主体平等，去除霸王条款是解除民营资本进入项目忧恐的字面文章，如连此都做不到位，招商引资、招标、邀标都将成为泡影。所以在招标文件、特许协议、股东协议、监管协议、政府指派的监事、公益懂事授权等，体现政府投资人意志的条款、设置，应当给予与民（私）营自办同等待遇，平等资格，尽可能做到同股同权。但是，对特发文件可能对社会秩序，公众安全等造成重大影响或危害的临时接管等强制性条款除外。

五、简化手续，推一站式服务。

根据 PPP 通用指南原先拟定的五个阶段，现在改为四个阶段共十九个方面或叫作节点，其中，在政府采购之前是 PPP 管理机构或 PPP 中心负责完成的，项目公司设立后至移交前是由项目公司完成的，其中规定过分详细，有的载入标书中。

政府各职能部门，发改委、财政、税务、人事……都各自行文做出具体规定，PPP 通用合同指南则更为详细，但有的过分详细，适用的准确性、可用性很难从机关与公文中得到启发，因为 PPP 项目运作是一种或多重法律关系、集群所构成，有时用缜密的公文或规定难以从法定的权利义务上找到各自的定位，于是出现了约定的程序、界面、方法，步骤多了，落到项目运作的有用性、合法性少了，有些本来由民营资本或项目公司依据公司法享有的自主权,都淹没在浩瀚的公文规定中,商人或民营资本首先关心的投资安全与回报率,至于项目为社会提供商品产生的社会效益,与政府债务减持并不是关注的重点,价值取向不同。如政府在项目设计物有所值计算中过多地考虑债务减持与遏止地方缺失的公共产品攻击而忽视了投资人的回报,维持制定烦琐的环节与手续审批,则该项目亦可能流产,表现为流标、竞争性谈判失败、单位非违约终止特许经营合同。

PPP 操作指南流程图中 5 个阶段 19 个节点,将由政府自行组织实施的与项目公司自己实施的相分离;将政府部门履行职权范围的工作内容与项目公司经营自主权范围内的工作相分离;从流程结构上调整,便于投资人操作。其实项目公司运营中的工作内容远远大于流程图上列示的工作内容。

外国企业参与中国"一带一路"PPP 项目建设以及中国企业参与"一带一路"沿线国家的特许经营 BOT 项目运作的程序应考虑设置相关指引和规定,或者以民营资本投资手册方式,普及程序,明确权利义务。

六、完善通用合同文本,适应不同性质、不同运作方式 PPP 项目需要。

PPP 项目适用与基础设施、公共事业各领域,涉及国家建设各大领域,与人民生活息息相关,"一带一路"战略将 PPP 项目延伸至全球,涉外项目工程将越来越多进入沿线各国,我们在起草 PPP 通用合同时的条件现在已经发生变化,习主席在达沃斯论坛阐述全球经济一体化的观点,激发沿线国家参与项目开发建设,沿线国家的国内法指引型的合同文本、FIDIC 合同文本,中国式 PPP 通用合同指南(文本)都将同时出现在特许经营项目合同文本选项中,七部委《基础设施和公用事业特许经营管理办法》第十八条规定特许经营协议主要条款十七条。

特许协议是带有行政授权性质的合同,与民事商事合同不尽相同,但《合同法》关于合同总体设计、构架、总则和分则的设置形式值得借鉴。特许经营范围有许多在《合同法》分则合同调整的法律规范范畴;PPP 项目中基础设施建设 xx、工程勘探、设计施工类合同文本,国内 PPP 建设工程施工项目一般适用 GF-2013 版施工合同文本;有的境外企业可能坚持适用新版 FIDIC 四种合同文本之一;项目所在地国如坚持适用本国合同文本,需随当时具体情况而定;合同文本存在多样性、广泛性。

研究"一带一路"沿线国家可能在基础设施等领域中可能适用的合同文本、指引民营资本与社会资本参与特许经营项目投资，维护各自合法权益，具有现实意义。而以 BOT 方式运作项目的合同文本为重点。

种类齐全的特许经营合同文本、国际惯例（FIDIC）、项目所在国合同文本是"一带一路"项目建成、落地生根的保证；而包括我国特许经营通用合同文本在内的调整、修订，选择适用是"一带一路"基础设施项目实施的重要工作。

合同文本中除对特许经营项目权利义务条款外，另外对法律适用、司法管辖、冲突调处机制更应载明。

七、进一步放宽民营资本投入 PPP 项目的政策，规范社会资本准入条件。

非公有制的民间资本，人们习惯称之为民营资本、外资、私营业主及有的资本；包括货币资本、知识产权、商标、专利在内的只是产权等其他财产权利，可用于投资经营的资本。是社会资本构成部分。现在将国有企业所持的资本纳入社会资本，是目前中国大型 PPP 项目的主要投资方式，集中反映在轻轨、高速公路、铁路等大型基础设施项目中，成为 PPP 项目投资的主力。

国发（2014）43 号、45 号文规范地方政府债务管理，防范化解财务风险，对举债权限、规模控制，程序作出规定，推行 PPP 是减持的，提供社会产品的主要目的之一。在国发（2014）98 号文件中鼓励社会资本投资项目；财金（2014）113 号文件对社会资本定义为"已建立现代企业管理制度的境内外企业法人，但不包括本级政府所述融资平台公司及其他控股国有企业"。

笔者参与的几起 PPP 项目运作中，几乎都是由本级政府建立的融资平台为"城投公司"等为 PPP 项目运作的政府代表；进入项目的资本，主要为国企投资，除个别养老项目外，都是清一色的国企、央企。笔者认为，在拉动内需保增长，创新驱动，测结构改革中，国企的作用是不可替代的，但如何使更多的外企、民企资本介入 PPP，减少国企投入，减少政府债务，是上述文件要求达到的目的。个别地方政府卖地存款多，以 PPP 为名实质推行 BT 方式建设移交，背离了中央政策精神。

进一步放宽、扶持、奖励民企、民营资本介入是必须考量的。

八、以国家级特大型项目为重点，民生 PPP 项目优先。

外资、国企、民营集团等实力雄厚的社会资本引导投资"一带一路"国家大型基础设施重点建设工程，如高等级、长距离的高速公路、铁路、轻轨、机场、跨海大桥、港口码头、隧道及其他重大项目，加强政府和社会资本合作，在能源、交通运输、水利、环境保护、农业、林业、xx 保障性安居工程、医疗、卫生、养老、教育、文化公共领域的合作。

对县、市、镇及特色镇基础设施、公用事业项目直接惠及民生、直接反映地方政府债务减持，应当优先支持。仅用"以奖代补"的方式难以启动。《江苏省 PPP融资支持基金实施办法》以及推进实施项目奖补资金推动 PPP 项目运作，对涉及民生的污水、垃圾、空气污染项目推行 PPP 项目，刻不容缓。引入民营资本投入，有项目看得清投资规模小、回报快、影响大的效果，项目提供的产品直接惠及民生。政府应在政策上，特许期限、产品价格、运作方式（ROO\TOT）上予以支持；随着我国老年化情况加重，社区养老服务机制、养老设施建设，加快居民小康建设，促进社会文明进步意义重大。笔者参与的江苏洪泽县养老 PPP 项目便是一例。

实行大小并重、民生优先的原则，政策鼓励民营资本投入民生项目中，在中央政策指引下地方政府应出台更惠民的奖励政策。

工程承包方式选择与禁止

我国一带一路战略的实施、在基础设施，公用事业领域，PPP 方式的广泛应用，建设工程的规模与范围不断扩大，尤其今年，新增项目增多，工程项目的施工承包方式是工程建设的重大问题。不论项目持有人、参建承包单位的经济性质不同，但选择与工程规模相适应的承包方式是一致的。

准确选择使用工程承包方式对工程建设至关重要，正在建设中的北京新机场针对不同性质与用途的项目工程选择使用与项目工程相适应的承包方式使项目建设井然有序地顺利展开。但是，有的项目工程由于错误地选择承包方式导致工程施工出现错误和损失、工程纠纷频发。常见现象表现为工程工期、质量纠纷、工程款纠纷。有的因此造成工程塌方、报废；有的因此构成犯罪！认清工程承包方式内含及相互之间的区别，对确保工程质量，防范纠纷发生，减少经济损失，维护参建各方合法权益至关重要。

一、选择承包方式的基本原则

1 承包人主体资格适格原则

从事建筑活动的建筑施工企业、勘察单位、设计单位和工程监理单位，应当具备下列条件：一是有符合国家规定的注册资本；二是有与其从事的建筑活动相适应的具有法定执业资格的专业技术人员；三是有从事相关建筑活动所应有的技术装备；四是法律行政法规规定的其他条件。目前有的不具备独立法人资格的单位、个人单独承包或个人挂靠承包方式均违反建筑法第十二条关于从业资格的法律规定。

2 项目工程实际与规承包人资质相应的原则

上述单位在从事建筑活动中完成的建筑工程业绩作为划分资质条件并取得资质证书，在许可范围内从事建筑活动。从事建筑活动的专业技术人员应当取得相应的执业资格证书。目前有的企业、个人通过借用他人资质、资格证书的方式承揽工程明显违反上述法律规定。

3 业主认可原则

用何种承包方式由投资人业主认可，特别在总包后的分包、专业分包、包请工问题上应当事先得到业主即投资人的书面认可。建筑法第二十九条规定除总承包合同中约定分包的除外工准分包必须经建设单位同意。通常表现在招标文件中。有的中标人在签订合同后未经业主同意擅自将工作转包明显错误。

4 合法原则

在项目建设中往往在同一区域中同时开工建设多个或几十个项目，有的以指挥部统一负责实施一个或多个项目。工程承包必须依据法律与规章规定实施承包。建筑法二十六规定承包商应依法取得资质证书，在其资质证书等级范围内承揽工程。禁止超越资质等级、挂靠、出借资质证书、营业执照等违法行为。

联合承包共同承担连带责任。两个不同资质等级的按资质低的单位的业务许可范围承揽工程。禁止总包单位将工程分包给不具备相应资质条件的单位，肢解分包。禁止分包单位再分包等。

5 施工许可原则

建设单位经招标或竞争性谈判等方式确定施工单位实施工程施工承包活动。施工人开工前必须领取建筑施工施工许可证。领证必须符合下列条件即已经办理施工用地手续、已取得规划许可、拆迁进度符合施工要求；已确定施工企业、有满足施工需要的图纸和技术资料、有确保工程质量和安全的具体措施、工作建设资金已落实。

二、工程总承包

工程总承包，是指从事工程总承包的企业（以下简称工程总承包企业）按照与建设单位签订的合同，对工程项目的勘察、设计、采购、施工等实行全过程的承包，并对工程的质量、安全、工期和造价等全面负责的承包方式。工程总承包一般采用设计—采购—施工总承包或者设计—施工总承包模式。建设单位也可以根据项目特点和实际需要，按照风险合理分担原则和承包工作内容采用其他工程总承包模式。国家部委对于专业工程的工程总承包另有规定的，从其规定 2018 年 1 月 1 日起实施编号为 GB/T50358-2017《建设项目工程总承包管理规范》经住房和城乡建设部 第 1535 号公告批准为国家标准，下称该规范实施《建设项目工程总承包管理规范》的目的是为了促进本市建设工程勘察、设计、施工等各阶段的深度融合，有效控制项目投资、提高工程建设效率，进一步推进和规范本市工程总承包的实施和发展。

适用范围指经市建设行政管理部门或者试点区建设行政管理部门确定的试点项目，采用工程总承包组织建设和监督管理的，适用该办法。政府投资项目、采用装配式或者 BIM 建造技术的项目应当积极采用工程总承包模式。

（一）工程总承包发包的方式

项目审批、核准或者备案手续完成，其中政府投资项目的工程可行性研究报告已获得批准，进行工程总承包发包，初步设计文件获得批准或者总体设计文件通过审查，并已完成依法必须进行的勘察和设计招标，进行工程总承包发包。

工程总承包方式招标应具备的条件：

（一）按照国家及本市有关规定，已完成项目审批、核准或者备案手续；（二）建设资金来源已经落实；（三）有招标所需的基础资料；（四）满足法律、法规及本市其他相关规定。采用该办法第五条第（一）项情形发包的，工程项目的建设规模、设计方案、功能需求、技术标准、工艺路线、投资限额及主要设备规格等均应确定，并满足下列情形之一：（一）经核定的重点产业项目；（二）建设标准明确的一般工业项目；（三）功能需求可由国家或行业技术标准、规程确定的市政基础设施及维修项目、园林绿化项目；（三）（四）受汛期等因素制约的中、小型水利项目；（五）采用装配式或者 BIM 建造技术的中、小型房屋建筑项目；（六）列入市级重大工程且对建设周期有特殊要求的项目；（七）其他前期条件充分且功能技术符合工程总承包发包的项目。

（二）承包人资格

承包禁止条件。工程总承包企业应当具备与发包工程规模相适应的工程设计资质（工程设计专项资质和事务所资质除外）或施工总承包资质，且具有相应的组织机构、项目管理体系、项目管理专业人员和工程业绩。

工程总承包企业不得是工程总承包项目的代建单位、项目管理单位、监理单位、招标代理单位或者与前述单位有控股或者被控股关系的机构或单位。

采用该办法第五条第（二）项情形发包的，工程总承包企业还不得是项目的初步设计文件或者总体设计文件的设计单位或者与其有控股或者被控股关系的机构或单位。

项目负责人资格。工程总承包项目负责人应当具有相应工程建设类注册执业资格（包括注册建筑师、勘察设计注册工程师、注册建造师、注册监理工程师），拥有与工程建设相关的专业技术知识，熟悉工程总承包项目管理知识和相关法律法规，具有工程总承包项目管理经验，并具备较强的组织协调能力和良好的职业道德。

工程总承包再发包

（一）工程总承包企业具备相应的设计和施工资质的，可以自行实施工程的设计和施工业务，也可以将工程的全部设计或者全部施工业务再发包给具备相应资质条件的设计单位、施工总承包单位；（二）工程总承包企业仅具备相应的设计或者施工资质的，应当自行实施其资质承揽范围内的设计或者施工业务，并将其资质承揽范围外的全部施工或者全部设计业务再发包给具备相应资质条件的施工总承包单位或者设计单位；（三）工程总承包企业可以将工程的全部勘察业务再发包给具备相应资质条件的勘察单位。

上述工程总承包再发包，可以不再通过招标方式，但应当经建设单位同意，并在工程总承包合同中予以明确。

以暂估价形式包含在工程总承包招标范围内的，达到国家规定应当招标规模标准的重要设备、材料以及专业工程，应当依法进行招标。

工程总承包暂估价招标应当由建设单位，或者工程总承包单位，或者建设单位和工程总承包单位联合体作为招标人。

工程总承包禁止性规定

禁止转包和违法分包。工程总承包企业不得将工程总承包项目进行转包，不得将工程总承包项目中设计和施工全部业务一并或者分别再发包给其他单位。工程总承包企业自行实施设计的，不得将工程总承包项目工程主体部分的设计业务分包给其他单位。工程总承包企业自行实施施工的，不得将工程总承包项目工程主体结构的施工业务分包给其他单位。

招标文件编制

工程总承包项目招标文件的编制按照国家及本市相关规定执行：

（一）招标文件中应当提供完备、准确的水文、地勘、地形、工程可行性研究报告及其批复材料等基础资料，以保证投标方案的深度、准确度、针对性以及对工程风险的合理评估；（二）招标文件中应当明确招标的内容及范围，主要包括：设计、勘察、设备采购以及施工的内容及范围、功能、质量、安全、工期、验收等量化指标；（三）招标文件中应当明确招标人和中标人的责任和权利，主要包括：工作范围、风险划分、项目目标、奖惩条款、计量支付条款、变更程序及变更价款的确定条款、价格调整条款、索赔程序及条款、工程保险、不可抗力处理条款等；（四）招标文件中应当要求投标人在其投标文件中明确再发包和分包内容；（五）采用 BIM 技术或者装配式技术的，招标文件中应当有明确要求；建设单位对承诺采用 BIM 技术或装配式技术的投标人应当适当设置加分条件；（六）建设单位应当在招标文件中明确最高投标限价。

评标办法

工程总承包评标宜采用综合评估法，综合评估因素主要包括工程总承包报价、项目管理组织方案、勘察设计技术方案、设备采购方案、施工组织设计或者施工计划、质量安全保证措施、工程总承包项目业绩及信用等。工程总承包评标办法由市住房和城乡建设管理委员会另行制定。

评标委员会由招标人代表和有关技术、经济等方面的专家组成，总人数为不少于 9 人的单数。

提交投标文件截止时间，建设单位应当合理确定投标文件编制时间，自招标文件开始发售之日起至投标人提交投标文件截止时间，采用本办法第五条第（一）项情形发包的，不得少于 45 日；采用本办法第五条第（二）项情形发包的，不得少于 30 日。

专业分包，工程总承包企业和再发包承包单位应当自行完成承包工程范围内的主体工作，但可根据合同约定依法将其承包工程范围内的非主体工作分包给具有相应资质的分包单位。

分包要求，工程总承包企业对承包工程进行分包的，应当征得建设单位同意；再发包承包单位对承包工程进行分包的，应当征得工程总承包企业同意。分包要求应当在招标文件中明确。

工程总承包合同形式

工程总承包项目宜采用总价包干的固定总价合同，合同价格应当在充分竞争的基础上合理确定，除招标文件或者工程总承包合同中约定的调价原则外，工程总承包合同价格一般不予调整。

风险分担原则；建设单位和工程总承包企业应当在招标文件以及工程总承包合同中约定总承包风险的合理分担。建设单位承担的风险包括：

（一）建设单位提出的工期或建设标准调整、设计变更、主要工艺标准或者工程规模的调整；（二）因国家政策、法律法规变化引起的工程费变化；（三）主要工程材料价格和招标时基价相比，波动幅度超过总承包合同约定幅度的部分；（四）难以预见的地质自然灾害、不可预知的地下溶洞、采空区或障碍物、有毒气体等重大地质变化，其损失与处置费由建设单位承担；因总承包单位施工组织、措施不当等造成的上述问题，其损失和处置费由工程总承包企业承担；（五）其他不可抗力所造成的工程费的增加。除上述建设单位承担的风险外，其他风险可以在工程总承包合同中约定由工程总承包企业承担。

结算和审计

采用固定总价合同的工程总承包项目在计价结算和审计时，仅对符合工程总承包合同约定的变更调整部分进行审核，对工程总承包合同中的固定总价包干部分不再另行审核，审计部门可以对工程总承包合同中的固定总价的依据进行调查。

参建单位的责任、义务

建设单位。建设单位应当向工程总承包企业、工程监理等单位提供与建设工程有关的原始资料，原始资料应真实、准确、齐全。工程总承包项目正式开工前，建设单位应当做好与工程总承包项目实施相关的动拆迁、管线搬迁、三通一平等准备工作。

工程总承包企业项目组织。工程总承包企业应当具备与工程总承包项目相适应的管理能力，建立与工程总承包项目相适应的项目团队，实施工程总承包合同范围内的勘察、设计、采购、施工、性能检测、试运行、验收配合和交付等工程内容的总协调、总集成，督促再发包承包单位和分包单位加强现场管理，全面履行工程总承包项目管理职责。

工程总承包企业、再发包承包单位责任。工程总承包企业应当按照工程总承包合同的约定，对总承包工程范围内的工程设计、施工质量、施工现场安全生产和工程进度等负总责；再发包承包单位应当按照再发包承包合同的约定对工程总承包企业负责；工程总承包企业和再发包承包单位对再发包承包工程承担连带责任。

合同信息报送；参建单位应当按照本市有关规定向本市建设行政管理部门报送工程总承包合同、再发包承包合同和分包合同。

总承包项目人员配备。工程总承包企业应当配备项目负责人、项目设计负责人、项目勘察负责人、项目技术负责人、工程质量负责人、施工安全负责人、项目造价负责人等主要项目管理人员；再发包承包单位及分包单位应当按照国家及本市有关规定配备项目管理人员。

项目负责人责任。工程总承包企业项目负责人负责工程总承包项目的勘察、设计、施工等工程内容的总体组织、协调和实施，对工程总承包项目的工程质量、施工安全、工程工期和工程造价等负全面管理责任；再发包承包单位和分包单位的项目负责人，对合同责任范围内的工程质量和施工安全承担连带管理责任；工程总承包企业和再发包承包单位项目负责人不得同时在两个或两个以上的工程项目上担任项目负责人。

监理单位责任。监理单位应当对工程总承包范围内的工程质量和施工安全实施监督管理，监理单位应当配备与监理工作相适应的项目监理机构人员，并承担相应监理责任。项目监理机构在项目实施过程中发现勘察、设计、施工行为违反法律法规、强制性技术标准或者合同约定的,应当要求工程总承包企业予以改正;工程总承包企业拒不改正的,应当及时报告建设单位。

项目总承包的监督管理

施工图审查。工程总承包项目按照相关法规规定应当进行施工图审查的,建设单位可以根据项目实施情况,将施工图分阶段报工程总承包项目所在地建设行政管理部门审查。

施工许可。建设单位可以在符合国家和本市相关规定的前提下,一次性申请领取工程总承包项目的施工许可证,也可以根据施工图审查进度分标段申请领取施工许可证。

过程资料。工程总承包项目的各类工程管理技术性文件、报验表格等资料应按工程总承包项目特点和相关规定进行调整;工程资料由建设单位、工程总承包企业、监理单位负责人根据各自职能签署意见。

竣工验收和保修。工程总承包企业、监理单位等工程总承包参建单位应参与建设单位组织的工程竣工验收;工程竣工验收中总承包范围内涉及勘察、设计、施工等由工程总承包企业全面负责。

法律责任。工程总承包项目在实施过程中,有违反《中华人民共和国建筑法》、《中华人民共和国招标投标法》、《建设工程勘察设计管理条例》、《建设工程质量管理条例》、《建设工程安全管理条例》、《上海市建筑市场管理条例》等建筑业相关法律、法规的,按其相应处罚规定追究工程总承包企业和工程总承包项目负责人的法律责任。

三、施工总承包

1. 工程施工承包方式的选择与合同文本的使用

施工总承包是指建筑企业在中华人民共和国内从事基础设施和房地产、公用事业领域内的建筑工程施工、依据工程总承包合同由其完成全部工程施工的活动。

建筑工程总承包与工程施工总承包存在重大区别。工程施工总承包是项目工程总包中的一部分、各自工适用法律规范、承包方式、合同文本、主体资格、招投标评标等各不相同。工程施工总承包常用合同文本为 GF2013 版工程施工合同。

我国《建筑法》第二十四条规定提倡对建筑工程总承包、建筑工作的发包单位可以将建筑工程的勘察、设计、施工、设备采购一并发包给一个工程总承包单位、也可以将建筑工程的勘察、设计、施工、设备采购的一项或多项发包给一个工后总承包单位、但不得将应当由一个承包单位完成的建筑工作肢解成若干部分发包给几个单位承包。关于施工总承包国家住房和城乡建设部于 2011 年发布建市第 86 号文件第 11 条明确规定强化施工总承包单位负责制。施工总承包单位对工程施工实施总承包，对工程的质量、工期、安全、造价及执行强制性标准负总责。例如 2002 年初开工至 2004 年竣工的南京奥林匹克体育中心建筑群，笔者担任该项目从工程勘察、设计、施工、设备采购直至工程竣工交付、运营使用全过程的工程法律顾问。该项目由美国 HOK 公司设计、由中建某局对项目主场馆总承包，工程施工在总包方统一管理下准确实施专业分包，将钢结构施工以专业分包方式发包给上海某施工公司施工、由于总包方的统一科学管理工程建设与施工进展顺利质量与工期符合总包合同约定、收到很好效果。为全面系统地说明总承包细节，特将该项目的总承包内容及总包合同文本即主国家住房和城乡建设部、国家工商行政管理局制定《建设项目工程总承包合同示范文本》案例引用附后。

2. 施工联合共同承包

大型建筑工程或者结构复杂的工程可以由两个以上的单位联合承包、各方对联合合承包合同承担连带责任。两个以上不同资质等级的单位共同承包的按照资质等级低的业务许可供承揽工程。对此，建筑法第二十七条做出明确的法律规定，这是联合共同承包的法律依据，共同承包方必须严格遵守。笔者担任工程全程法律顾问的江苏大剧院建设工程的四个球形屋面钢结构施工，分别由宝治、中建二局、上海机械化施工公司承包，现完成施工正在交接验收中。

对特大型项目工程的建筑施工选择总承包或联合总承包方式。其显著优点一是便于工程施工的统一组织管理、统一协调指挥；二是能充分发挥总包单位强大的技术优势；三是充分展现总包单位专业优势；四是能充分调动、使用施工现场资源提高效益、降低施工成本保证质量。所以施工单位或业主在对建设大型、特大型建设工程招标前对承包方式的选择及其资质、工作管理水平的要求应放在优先考虑的位置上。

联合共同承包合同文本在总承包合同文本的基础上将联合承包人共同载入承包人一栏，对各自的承包工程、权利义务及连带责任作出明确约定。有的业主也可单独与两个或两个以上能人签订内容相似的合同，其内容是相似的。

3. 施工专业工程分包

专业工程分包是指施工总承包企业将其所包工程中的专业工程发包给具有相应资质的其他建筑企业完成的活动。建设部 124 号令中鼓励发展专业承包。专业分包除总承包合同另有约定外必须征得建设单位的书面同意。签订专业分包合同并依照规定进行备案。分包企业在自己专业资质范围承揽专业工程、成立项目管理机构、主动配合总方、监理方工作加强施工管理。在南京奥林匹克体育中心和江苏大剧院工程施工中，施工总承包单位将钢结构专业工程分包给上海机械化公司施工，江苏大剧院舞台机械由原总后装备部承包施工、音响智能化部分分别由北京和浙江某专业公司施工，收到很好的效果。

专业工程分包如果总承包合同中没有约定专业分包且建设单位即业主没有要求专业分包、业主不同意，专业分包则中标签约的总包单位不得将其总包工程进行专业分包，所有专业工程由总包单位单独完成。已经专业分包的施工企业不得将分包的专业工程再次分包或转包，否则构成违约、承担违约责任、支付违约。如果进入诉讼或仲裁程序一般情况下败诉。专业分包单位应自觉履行专业分包合同防止违约发生。但是在日常的施工实践中常发生无资质、资质不适格的施工企业挂靠、个人挂靠，因此发生重大技术事故、责任事故和安全事故，有的将专业施工中发生的工程事故上报为失火事故，从消防角度与标准追究，放纵对施工单位、监理、和建设单位依据工程事故依法应当追究的渎职犯罪的刑事责任，国家资产损失无法挽回。

4. 施工分包

施工分包是建筑企业将其所承包的房屋建筑和市政基设施中的专业工程或劳务作业发包给其他建筑企业完成的活动。分包单位承揽工程必须具有相应的资质在其等级许可范围内，在依法招标的工程建设单位不得直接指定分包人。分包工程的发包人和承包人必须依法签订分包合同，分包合同的备案登记与变更均在七个工作日内完成。设立项目管理机构并有与工程规模相适应的项目管理负责人、技术人员、项目核算、质量及安全管理负责人且必须是有劳务合同、劳动保险的本单位工作人员。

分包工作发包人可以要求分包工程的承包人就履约提供担保、提供担保后的承包人可以要求发包人提供分包工作付款担保。分包工程的发包人与承包人就分包工程向建设单位承担连带责任，在现实施工实践中违法分包个人挂靠情况十分普遍。

违法分包是工程施工领域重大普遍问题。笔者最近代理的由常州市中级人民法院受理上海普潮公司诉公民吕某承包施工合同纠纷案便是因公民挂靠经营发生的案例。

5. 劳务作业分包

劳务作业分包是指总承包企业或者专业承包企业将其承包工程中的劳务作发包给劳务分包企业即劳务承包人完成的活动。

在施工日常活动中的分包方为了规避私自转包的风险、采用所谓劳务分包的方式转包工程，其行为是违法的，由此引发的工程诉讼得不到法律保护。分包人应当依法选择适用劳务业分包方式。

6. 国际工程施工承包及 F1D1C 合同条件

国际工程施工承包是常见的承包方式之一。国际工程施工承包除有规定的合同文本外还有交钥匙工程，从某种意义上讲也是一种承包方式。交钥匙工程方式是 F1D1C 合同条件四种制式合同文本之一。具体指施工合同条件、生产设备和设计一施工合同条件、设计采购 EPC 交钥匙合同条件和简名合同格式。中国参加 WTO 承认 F1D1C 也是国际惯例。1999 年国际咨询工程师联合会和中国工程咨询协会编译新版第一版。F1D1C 合同主要特点一是根据公开招标的国际惯例选择承包商；二是采用 F1D1C 标准合同条件；三是由业主委托工程师根据合同条件进行项目的质量控制、投资控制和进度控制，它适用于施工阶段的项目管理，工程师处于核心地位。使用 FIDIC 优点在于文件内容明确，投标人有一个细致稳定的依据，权利义务、风险分配明确，能充分发挥作用。问题是适用于固定单价合同不适用于总价固定的工程施工合同。合同中的工程师相当于中国监理工程师，是受业主委托负责监督承包商施工的公司或机构的派出人员。所以采用该合同形成三方权利义务关系，即业主与承包商之间的工程施工合同和业主和工程师即监理公司之间的合同。在中国境内如何使用 F1D1C 合同，笔者撰写的《F1D1C 合同条件在中国应用中的实践性问题》一文；一带一路战略实施为新承包方式的诞生提供新的机遇和实践空间 PPP 项目运作又开启多种方式的承包方式；此外，建设方及业主根据工程特点及具体情况易将选择其他承包方式。

四、工程施工承包中的禁止性规定

为保证承包工程质量，国家明令禁工程承包中违法承包行为，各省、直辖市结合自己的实际情况制定了关于工程承包方面的地方性规章目前在有的地方建筑市场混乱，有的为追求经济利益置建筑法及规章于不顾，违法转包。在工程承包中存在个人挂靠集体、地方挂央企、小挂大。由于承包方式违法发生多起工程事故造成重大损失和人员伤亡；自觉抵制违法转包现象必须明确哪些行为属于违法转包。

1. 法律明确规定工程承包中禁止性行为

建筑法第二十条规定 1、禁止建筑企业超越本企业的资质等级许可的业务范围或者用其他建筑施工企业的名义承揽工程；2、禁止建筑企业以任何形式允许其他单位或者个人使用本企业的资质证书、营业执照以本企业名义承揽工程；3、该法第二十八条规定禁止承包单位将其承包的全部建筑工程转包他人；4、禁止承包单位将其承包的全部工程肢解以后以分包的名义转包给他人；5、施工总承包的建筑工程主体结构的施工必须由总包单位自行完成；6、禁止总承包单位将工程分包给不具有相应资质的单位；7、禁止分包的单位将其承包的工程再分包；8、禁止将工程肢解发包、不得将应当由一个承包单位完成的建筑工程肢解若干部分发包给几个单位承包。上述规定为法定条款其效力大于部、委、办发布的规章及各省发布的地方规章的法律效力。

2. 部委规章对承包中的违法行为作出规定

住建部关于建筑工程施工转包违法分包等行为的认定查处管理办法对违法发包、转包、分包、挂靠等做出明确规定所称违法发包，是指建设单位将工程发包给不具有相应资质条件的单位或个人，或者肢解发包等违反法律法规规定的行为。

（一）建设单位将工程发包给个人的；

（二）建设单位将工程发包给不具有相应资质或安全生产许可的施工单位的；

（三）未履行法定发包程序，包括应当依法进行招标未招标，应当申请直接发包未申请或申请未核准的；

（四）建设单位设置不合理的招投标条件，限制、排斥潜在投标人或者投标人的；

（五）建设单位将一个单位工程的施工分解成若干部分发包给不同的施工总承包或专业承包单位的；

（六）建设单位将施工合同范围内的单位工程或分部分项工程又另行发包的；

（七）建设单位违反施工合同约定，通过各种形式要求承包单位选择其指定分包单位的；

（八）法律法规规定的其他违法发包行为。

工程转包是指施工单位承包工程后，不履行合同约定的责任和义务，将其承包的全部工程或者将其承包的全部工程肢解后以分包的名义分别转给其他单位或个人施工的行为。

存在下列情形之一的，属于转包：

（一）施工单位将其承包的全部工程转给其他单位或个人施工的；

（二）施工总承包单位或专业承包单位将其承包的全部工程肢解以后，以分包的名义分别转给其他单位或个人施工的；

（三）施工总承包单位或专业承包单位未在施工现场设立项目管理机构或未派驻项目负责人、技术负责人、质量管理负责人、安全管理负责人等主要管理人员，不履行管理义务，未对该工程的施工活动进行组织管理的；

（四）施工总承包单位或专业承包单位不履行管理义务，只向实际施工单位收取费用，主要建筑材料、构配件及工程设备的采购由其他单位或个人实施的；

（五）劳务分包单位承包的范围是施工总承包单位或专业承包单位承包的全部工程，劳务分包单位计取的是除上缴给施工总承包单位或专业承包单位"管理费"之外的全部工程价款的；

（六）施工总承包单位或专业承包单位通过采取合作、联营、个人承包等形式或名义，直接或变相的将其承包的全部工程转给其他单位或个人施工的；

（七）法律法规规定的其他转包行为。

所称违法分包，是指施工单位承包工程后违反法律法规规定或者施工合同关于工程分包的约定，把单位工程或分部分项工程分包给其他单位或个人施工的行为。

存在下列情形之一的，属于违法分包：

（一）施工单位将工程分包给个人的；

（二）施工单位将工程分包给不具备相应资质或安全生产许可的单位的；

（三）施工合同中没有约定，又未经建设单位认可，施工单位将其承包的部分工程交由其他单位施工的；

（四）施工总承包单位将房屋建筑工程的主体结构的施工分包给其他单位的，钢结构工程除外；

（五）专业分包单位将其承包的专业工程中非劳务作业部分再分包的；

（六）劳务分包单位将其承包的劳务再分包的；

（七）劳务分包单位除计取劳务作业费用外，还计取主要建筑材料款、周转材料款和大中型施工机械设备费用的；

（八）法律法规规定的其他违法分包行为。

所称挂靠，是指单位或个人以其他有资质的施工单位的名义，承揽工程的行为。

前款所称承揽工程，包括参与投标、订立合同、办理有关施工手续、从事施工等活动。

存在下列情形之一的，属于挂靠：

（一）没有资质的单位或个人借用其他施工单位的资质承揽工程的；

（二）有资质的施工单位相互借用资质承揽工程的，包括资质等级低的借用资质等级高的，资质等级高的借用资质等级低的，相同资质等级相互借用的；

（三）专业分包的发包单位不是该工程的施工总承包或专业承包单位的，但建设单位依约作为发包单位的除外；

（四）劳务分包的发包单位不是该工程的施工总承包、专业承包单位或专业分包单位的；

（五）施工单位在施工现场派驻的项目负责人、技术负责人、质量管理负责人、安全管理负责人中一人以上与施工单位没有订立劳动合同，或没有建立劳动工资或社会养老保险关系的；

（六）实际施工总承包单位或专业承包单位与建设单位之间没有工程款收付关系，或者工程款支付凭证上载明的单位与施工合同中载明的承包单位不一致，又不能进行合理解释并提供材料证明的；

（七）合同约定由施工总承包单位或专业承包单位负责采购或租赁的主要建筑材料、构配件及工程设备或租赁的施工机械设备，由其他单位或个人采购、租赁，或者施工单位不能提供有关采购、租赁合同及发票等证明，又不能进行合理解释并提供材料证明的；

（八）法律法规规定的其他挂靠行为。

工程承包中的带、垫资参建及相关民事责任

工程承包的前提是依据建筑法第七条规定的工程所在地县以上人民政府的建设行政主管部门申领建筑工程施工许可证，其建设资金已到位。许多项目在资金不足时开工，虽各级都禁止带资或垫资但现实中甲方仍任由施工承包单位垫资或带资参与施工，在 BT 项目中全额由施工单位承担，在 PPP 项目中设立的项目公司依照特许经营协议和相关协议承担工程主要建设资金，在一带一路基础设施项目施工中和特色小镇工程承包施工中都涉及此类问题。

确认该行为的合法性必须从法律规定、规章具体认定。例如南京市建委以市建 2006 第 6 号文件规定：政府投资项目一律不得以筑企业带资承包的方式进行建设、不得以此作为招投标条件，严禁将此写入工住总承包合同及外充条款中。但是采用 BOT、BOOT、BOO 方式建设政府项目的除外。

《最高人民法院关于审理建设工程施工合同纠纷案件适用法律问题的解释》规定下列行为合同无效：

1 承包人未取得建筑施工企业资质或超越资质等级的

2 没有资质的实际施工人借用有资质的建筑施工企业的资质名义的

3 建设工程必须招标而未招标或者招标无效的

4 承包人非法转包、违法分包建设工作或者没有资质的实际施工人借用有资质的建筑施工企业的名义与他人签订的建设工程施工合同的行为无效、人民法院可以根据民法通则第一百三十四条规定、收缴当事人的非法所得多少判例根据民法通

则、合同法、招投标法判决违法承包人、发包人败诉承担巨额经济损失

3.工程施工违法承包的行政处罚

建筑法第七章规定出借资质、违法转包的处罚，包括停业整顿、降低资质等级、吊销资质证书、罚款、承担连带赔偿责任。

工程承包中的犯罪与量刑

因违法转包造成重大责任事故的依法追究重大工程责任事故罪按刑法判决执行在承包工程招标、发包常涉嫌的罪名为串通招投标罪，一般处罚量三年以下有期徒刑、罚款拘役等、情节严重的从重处罚；工程承包中常见犯罪有介绍贿赂、索贿、行贿、收贿犯罪，依法应承担刑事责任。根据我国刑法第三百八十二条、第三百八十五条及相关规定实施处罚、五千元为立案起点、由人民检察机关立案公诉公安机关执行逮捕、人民法院判决一般判处三年以下有期徒刑，情节严重的从重处罚。工程参建各方都必须自觉学法守法、依法发包、依法承包、依法分包，预防违法与犯罪现象发生。

五、国际工程总承包与国际惯例的应用

上合组织，金砖国家、亚投行等中国参与、主导的多边条约以及一带一路战略实施、中企投资境外的基础设施期以及外企投资中国境内的 PPP 项目中的基础设施、公用事业项目都存在项目工程领域中的法律适用和合同文本问题。中国参加WTO 后在相关协议中承认 FID1C 合同条件。

FIDIC 合同条件它既是工程领域中的国际惯例又是规范的工程施工合同文件，它由四部分组成四部合成又是一套完整的工程总承包合同。

FID1C 是法语国际咨询工程师联合会法文的缩写。该组织是由英国、法国、比利时等三个欧洲境内咨询工程师协会于 1913 年创立，组建联合会的目的是共同促进成员协会的职业利益，向其他成员协会传播有益信息。1949 年后英、美、澳大利亚、加拿大等国相继加入，现有 60 多个成员国，下设欧共体分会，北欧成员分会，亚太地区分会，非洲成员分会。总部设在瑞士的洛桑。1996 年，中国工程咨询协会正式加入菲迪克（FIDIC）组织。

FIDIC 合同条件它虽然不是法律，也不是法规，但它是全世界公认的一种国际

惯例。它伴随着世纪的进程经历了从产生到发展、不断完善的过程。FIDIC 合同条件第 1 版于 1957 年、第 2 版于 1963 年、第 3 版于 1977 年、1988 年及 1992 年作了两次修改，习惯对 1988 年版称为第 4 版。1999 年国际工程师联合会根据多年来在实践中取得的经验以及专家、学者的建议与意见，在继承以往四版优点的基础上进行重新编写（下称新编 FIDC 合同条件）。中国工程咨询协会根据菲迪克授权书进行编译、出版，机械工业出版社于 2002 年 5 月首次印刷 FIDIC 合同条件第 1 版（中、英文对照）。

新编 FIDIC 合同一套四本：

《施工合同条件》

《生产设备和设计—施工合同条件》

《设计采购施工（EPC）/ 交钥匙工程合同条件》

《简明合同格式》。

此外 FIDIC 组织为了便于雇主选择投标人、招标、评标，出版了《招标程序》，由此形成一个完整的体系。笔者结合从事 FIDIC 合同条件法律服务的实践，在此提出新编 FIDIC 合同条件在中国应（适）用中的几个实践性问题，赐教于同仁。

FIDIC 合同条件的应用选择

（一）FIDIC 合同条件与旧版本的应用选择

《施工合同条件》，用于由雇主或其他代表工程师设计的建筑或工程项目。由承包商按照雇主提出的设计进行工程施工，但该工程可以包含由承包商设计的土木、机械。电气和构筑物的某些部分。《施工合同条件》由通用条件、专用条件编写指南投标函、合同协议书和争端裁决协议书格式构成。

通用条件与专用条件各 20 条。通用条件 20 条共 158 款（款下所设的项略），另附录争端裁决协议书一般条件。通用 20 条款目录分别是：1、一般规定 [1.1 定义，1.2 解释，1.3 通信交流，1.4 法律和语言，1.5 文件优先次序，1.6 合同协议书，1.7 权益转让，1.8 文件的照管和提供，1.9 延误的图纸或指示，1.10 雇主使用承包商文件，1.11 承包商使用雇主文件，1.12 保密事项，1.13 遵守法律，1.14 共同的和各自的责任]；2、雇主 [2.1 现场进入权，2.2 许可、执照或批准，2.3 雇主人员，2.4

雇主的资金安排，2.5 雇主的索赔]；3、工程师 [3.1 工程师的任务和权力，3.2 由工程师的付托，3.3 工程师的指示，3.4 工程师的替换，3.5 确定]；4、承包商 [4.1 承包商的一般义务，4.2 履约担保，4.3 承包商代表，4.4 分包商，4.5 分包合同权益的转让，4.6 合作，4.7 放线，4.8 安全程序，4.9 质量保证，4.10 现场数据，4.11 中标合同金额的充分性，4.12 不可预见的物质条件，4.13 道路通行权和设施，4.14 避免干扰，4.15 进场通路，4.16 货物运输，4.17 承包商设备，4.18 环境保护，4.19 电、水和燃气，4.20 雇主设备和免费供应的材料，4.21 进度报告，4.22 现场保安，4.23 承包商的现场作业，4.24 化石]；5、指定的分包商 [5.1 "指定的分包商" 的定义，5.2 反对指定，5.3 对指定的分包商付款，5.4 付款证据]；6、员工 [6.1 员工的雇用，6.2 工资标准和劳动条件，6.3 为雇主服务的人员，6.4 劳动法，6.5 工作时间，6.6 为员工提供设施，6.7 健康和安全，6.8 承包商的监督，6.9 承包商人员，6.10 承包商人员和设备的记录，6.11 无序行为]；7、生产设备、材料和工艺 [7.1 实施方法，7.2 样品，7.3 检验，7.4 试验，7.5 拒收，7.6 修补工作，7.7 生产设备和材料的所有权，7.8 土地（矿区）使用费]；8、开工、延误和暂停 [8.1 工程的开工，8.2 竣工时间，8.3 进度计划，8.4 竣工时间的延长，8.5 当局造成的延误，8.6 工程进度，8.7 误期损害赔偿费，8.8 暂时停工，8.9 暂停的后果，8.10 暂停时对生产设备和材料的付款，8.11 拖长的暂停，8.12 复工]；9、竣工试验 [9.1 承包商的义务，9.2 延误的试验，9.3 重新试验，9.4 未能通过竣工试验]；10、雇主的接收 [10.1 工程和分项工程的接收，10.2 部分工程的接收，10.3 对竣工试验的干扰，10.4 需要复原的地表]；11、缺陷责任 [11.1 完成扫尾工作和修补缺陷，11.2 修补缺陷费用，11.3 缺陷通知期限的延长，11.4 未能修补缺陷，11.5 移出有缺陷的工程，11.6 进一步试验，11.7 进入权，11.8 承包商调查，11.9 履约证书，11.10 未履行的义务，11.11 现场清理]；12、测量和估价 [12.1 需测量的工程，12.2 测量方法，12.3 估价，12.4 删节减]；13、变更和调整 [13.1 变更权，13.2 价值工程，13.3 变更程序，13.4 以适用货币支付，13.5 暂列金额，13.6 计日工作，13.7 因法律改变的调整，13.8 因成本改变的调整]；14、合同价格和付款 [14.1 合同价格，14.2 预付款，14.3 期中付款证书的申请，14.4 付款计划表，14.5 拟用于工程的生产设备和材料，14.6 期中付款证书的颁发，14.7 付款，14.8 延误的付款，14.9 保留金的支付，14.10 竣工报表，14.11

最终付款证书的申请，14.12 结清证明，14.13 最终付款证书的颁发，14.14 雇主责任的中止，14.15 支付的货币]；15、由雇主终止 [15.1 通知改正，15.2 由雇主终止，15.3 终止日期时的估价，15.4 终止后的付款，15.5 雇主终止的权利]；16、由承包商暂停和终止 [16.1 承包商暂停工作的权利，16.2 由承包商终止，16.3 停止工作和承包商设备的撤离，16.4 终止时的付款]；17、风险与职责 [17.1 保障，17.2 承包商对工程的照管，17.3 雇主的风险，17.4 雇主风险的后果，17.5 知识产权和工业产权，17.6 责任限度]；18、保险 [18.1 有关保险的一般要求，18.2 工程和承包商设备的保险，18.3 人身伤害和财产损害险，18.4 承包商人员的保险]；19、不可抗力 [19.1 不可抗力的定义，19.2 不可抗力的通知，19.3 将延误减至最小的义务，19.4 不可抗力的后果，19.5 不可抗力影响分包商，19.6 自主选择终止，付款和解除，19.7 根据法律解除履约]；20、索赔、争端和仲裁 [20.1 承包商的索赔，20.2 争端裁决委员会的任命，20.3 对争端裁决委员会未能取得一致，20.4 取得争端裁决委员会的决定，20.5 友好解决，20.6 仲裁，20.7 未能遵守争端裁决委员会的决定，20.8 争端裁决委员会任命期满]。附录，争端裁决协议书一般条件。

《施工合同条件》专用条件 20 条是为通用条件的编写人给出备选条款，正如《施工合同条件》专用条件编写指南引言部分所述，专用条件是对通用条件的修改和补充。此外专用条件附件有专用公司担保函，投标担保函，履约担保函——即付函，履约担保函——担保保证，预付款保函，保留金保函，雇主支付保函的范例格式。《施工合同条件》第三部分是投标函，合同协议书和争端裁决协议书格式。与新编相对应的是 1988 年编译的旧版 FIDIC《土木工程施工合同条件应用指南》（即第四版红皮书），其第一部分由通用条件 72 条 183 款与投标程序、可能使用条款、投标书、附件协议书组成，第二部分专用条件 70 条组成。关于这两个版本之间的区别，东南大学土木工程学院的教授已经撰写了相关论著。笔者认为当事人在应用 FIDIC 合同条件时应当将新、旧两个版本相区别，选择使用新编的《施工合同条件》。

《生产设备和设计—施工合同条件》用于电气或机械设备借贷和建筑或工程的设计与施工。通常情况是由承包商按照雇主要求，设计和提供生产设备或其他工程，可以包括土木、机械、电气和建筑物的任何组合。该合同文件也是由通用条件，专用条件与投标函、合同协议书和争端裁决协议书格式三部分组成，其通用条款共 20 条 167 款。其第 5 条和第 12 条与《施工合同条件》不同，其他通用条款相同。《生产设备和设计—施工合同条件》通用条件第 5 条，第 12 条分别是："5、设计，5.1 设计义务一般要求，5.2 承包商文件，5.3 承包商的承诺，5.4 技术标准和法规，5.5 培训，5.6 竣工文件，5.7 操作和维修手册，5.8 设计错误"。"12、竣工后试验，12.1 竣工后试验的程序，12.2 延误和试验，12.3 重新试验，12.4 未通过竣工的试验"。与通用条件相对应的是第二部分专用条件 20 条。第三部分是投标书，合同协议书和争端裁决协议书格式。与该新编合同文本相对应的是 1987 年编译 FIDIC《电气与机械工程合同条件应用指南》（第三版，又称黄皮书），黄皮书由第一部分通用条件 51 条、招标程序、合同条件，与第二部分专用条件（A 项、B 项、保函、变更命令、移交—证书、缺陷责任书、支付证书）组成。合同当事人在选择 FIDIC合同版本时，应在区分这两种合同文本的基础上选择适用新编《生产设备和设计—施工合同条件》。

《设计和采购施工（EPC）／交钥匙工程合同条件》（下称 EPC）用交钥匙方式提供加工或动力设备，工厂或类似设施，基础设施项目或其他类型开发项目。这种方式的通常情况是由承包商进行全部设计、采购和施工，EPC 提供一个配备完善的设施。"转动钥匙"即可运行。EPC 这种方式的条件与要求是：（1）项目的最终价格和要求的工期具有更大程度的确定性，（2）由承包商承担项目的设计和实施的全部职责，雇主介入很少。EPC 由通用条件、专用条件编写指南与投标函、合同协议书和争端裁决协议格式三部分组成。其通用条件共 20 条 166 款，其通用条件第 3 条、第 5 条、第 12 条与新编《施工合同条件》相比有明显不同，分别是："3、雇主的管理，3.1 雇主代表，3.2 其他雇主人员，3.3 委托人员，3.4 指示，3.5 确定"。"5、设计，5.1 设计义务一般要求，5.2 承包商文件，5.3 承包商的承诺，5.4 技术标准和法规，5.5 培训，5.6 竣工文件，5.7 操作和维修手册，5.8 设计错误"。"12、竣工的试验，12.1 竣工和的试验的程序，12.2 延误的试验，12.3 重新试验，12.4 未能通过竣工后试验"。其第 10 条与之比较也少了"需要复原的地表"。其第二部分专用条件编写指南与专用条件相对应，也是 20 条。其第三部分投标函、合同协议书和争端裁决协议书格式是通用、一致的。与新编 EPC 相对应的是 1995 年版 FIDIC

《设计—建设与交钥匙工程合同文件》（即橙皮书），该书由第一部分通用条件20条共150款，并附投标书与协议书格式。合同当事人应用时必须在区分二种不同版本的基础上选择适用新编《设计采购施工（EPC）／交钥匙工程合同条件》。

《简明合同格式》用于投资金额较小的建筑式工程项目，特别适用于简单或重复性的工程或工期较短的工程。这种合同通常情况是由承包商按照雇主或其代表（如果有）提供的设计进行施工。其由协议书、通用条件、裁决规则、指南注释四部分构成，其中通用条件15条52款。《简明合同格式》一般不用任何专用条件即能满足使用要求，如项目要求对通用条款修改，或在合同中增加新的规定，修改或增加的内容应在专用条件标题下另行列出。《简明合同格式》第一部分协议书是由雇主与承包商之间签订，协议书由报价、接受、附录三部分组成，通用条件15条分别是：1、一般规定[1.1定义，1.2解释，1.3文件优先次序，1.4法律，1.5通信交流，1.6法定义务]；2、雇主[2.1现场的提供，2.2许可和执照，2.3雇主的指示，2.4批准]；3、雇主代表[3.1受权人，3.2雇主代表]；4、承包商[4.1一般义务，4.2承包商代表，4.3分包，4.4履约担保]；5、由承包商设计[5.1承包商的设计，5.2设计的职责]；6、雇主的职责[6.1雇主的职责]；7、竣工时间[7.1工程的实施，7.2进度计划，7.3工期的延长，7.4延迟竣工]；8、接受[8.1竣工，8.2接受通知]；9、修补缺陷[9.1修补缺陷，9.2除去覆盖和试验]；10、变更和索赔[10.1变更权，10.2变更的估价，10.3提早通知，10.4索赔权，10.5变更和索赔程序]；11、合同价格和付款[11.1工程和估价，11.2月报表，11.3期中付款，11.4前一半保留金的支付，11.5后一半保留金的支付，11.6最终付款，11.7货币，11.8延误的付款]；12、违约[12.1承包商违约，12.2雇主违约，12.3无力偿债，12.4终止时的付款]；13、风险和职责[13.1承包商的工程商管，13.2不可抗力]；14、保险[14.1保险范围，14.2约定，14.3未办理保险]；15、争端的解决[15.1裁决，15.2表示不满的通知，15.3仲裁]。其第三部分裁决规则由总则、裁决员的任命、任命条款、报酬与获得裁决员决定的程序五个方面共23条构成并附裁决员协议书，其第四部分为指南注释，非合同组成部分（略）。

综上，合同当事人在明确新编FIDIC《施工合同条件》《生产设备和设计—合同条件》《设计采购施工（EPC）／交钥匙合同条件》《简明合同格式》之间的异同之处，又要区分新编 FIDIC 版本与旧版本之间的区别，根据实际情况准确选用新编 FIDIC 合同条件。

我国政府机关对 FIDIC 合同适用的选择

二十世纪八十年代，改革开放的中国开始探索推行 FIDIC 合同模式，第一批公路世界银行贷款项目即 1986 年陕西的西安至三原的公路项目（西—三公路）、第二批 1987 年的京—津—塘高速公路项目都采用了第 3 版 FIDIC 合同条件，此后，济—青高速、成—渝高速等第三批世界银行贷款公路项目采用了第 4 版 FIDIC 合同条件。中国财政部于 80 年代向世界银行提出编写符合中国国情的 FIDIC 条款的报告得到该行的批准，1990 年 6 月，由财政部出版的《世界银行贷款项目土木工程采购与招标文件范本》（中文版国内招标使用的 44 条，英文版国际招标的 78 条），并用作杭—甬高速、深—汕高速等施工承包合同通用条款。交通部于 1992 年、1995 年分别组织专家编写《公路国际招标文件范本》和《公路工程国内招标文件范本》（1999 年再版），在国际招标文件范本中通用条款采用第 4 版 FIDIC 合同条件，2003 年对《公路工程国内招标文件范本》进行了修订。

中国工程咨询协会推荐新编 FIDIC 合同条件比以往旧版 FIDIC 合同条件具有显著的优点与实质性的进步，但是，中国政府机关经世界银行批准编写并使用的 FIDIC 合同范本在实践中已经体现出它的实用性、优越性，当事人根据工程状况选择使用由我国政府机关修订的 FIDIC 合同条件的版本。因为应用新编 FIDIC 合同条件，在应用过程中它本身也需要修改。

不同的项目工程投资主体应选择相应的 FIDIC 合同格式。

如今，项目工程建设管理的模式很多，笔者以为概括起来大致有五：自营内部管理模式，BOT 模式，项目总承包形式，项目管理模式，FIDIC 模式。

FIDIC 模式或合同形式又有四种，如前所述。不同性质的项目工程应当选择相应的 FIDIC 合同形式，由雇主或其代表工程师设计的建筑工程项目，由承包商按雇主提供的设计进行工程施工，对此类工程应当选用新编 FIDIC 合同条件之一《施工合同条件》；关于电气和（或）机械设备供货和建设或工程的设计与设备，承包商按照雇主的要求设计和提供生产设备和（或）其他工程，应使用《生产设备和设计—施工合同条件》；建设工厂或类似设施的加工、动力设备、基础设施项目或其他类型开发项目，在项目的工期，投资最终价格确定的交钥匙工程，由承包商进行全部设计、采购和施工，最终提供一个配备完整设施的工程应选用新编《设计采购施工（EPC）／交钥匙工程合同条件》；对于投资金额较小的建筑工程，或投资较大但工程简单、重复或工期较短的，应当选择使用《简明合同格式》。

不同投资主体对合同形式的选择。业主为中国法人（含中外合资、外方独资的企业）的项目，工程在中国境外，或虽在境内但雇主与承包商一方或双方为中国境外的外国法人，项目工程进行国际招标的，合同当事人除按工程性质或状况选择相应的 FIDIC 合同条件外，另应对所适用该合同形式的通用条款、专用条款进行修改、确认与补充，如法律适用，争端（DAB）与仲裁（管辖）等做出选择与约定。

交钥匙工程合同条件（EPC）与 BOT 的区别、选择

BOT（建设—运营—移交）的发包人、投资主体（业主）一般分别为代表各级政府的主管机关，项目类型一般为市政与基础设施工程，方式往往通过特许权协议的形式，通过公开招标选择中标人与其签订特许权协议即 BOT 合同，由中标的项目持有人作为 BOT 项目运作的投资（融资、贷款）人，按照我国政府的有关规定实施 BOT 项目建设，用建成的 BOT 项目的经营收入（在 BOT 特许协议约定范围内）偿付项目投资投资人按照约定取得投资回报。笔者在撰写的《中国民营 BOT 特许权协议项目运作》一文中已经作了详细的论述。

新编 FIDIC 合同条件中的 EPC 方式的使用，其范围与特点在上文已经作了详细的论述，故当事人在选择使用 EPC 合同条件时应区别于 BOT，准确选择使用 EPC。

FIDIC 合同条件适用

FIDIC"原产地"为有着几百年商品经济的英、法等欧洲国家，数百年来的商品经济与市场经济孕育并产生了菲迪克组织与 FIDIC 合同条件以及与之共生的咨询工程师；产生了完备的资本主义法制，公平竞争的招、投标制度；多年来菲迪克组织不断完善和规范咨询工程师职业道德，在此基础上形成了独立公正的施工制度，八十多年的实践使 FIDIC 合同条件在世界建筑市场领域中日趋完善，并作为世界公认的国际惯例被缔约国广为接受。中国改革开放、实行商品经济几十年，是正在"奔小康"的发展中国家，如现阶段我国的业主、承包商、监理工程师等原

封不动的套用新编 FIDIC 合同条件，必然产生一定困难，笔者 2001 年为江苏某开发商订立并实际履行的数亿元 FIDIC 合同条件就是对原合同经过修改后而实施的。中国财政部编写的《世界银行贷款项目土木工程采购与招标文件范本》也是对原有版本的修改。实践证明并验证从实际情况出发适当修改使用 FIDIC 合同条件是正确的。

菲迪克在组织新编 FIDIC 合同条件《施工合同条件》、《生产设备和设计—施工合同条件》、《设计采购施工（EPC）／交钥匙合同条件》与《简明合同格式》的前言中都分别提出："虽然有许多条款可以通用，但有些条款必须考虑特定合同的有关情况，作必要的改变……"。可以说，这是菲迪克对合同当事人在使用 FIDIC 合同条件时关于修改的授权，也是 FIDIC 实行当事人"意思自治"原则的体现。

当事人对 FIDIC 合同条件的主要指通用条件、专用条件（补充规定）中的权利与义务条款、管理条款、经济条款、技术条款、法律适用条款的修改。以 FIDIC《施工合同条件》为例：关于权利与义务条款：1、一般条款（1.7 ～ 1.14 款），2、雇主，3、工程师，4、承包商，10、雇主的接受，15、雇主的终止，16、承包商暂停和终止，17、风险与职责；关于经济条款：13、变更与调整，14、合同价和付款，18、保证；关于管理条款：6、员工，8、开工延误和暂停，19、不可抗力，20、索赔、争端和仲裁；关于技术条款：7、生产设备、材料和工艺，12、测量和评估；关于法律适用：1.4、法律和语言，1.1.6.5、法律。从纯法律意义上说，合同是当事人权利与义务的约定，即合同的主要条款表现为权利义务两个方面。合同当事人应当根据当时具体实际情况进行商定，委托或者聘请晓通工程专业的律师担任业主或项目工程法律顾问，进行合同修改是合适人选之一。

在中国境内从事招标的 FIDIC 合同，其通用条款的修改可以参考的格式合同是我国 GB—1999—201《建设工程施工合同》。笔者参与该合同的起草与修订中获知，该合同语词定义、通用条款与协议条款的设定，是在总结新中国成立以来工程建设管理经验的基础上，在我国现行法律、法规、规章、政策的框架范围内，借鉴外国的成功经验，吸纳中国高等专业院校专家学者多年研究的合同管理的理论研究成果和一线工程管理（监理）工程师的实践经验，经过几次由上而下，由下而上的修改，最终定稿，成为我国目前建筑工程建设中广泛使用的权威性很强的格式合同。笔者担任投资数十亿元的南京奥林匹克体育场项目，南京新图书馆项目法律顾问期间大量应用的就是该格式合同。当事人对新编 FIDIC 合同通用条款的修改可以从 GB—1999—201 格式合同中吸收、借鉴通用条款精神用于 FIDIC 合同条件中去。同时要参照我国新颁布的法律、法规，明确约定合同所适用的工程专业的有关规范，使之更具有可操作性。

关于修改后 FIDIC 合同条件的形式，程序与方法。过去在应用 FIDIC 合同条件方面基本做法：一、直接使用 FIDIC 合同条件；二、修改通用条款适合我国 GB—1999—201《建设工程施工合同》条件；三、修改标书与合同条款适合固定的合同总价适用 FIDIC 合同条件；四、业主自行设计、自行施工参照 FIDIC 合同条件对工程进行管理等。完全委托监理工程师监理采用第一种方法的较少，取而代之的是将项目委托给项目管理公司运作的现在有所增加，例如南京国际商城建设项目。但应用新编 FIDIC 合同条件方法与以往旧版 FIDIC 合同条件相比都是基本相同的：1、选择工程师，签订授权委托书；2、按照《招标程序》竞标确定承包商与施工合同条件；3、承包商办理保函等相关手续文件并经业主批准；4、业主支付动员预付款；5、承包商向工程师提供工程所需的施工设计，施工技术方案，施工进度计划和现金流量估算；6、第一次工地会议；7、工程师发布开工通知，业主移交现场；8、承包商根据合同要求进行施工或设计，工程师进行日常管理工作；9、工程师据承包商申请进行竣工验收；10、承包商申请移交工程，工程师签发移交证书，业主接受工程归还部分保留金；11、承包商提交竣工报表（结算资料），工程师签发证书；12、缺陷责任期内承包商完成剩余工作、补缺并承担缺陷责任，工程师签发缺陷责任证书；13、业主归还履约保证金及剩余保留金；14、承包商提出最终结算报表；15、工程师签发最终支付证书，业主与承包商结清余款。

FIDIC 合同条件与工程所在国的法律适用

FIDIC 合同中的意思自治原则同样体现在法律的适用与选择。如《施工合同条件》1、一般规定 1.1.6.5 法律系指所有国家（或洲）的法律条例，结合和其他法律以及任何合法建立的公共当局制定的规则和细则等，1.4 法律和语言，本合同应受投标书附录中所述国家（或其司法管辖区）的法律管辖等等。当事人明确规定所应用的 FIDIC 合同适用法律必须在投标书附录中明示。

　　我国《民法通则》第 8 条规定：在中华人民共和国领域内的民事活动，适用中华人民共和国法律，法律另有规定的除外；第 14 条规定：中华人民共和国缔结或者参加的国际条约同中华人民共和国民事法律有不同规定的，适用国际条约的规定，但中华人民共和国声明保留的除外，中华人民共和国法律和中华人民共和国缔结或参加的国际条约没有规定的，可以适用国际惯例；第 144 条规定：不动产的所有权，适用不动产所在地法律。我国《合同法》第 269 条将工程勘查、设计施工归并于建设工程合同之中。《合同法》第十六章建设工程合同对此做出明确规定。据上述规定 FIDIC 合同条件在法律适用上包括（但不限于）以下与工程相关的实体法如：合同法、建筑法、房地产管理法、土地法、安全法、防震减灾法、劳动法、产品质量法、反不正当竞争法、价格法以及勘探、设计、监理、建筑规范与取费标准等一系列部颁规章、地方人大通过的规章和行业管理规定。

　　法律适用还应包括程序法：仲裁法、民诉法、招投标法、菲迪克《招标程序》等，业主（雇主）就应根据具体情况选择适用。2003 年 3 月 8 日国家计委、建设部、铁道部、交通部、水利部、信息产业部、航空总局联合发布的：工程建设项目施工招标投标办法是相关工程招投标必须遵循的部颁规章之一。

　　此外，全国人大、最高检、最高法颁布的有关立法和司法解释也是法律适用的重要方面。当事人不仅约定了法律的适用而且要对有争议的法律条款或者选择性的条款做出明确约定，例如，不可抗力，FIDIC 合同条件与我国合同法、FIDIC 合同条件与我国 GB—1999—201 建设工程施工合同中关于不可抗力的规定均存在着差别；"非典"即 SARS 是否属于不可抗力在上述合同通用条款中均没有规定。实践中有的合同当事人在签订时为了省事以"本合同以及与本合同相关的一切事项均受中华人民共和国法律管辖"一句话概括之，但有的需要做出具体明确的约定。

　　FIDIC 合同中的意思自治原则是当事人对权利义务约定的一种原则，但当事人在 FIDIC 合同中使用该原则时不得超出法律规定。例如：《合同法》第 273 条规定"国家重大建设工程合同，应当按照国家规定的程序和国家批准的投资计划，可行性研究报告等文件订立"，国家计委 3 号令以及联合发布的 30 号令对项目招投标均作了明确的规定。此外，我国重大建设项目工程对参建各方在资质审查、招投标、工程分包、项目法人责任制等方面均有明确规定，此类工程合同的订立如果采用

FIDIC 形式必须遵守中国法律、法规、规章的规定，这是国家主权的体现形式之一。当 FIDIC 合同具备涉外合同条件时，涉外合同的当事人不仅对法律适用做出约定，还可以选择处理合同争议所适用的法律。新编 FIDIC 通用条件在 1.1.6 条款中、我国民法通则第 45 条对此都做出了明确的规定。

在金砖国家、上合组织国、亚投行和带一路参与国之间还订有单边、多边条约、进行基础设施工程项目建设中适用项目所在国法律以及对等原则、国民待遇原则、争议与冲突等方面条款将在工程项目协议中另行约定、前文 FIDIC 在中国的应用有过相似的表述。

参考文献：

（1）《中华人民共和国建筑法》、（2）《中华人民共和国民法通则》、（3）《中华人民共和国合同法》、（4）建筑工程施工转包、违法分包等违法行为查处管理办法。（5）FIDIC《施工合同条件》《生产设备和设计—施工合同条件》《设计采购施工（EPC）及钥匙工程合同条件》《简明合同格式》

住房和城乡建设部发布第 1535 号公告，批准《建设项目工程总承包管理规范》为国家标准，编号为 GB/T50358-2017，自 2018 年 1 月 1 日起实施。出台有关北京、重大内容的调整和补充以及问题解决的方法，工程建设相关各方需要深入了解。

工程总承包项目管理办法

第一章 总则

第一条（目的和意义）为促进本市建设工程勘察、设计、施工等各阶段的深度融合，有效控制项目投资、提高工程建设效率，进一步推进和规范本市工程总承包的实施和发展，根据有关法律法规，结合本市实际情况，制定本办法。

第二条（定义）本办法所称工程总承包，是指从事工程总承包的企业（以下简称工程总承包企业）按照与建设单位签订的合同，对工程项目的勘察、设计、采购、施工等实行全过 程的承包，并对工程的质量、安全、工期和造价等全面负责的承包方式。

工程总承包一般采用设计—采购—施工总承包或者设计—施工总承包模式。建设单位也可以根据项目特点和实际需要，按照风险合理分担原则和承包工作内容采用其他工程总承包模式。

第三条（适用范围）经市建设行政管理部门或者试点区建设行政管理部门确定的试点项目，采用工程总承包组织建设和监督管理的，适用本办法。

政府投资项目、采用装配式或者 BIM 建造技术的项目应当积极采用工程总承包模式。

国家部委对于专业工程的工程总承包另有规定的，从其规定。

第四条（管理部门）市建设行政管理部门负责本市工程总承包活动的监督管理；区建设行政管理部门按照其职责权限，负责本行政区域内工程总承包活动的监督管理。

第二章 承发包管理

第五条（发包阶段）工程总承包发包可以采用以下方式实施：

（一）项目审批、核准或者备案手续完成；其中政府投资项目的工程可行性研究报告已获得批准，进行工程总承包发包；

（二）初步设计文件获得批准或者总体设计文件通过审查，并已完成依法必须进行的勘察和设计招标，进行工程总承包发包。

第六条（发包条件）采用工程总承包方式招标的，应具备下列条件：

（一）按照国家及本市有关规定，已完成项目审批、核准或者备案手续；

（二）建设资金来源已经落实；

（三）有招标所需的基础资料；

（四）满足法律、法规及本市其他相关规定。

采用本办法第五条第（一）项情形发包的，工程项目的建设规模、设计方案、功能需求、技术标准、工艺路线、投资限额及主要设备规格等均应确定，并满足下列情形之一：

（一）经核定的重点产业项目；

（二）建设标准明确的一般工业项目；

（三）功能需求可由国家或行业技术标准、规程确定的市政基础设施及维修项目、园林绿化项目；

（四）受汛期等因素制约的中、小型水利项目；

（五）采用装配式或者 BIM 建造技术的中、小型房屋建筑项目；

（六）列入市级重大工程且对建设周期有特殊要求的项目；

（七）其他前期条件充分且功能技术符合工程总承包发包的项目。

第七条（承包人资格）工程总承包企业应当具备与发包工程规模相适应的工程设计资质（工程设计专项资质和事务所资质除外）或施工总承包资质，且具有相应的组织机构、项目管理体系、项目管理专业人员和工程业绩。

第八条（承包禁止条件）工程总承包企业不得是工程总承包项目的代建单位、项目管理单位、监理单位、招标代理单位或者与前述单位有控股或者被控股关系的机构或单位。

采用本办法第五条第（二）项情形发包的，工程总承包企业还不得是项目的初步设计文件或者总体设计文件的设计单位或者与其有控股或者被控股关系的机构或单位。

第九条（项目负责人资格）工程总承包项目负责人应当具有相应工程建设类注册执业资格（包括注册建筑师、勘察设计注册工程师、注册建造师、注册监理工程师），拥有与工程建设相关的专业技术知识，熟悉工程总承包项目管理知识和相关法律法规，具有工程总承包项目管理经验，并具备较强的组织协调能力和良好的职业道德。

第十条（再发包情形）存在以下情形之一的，本办法称为工程总承包再发包：

（一）工程总承包企业具备相应的设计和施工资质的，可以自行实施工程的设计和施工业务，也可以将工程的全部设计或者全部施工业务再发包给具备相应资质条件的设计单位、施工总承包单位；

（二）工程总承包企业仅具备相应的设计或者施工资质的，应当自行实施其资质承揽范围内的设计或者施工业务，并将其资质承揽范围外的全部施工或者全部设计业务再发包给具备相应资质条件的施工总承包单位或者设计单位；

（三）工程总承包企业可以将工程的全部勘察业务再发包给具备相应资质条件的勘察单位。

上述工程总承包再发包，可以不再通过招标方式，但应当经建设单位同意，并在工程总承包合同中予以明确。

第十一条（暂估价招标）以暂估价形式包含在工程总承包招标范围内的，达到国家规定应当招标规模标准的重要设备、材料以及专业工程，应当依法进行招标。

工程总承包暂估价招标应当由建设单位，或者工程总承包单位，或者建设单位和工程总承包单位联合体作为招标人。

第十二条（禁止转包和违法分包）工程总承包企业不得将工程总承包项目进行转包，不得将工程总承包项目中设计和施工全部业务--并或者分别再发包给其他单位。工程总承包企业自行实施设计的，不得将工程总承包项目工程主体部分的设计业务分包给其他单位。工程总承包企业自行实施施工的，不得将工程总承包项目工程主体结构的施工业务分包给其他单位。

第十三条（招标文件编制）工程总承包项目招标文件的编制按照国家及本市相关规定执行：

（一）招标文件中应当提供完备、准确的水文、地勘、地形、工程可行性研究报告及其批复材料等基础资料，以保证投标方案的深度、准确度、针对性以及对工程风险的合理评估；

（二）招标文件中应当明确招标的内容及范围，主要包括：设计、勘察、设备采购以及施工的内容及范围、功能、质量、安全、工期、验收等量化指标；

（三）招标文件中应当明确招标人和中标人的责任和权利，主要包括：工作范围、风险划分、项目目标、奖惩条款、计量支付条款、变更程序及变更价款的确定条款、价格调整条款、索赔程序及条款、工程保险、不可抗力处理条款等；

（四）招标文件中应当要求投标人在其投标文件中明确再发包和分包内容；

（五）采用 BIM 技术或者装配式技术的，招标文件中应当有明确要求；建设单位对承诺采用 BIM 技术或装配式技术的投标人应当适当设置加分条件；

（六）建设单位应当在招标文件中明确最高投标限价。

第十四条（评标办法）工程总承包评标宜采用综合评估法，综合评估因素主要包括工程总承包报价、项目管理组织方案、勘察设计技术方案、设备采购方案、施工组织设计或者施工计划、质量安全保证措施、工程总承包项目业绩及信用等。工程总承包评标办法由市住房和城乡建设管理委员会另行制定。

第十五条（评标委员会的组成）评标委员会由招标人代表和有关技术、经济等方面的专家组成，总人数为不少于 9 人 的单数。

第十六条（提交投标文件截止时间）建设单位应当合理确定投标文件编制时间，自招标文件开始发售之日起至投标人提交投标文件截止时间止，采用本办法第五条第（一）项情形发包的，不得少于 45 日；采用本办法第五条第（二）项情形发包的，不得少于 30 日。

第十七条（专业分包）工程总承包企业和再发包承包单位应当自行完成承包工程范围内的主体工作，但可根据合同约定依法将其承包工程范围内的非主体工作分包给具有相应资质的分包单位。

第十八条（分包要求）工程总承包企业对承包工程进行分包的，应当征得建设单位同意；再发包承包单位对承包工程进行分包的，应当征得工程总承包企业同意。分包要求应当在招标文件中明确。

第三章　合同和结算

第十九条（合同形式）工程总承包项目宜采用总价包干的固定总价合同，合同价格应当在充分竞争的基础上合理确定，除招标文件或者工程总承包合同中约定的调价原则外，工程总承包合同价格一般不予调整。

第二十条（风险分担原则）建设单位和工程总承包企业应当在招标文件以及工程总承包合同中约定总承包风险的合理分担。建设单位承担的风险包括：

（一）建设单位提出的工期或建设标准调整、设计变更、主要工艺标准或者工程规模的调整；

（二）因国家政策、法律法规变化引起的工程费变化；

（三）主要工程材料价格和招标时基价相比，波动幅度超过总承包合同约定幅度的部分；

（四）难以预见的地质自然灾害、不可预知的地下溶洞、采空区或障碍物、有毒气体等重大地质变化，其损失与处置费由建设单位承担；因总承包单位施工组织、措施不当等造成的上述问题，其损失和处置费由工程总承包企业承担；

（五）其他不可抗力所造成的工程费的增加。除上述建设单位承担的风险外，其他风险可以在工程总承包合同中约定由工程总承包企业承担。

第二十一条（结算和审计）采用固定总价合同的工程总承包项目在计价结算和审计时，仅对符合工程总承包合同约定的变更调整部分进行审核，对工程总承包合同中的固定总价包干部分不再另行审核，审计部门可以对工程总承包合同中的固定总价的依据进行调查。

第四章　参建单位的责任和义务

第二十二条（建设单位责任）建设单位应当向工程总承包企业、工程监理等单位提供与建设工程有关的原始资料，原始资料应真实、准确、齐全。工程总承包项目正式开工前，建设单位应当做好与工程总承包项目实施相关的动拆迁、管线搬迁、三通一平等准备工作。

第二十三条（工程总承包企业项目组织）工程总承包企业应当具备与工程总承包项目相适应的管理能力，建立与工程总承包项目相适应的项目团队，实施工程总承包合同范围内的勘察、设计、采购、施工、性能检测、试运行、验收配合和交付等工程内容的总协调、总集成，督促再发包承包单位和分包 单位加强现场管理，全面履行工程总承包项目管理职责。

第二十四条（工程总承包企业、再发包承包单位责任）工程总承包企业应当按照工程总承包合同的约定，对总承包工程范围内的工程设计、施工质量、施工现场安全生产和工程进度等负总责；再发包承包单位应当按照再发包承包合同的约定对工程总承包企业负责；工程总承包企业和再发包承包单位对 再发包承包工程承担连带责任。

第二十五条（合同信息报送）参建单位应当按照本市有关规定向本市建设行政管理部门报送工程总承包合同、再发包承包合同和分包合同。

第二十六条（总承包项目人员配备）工程总承包企业应当配备项目负责人、项目设计负责人、项目勘察负责人、项目技术负责人、工程质量负责人、施工安全负责人、项目造价负责人等主要项目管理人员；再发包承包单位及分包单位应当按照国家及本市有关规定配备项目管理人员。

第二十七条（项目负责人责任）工程总承包企业项目负责人负责工程总承包项目的勘察、设计、施工等工程内容的总体组织、协调和实施，对工程总承包项目的工程质量、施工安全、工程工期和工程造价等负全面管理责任；再发包承包单位和分包单位的项目负责人，对合同责任范围内的工程质量和施 工安全承担连带管理责任；工程总承包企业和再发包承包单位项目负责人不得同时在两个或两个以上的工程项目上担任项目负责人。

第二十八条（监理单位责任）监理单位应当对工程总承包范围内的工程质量和施工安全实施监督管理，监理单位应当配备与监理工作相适应的项目监理机构人员，并承担相应监理责任。项目监理机构在项目实施过程中发现勘察、设计、施工行为违反法律法规、强制性技术标准或者合同约定的，应当要求工程总承包企业予以改正；工程总承包企业拒不改正的，应当及时报告建设单位。

第五章　监督管理

第二十九条（施工图审查）工程总承包项目按照相关法规规定应当进行施工图审查的，建设单位可以根据项目实施情况，将施工图分阶段报工程总承包项目所在地建设行政管理部门审查。

第三十条（施工许可）建设单位可以在符合国家和本市相关规定的前提下，一次性申请领取工程总承包项目的施工许可证，也可以根据施工图审查进度分标段申请领取施工许可证。

第三十一条（过程资料）工程总承包项目的各类工程管理技术性文件、报验表格等资料应按工程总承包项目特点和相关规定进行调整；工程资料由建设单位、工程总承包企业、监理单位负责人根据各自职能签署意见。

第三十二条（竣工验收和保修）工程总承包企业、监理单位等工程总承包参建单位应参与建设单位组织的工程竣工验收；工程竣工验收中总承包范围内涉及勘察、设计、施工等由工程总承包企业全面负责。

第三十三条（法律责任）工程总承包项目在实施过程中，有违反《中华人民共和国建筑法》、《中华人民共和国招标投标法》、《建设工程勘察设计管理条例》、《建设工程质量管理条例》、《建设工程安全管理条例》、《上海市建筑市场管理条例》等建筑业相关法律、法规的，按其相应处罚规定追究工程总承包企业和工程总承包项目负责人的法律责任。

第四章
案例

招标文件

（东南律师团修改稿）

洪泽湖生态环境提升工程美丽蒋坝 PPP 项目

标书编号：JSZC—YG2015—269

省政府采购中心

二〇一五年 九 月　 日

第一部分　招标公告

江苏省政府采购中心受 洪泽县县城建设指挥部办公室 的委托，决定就其所需的 洪泽湖生态环境提升工程美丽蒋坝PPP项目 进行公开招标采购，现欢迎符合相关条件并已经通过本项目资格预审的合格供应商投标。

一、采购项目名称及编号

项目名称：洪泽湖生态环境提升工程美丽蒋坝PPP项目

标书编号：JSZC-YG2015-269

二、采购项目简要说明及政府可行性缺口补贴限价

洪泽湖生态环境提升工程美丽蒋坝PPP项目，建设总投资为158315.87万元。总占地面积约：12.1平方公里，总投资额约15.8亿元。本项目分三期建设，一期：（1）滨湖风光带—观沧海、落霞滩，（2）温泉养生，（3）隐逸快活岭，（4）古镇老街；二期：（1）清泉营地，（2）百果飘香，（3）彭城安养社区；三期：（1）滨湖风光带—渔家傲，（2）荷塘月色。

本项目政府可行性缺口总额最高限价为_____。

三、供应商资格要求

本项目已经完成前期资格预审工作，资格预审的结果已经公告。凡通过资格预审的供应商，皆有资格参与本项目采购投标。本项目采购不接受任何未通过资格预审的供应商参与竞争。

资格预审过程中,采用联合体参加资格预审的,通过资格预审后在采购投标过程中提交的联合体协议应当符合本招标文件的要求。

四、招标文件提供信息

招标文件提供及公告期限:本项目已经完成前期资格预审工作,通过资格预审的供应商,自采购公告在"江苏政府采购网"发布之日起 5 个工作日内,由江苏省政府采购中心向通过资格预审的供应商发送招标文件。供应商如确定参加投标,请如实填写参与投标确认函并按要求传真回复(传真号码:025-8363××××)。如供应商未按上述要求去做,将自行承担所产生的风险。有关本次采购的事项若存在变动或修改,敬请及时关注"江苏政府采购网"发布的信息更正公告。

五、投标文件接收信息

投标文件接收时间:2015 年　月　日上午 9:30

投标文件接收截止时间:2015 年　月　日上午 9:30

投标文件接收地点:南京市山西路 8 号金山大厦 B 楼 22A 层

投标文件接收人:

六、开标有关信息

开标时间:2015 年 9 月　上午 9:30

开标地点:南京市山西路 8 号金山大厦 B 楼 22A 层

七、本次采购联系事项

江苏省政府采购中心地址:南京市山西路 43 号 4 楼

邮编:210009

网址:采购中心

联系人:

联系电话:025-

采购人：洪泽县县城建设指挥部办公室

联系人：

联系电话：

采购人咨询顾问：江苏省建信招投标有限公司

联系人：解定骏

联系电话：对项目需求部分的咨询、质疑请与采购人联系。

八、投标文件制作份数要求：

正本份数：1 份　副本份数：6 份

九、本次投标保证金

投标保证金金额为人民币 500 万元整

户　　名：江苏省政府采购中心

开户行：招商银行南京分行城西支行

账　　号：

投标保证金应以在中国注册的银行出具的银行本票（同城）、汇票（异地，除华东三省一市的汇票外，其他汇票必须提供"解讫通知"联）。如采用转账／银行电汇形式的保证金，投标人须在开标日一天前确认到达采购中心账户。

第二部分　合作方社会资本须知

分目录

第一章　说明

1. 定义与解释

2. 项目描述

3. 项目公司的经营范围

4. 合格的社会资本合作方

5. 投标费用

6. 招标工作原则

第二章　招标文件

7. 招标文件内容

8. 合作方社会资本的责任

9. 招标文件的澄清

10. 招标文件的修改

11. 补充通知

第三章　投标文件的准备

12. 投标文件的格式

13. 投标文件的符合程度

14. 建设与运营方案

15. 财务方案

16. 法律方案

17. 投标的保证金

18. 投标文件的语言

19. 投标文件的份数

20. 投标文件的式样和签署

第四章　采购前答疑会

21. 采购前答疑会

第五章　投标文件的递交

22. 递交截止时间

23. 递交截止时间的推迟

24. 投标文件的封装与标识

25. 投标文件的提交

26. 向融资方提交项目协议

第六章　投标文件的有效期

27. 投标文件有效期

28. 投标文件有效期的延长

29. 投标保证金的有效期和退还

第七章　投标文件的澄清和拒绝

30. 对错误的纠正

31. 投标文件的澄清

32. 无效投标条款和废标条款

33. 拒绝投标文件的通知

第八章　投标文件的开启和评审

34. 投标文件的开启

35. 投标文件的评审

36. 投标文件的技术评审

37. 投标文件的商务评审

38. 社会资本合作方排序

39. 采购结果确认谈判

第九章　合作方社会资本选定

40. 资格确认

41. 社会资本合作方选定

第十章　社会资本合作方选定后的程序

42. 草签项目协议

43. 合作方社会资本选定后的通知

44. 额外现场调查工作

45. 项目公司注册

46. 签署项目协议

47. 融资交割

48. 履约保函

第十一章　附件

附件 1 投资申请书

附件 2 授权委托书

附件 3 初始政府补贴价格开标一览表

一、建设与运营方案

二、财务方案

附表 1 资本资金来源和金额

附表 2 借还款计划表

附表 3 项目总投资估算表

附表 4 项目总投资使用计划与资金筹措（融资方案）表

附表 5 固定资产折旧表

附表 6 设备大修与重置计划表

附表 7 重置资产折旧估算表

附表 8 成本估算基础数据表

附表 9 相关税率基础数据表

附表 10 运营维护费用表

附表 11 运营维护费用占比分析表

附表 12 总成本费用表

附表 13 营业收入估算基础数据表

附表 14 营业收入估算表

附表 15 初始政府支付可行性缺口补贴总额构成表

附表 16 初始政府年均支付可行性缺口补贴金额一览表

附表 17 利润和利润分配表

附表 18 主要技术经济指标表

三、法律方案

第一章　说明

1. 定义与解释

1.1　定义

1.1.1 "采购人"

指洪泽县县城建设指挥部办公室（简称"洪泽县城建办"）。

1.1.2 "采购中心"

指江苏省政府采购中心。

1.1.3 "采购方"

指采购人通过采购中心，在授权范围内，实施政府采购的一方。

1.1.4 "社会资本合作方"

指已通过资格预审、参加本项目下一阶段竞争性谈判、在中华人民共和国境内依法设立的独立法人，也称为"投标人"（参与竞争性谈判的一方）。

1.1.5 "候选社会资本合作方"

指根据本须知第 38 条选定的、最具竞争力的、社会资本合作方。

1.1.6 "特许经营权授权方"

指洪泽县人民政府授权的职能部门。本项目的特许经营权授权方为经洪泽县人民政府授权的洪泽县城建办。

1.1.7 "项目设施"

指经合作各方共同参与建设洪泽湖生态环境提升工程美丽蒋坝 PPP 项目、提供服务所需的、形成的所有固定资产、可移动资产及所有为实现项目协议目的所需用的相关设备和设施等。

1.1.8 "项目公司"

指本项目中标人即出资的社会资本合作方与洪泽县人民政府即特许经营权授权方为履行 PPP 特许经营合同约定义务而设立的、具有独立法人资格的经营实体。

1.1.9 "递交截止时间"

指根据本须知第 22 条，资格预审合格的社会资本合作方向采购中心提交投标文件的截止时间。

1.1.10 "投标文件有效期"

自递交截止时间起十二（12）个月，社会资本合作方可应采购中心的书面要求延长投标文件的有效期。

1.1.11 "前期费用"

本项目前期费用由采购人先行支出，包括前期调研费、设计、项目建议书及可研编制等费用，待项目公司成立后据实计算并支付给采购人，并将其纳入项目公司投资总额。

1.1.12 "招标文件"

指本须知第 7 条所列的文件及其所有的补充通知。

1.1.13 "PPP 项目特许经营协议"

指由特许经营权授权方即洪泽县城建办与项目公司签署的，准予选定的社会资本合作方按照该协议、《洪泽湖生态环境提升工程美丽蒋坝一期项目运营服务协议》等规定投资—建设—运营—移交本项目的协议。本招标文件中在相关政策、要求、标准以及规范中具有同等解释。

1.1.14 "洪泽湖生态环境提升工程美丽蒋坝一期项目运营服务协议"

指由洪泽县城建办与项目公司为《PPP 项目特许经营协议》实施之目的，与《PPP 项目特许经营协议》签署日同时签署的、就项目公司运营和维护项目设施，提供旅游景点运营服务，就洪泽县城建办（或由其授权指定的实施机构）对运营及服务质量监管考核以及政府可行性缺口补贴价格计算和支付办法等事项所依据的条款及条件所达成的协议。

1.1.15 "投资合作协议"

指项目公司尚未成立之前，由洪泽县人民政府（洪泽县城建办）与社会资本合作方签订的，旨在明确双方合作意向、详细约定双方有关项目合作的关键权利及义务所达成的协议。

1.1.16 "项目协议"

指本项目《投资合作协议》、《PPP 项目特许经营协议》、《洪泽湖生态环境提升工程美丽蒋坝一期项目运营服务协议》的总称。

1.1.17 "建设期"

洪泽湖生态环境提升工程美丽蒋坝 PPP 项目一期项目建设期不得超过两年（二十四个月），二、三期项目建设期以采购人与项目公司另行协商为准。

1.1.18 "特许经营期"

仅就本协议而言，指自本项目生效日起，一期运营期十（10）年（含建设期 2 年）。特许经营期满后，项目公司应按照 PPP 项目特许经营协议的有关规定将项目设施无偿完好移交给洪泽县城建办或其指定机构。

1.1.19 "生效日"

指经洪泽县人民政府审批，洪泽县城建办和项目公司正式签署《PPP 项目特许经营协议》、《洪泽湖生态环境提升工程美丽蒋坝一期项目运营服务协议》后，洪泽县城建办向项目公司移交项目土地之日。

1.1.20 "融资交割"

指社会资本合作方及 / 或项目公司签署并向采购人递交实施本项目所需的有关融资文件及其他证明文件，用以证明项目公司为建设项目所需的全部资本资金和债务资金已经到位，或已完成融资手续，随时可以提用该等款项。

1.1.21 "融资机构"

指将为本项目提供资金的银行或其他金融机构。

1.1.22 "选定的社会资本合作方"

指按照本须知第 41 条，采购人根据本须知的规定选定的合格社会资本合作方。

1.1.23 "投标文件"

指合作方社会资本在递交截止时间前提交，由其根据本须知要求准备的有关本项目的申请文件，以及经采购中心随时要求而提供的书面澄清和补充文件。

1.1.24 "投资申请书"

指合作方社会资本按照本须知附件 1 格式准备的投资申请书。

1.1.25 "建设与运营方案"

指合作方社会资本按本须知第 14 条规定提交的，作为其投标文件的一部分的建设与运营方案，包括双方以书面形式对此可能做出的任何修订或补充，并将作为项目协议的附件。

1.1.26 "财务方案"

指合作方社会资本按本须知第 15 条规定提交的，作为其投标文件的一部分的财务方案，包括双方以书面形式对此可能做出的任何修订或补充，并将作为项目协议附件。

1.1.27 "法律方案"

指合作方社会资本为履行《投资合作协议》、《PPP 项目特许经营协议》、《洪泽湖生态环境提升工程美丽蒋坝一期项目运营服务协议》，依照法律、规章和政策规定，结合具体实践对项目全过程而采用的保障手段、机制、措施。法律方案作为项目协议附件而载入相关协议中，作为履约保证的手段之一。

1.1.28 "初始政府可行性缺口补贴总额"

指合作方社会资本在递交的投标文件中标明的自洪泽湖生态环境提升工程美丽蒋坝项目正式商业运营日始至特许经营期结束后的初始政府补贴总额。

合作方社会资本对洪泽湖生态环境提升工程美丽蒋坝 PPP 项目的政府补贴价格进行报价，按照特许经营期内的初始政府补贴总价进行竞争。

1.1.29 "初始年均可行性缺口补贴金额"

指合作方社会资本在递交的投标文件中标明的自洪泽湖生态环境提升工程美丽蒋坝项目正式商业运营日始至特许经营期结束后的初始政府年均补贴总额，并将政府补贴总额平均分配到每年运营期内补贴的金额。

1.1.30 "政府可行性缺口补贴总额"

指项目公司按照《PPP 项目特许经营协议》、《洪泽湖生态环境提升工程美丽蒋坝一期项目运营服务协议》和《投资合作协议》的要求，完成全部建设任务后，根据实际完成的全部建设成本和投标文件自报的投资回报率并经政府部门审计审定的在运营期内政府补贴总额。

1.1.31 "年均可行性缺口补贴金额"

指项目公司按照《PPP项目特许经营协议》、《洪泽湖生态环境提升工程美丽蒋坝一期项目运营服务协议》和《投资合作协议》的要求，完成全部建设任务后，根据实际完成的全部建设成本和投标文件自报的投资回报率并经政府部门审计审定的在运营期内政府补贴总额。并将政府补贴总额平均分配到每年运营期内补贴的金额。

1.1.32 "温泉养生服务费"

指项目公司按《洪泽湖生态环境提升工程美丽蒋坝一期项目运营服务协议》运营温泉养生项目获得的使用者付费的服务费。

1.1.33 "温泉酒店住宿费"

指项目公司按《洪泽湖生态环境提升工程美丽蒋坝一期项目运营服务协议》运营温泉酒店项目获得的使用者付费的服务费。

1.1.34 "融合式旅居村租金"

指项目公司按《洪泽湖生态环境提升工程美丽蒋坝一期项目运营服务协议》运营融合式旅居村项目获得的使用者付费的租金。

1.1.35 "其他旅游收入"

指项目公司按《洪泽湖生态环境提升工程美丽蒋坝一期项目运营服务协议》增加旅游景点服务项目获得除"温泉养生服务费、温泉酒店住宿费、融合式旅居村租金"以外的使用者付费的服务费。

1.1.36 "超额利润总额"

指运营期末年，若经审计的项目公司投资回报率大于8%，项目公司净利润总额与投资回报率为8%时净利润总额之差为超额利润，投资回报率以项目公司经审计的总投资为计算基础。

1.1.37 "关联机构"

就本须知任何一方而言，指控制该方、受该方控制以及与该方共同受某一第三方控制的公司或任何其他实体。上述定义中的一方对另一方的"控制"是指一方直接或间接地控制另一方决策机构（即股东大会和/或董事会，视情况而定）的决策权。

1.2 解释

对本招标文件的解释应依照以下原则进行：

1.2.1 除非本招标文件另有规定，其中提到的条款和附件均指本招标文件的条款和附件。

1.2.2 除非本招标文件另有规定，提及的一方或双方均为本文件的一方或双方及其正当的继任者或受让人。

1.2.3 除非本招标文件另有明确规定，当使用词组"包括"时，无论其是否包含"但不限于"字样，仍应视为包括本招标文件全部其他相关条款。

1.2.4 本招标文件任何章、条或款的小标题不应视为对招标文件的当然解释，本招标文件的各个组成部分都具有同样的法律效力和同等的重要性。

1.2.5 在本招标文件中，无论何处及由任何人发出或颁发任何通知、同意、批准、证明或决定，除另有说明外，均指其书面形式。

1.2.6 除本招标文件另有规定外，本文件中使用的"天"、"日"均指日历日。

1.2.7 提及本招标文件时应包括以任何方式修改、补充和替代的本招标文件及其附件。本招标文件的附件为招标文件不可分割的组成部分。

2. 项目描述

2.1 项目具体内容

洪泽湖生态环境提升工程美丽蒋坝 PPP 项目选址拟定于洪泽县蒋坝镇，总占地面积约：12.1 平方公里，总投资额约 15.8 亿元。本项目分三期建设，一期：（1）滨湖风光带—观沧海、落霞滩，（2）温泉养生，（3）隐逸快活岭，（4）古镇老街；二期：（1）清泉营地，（2）百果飘香，（3）彭城安养社区；三期：（1）滨湖风光带—渔家傲，（2）荷塘月色。

2.2 项目实施

洪泽湖生态环境提升工程美丽蒋坝 PPP 项目实现旅游、休闲、度假一体化运作，采用 PPP 模式引入社会投资运营方，按照"建设—运营—移交"方式实施特许经营，至特许经营期满移交美丽蒋坝项目的全部设施并保证正常运行。本项目一期的特许经营期为 10 年，含建设期 2 年。

2.3 项目立项

本项目已由洪泽县发改委完成项目立项。

2.4 招标方式

本次招标采取公开招标方式，本招标文件仅适用于本招标公告中所述项目。

2.5 采购机构

本项目在"江苏政府采购网"发布采购公告。

洪泽县城建办是本项目采购人。

2.6 采购程序

本项目采购程序分为两个阶段：第一阶段由评审小组根据社会资本合作方的投标文件进行打分评比，根据评分结果选出前三名投资候选人进入采购结果确认谈判程序；第二阶段由项目实施机构成立专门的采购结果确认谈判工作组，按照评审报告推荐的候选社会资本排名，依次与候选社会资本（可包括其合作的金融机构）就项目合同中可变的细节问题进行项目合同签署前的确认谈判，最终率先达成一致的候选社会资本即为本项目预中标社会资本。

2.7 采购时间表

项目采购工作时间安排如下：

2.7.1 发布招标文件：2015 年 9 月　日

2.7.2 现场考察自行组织，采购前答疑会：2015 年 9 月　日下午 2：30 在 召开答疑会，地址：。

2.7.3 投标文件递交截止时间：2015 年 9 月　日上午 9：30

2.7.4 组织开评标：2015 年 9 月　日

2.7.5 组织采购结果确认谈判：评标结束后即组织采购结果确认谈判并签署确认谈判备忘录。（请投标人谈判团队至开标现场等候，做好谈判准备。除招标文件中实质性条款外，所有非实质性条款均可能成为谈判内容。）

如上述时间安排有变动，采购中心将及时提前通知所社会资本合作方。

2.8 政府部门审批

签署确认谈判备忘录后，洪泽县人民政府或授权城建办及有关部门，按相关审批程序审查批准本项目。

2.9 前期费用

本项目前期费用由采购人先行支付，暂定为万人民币。包括但不限于前期调研费、咨询费、环评费、设计、项目建议书及可研编制等费用，待项目公司成立后据实计算并支付给采购人，并将其纳入项目公司投资总额。

2.10 权利义务的承受

采购人在对本项目进行采购前，如果已就项目的一些工作与相关单位签署了合同或协议，项目公司成立后应与上述单位以及其他相关单位在已签合同、协议基础上补签有关合同，依法受让采购人及其委托机构在为本项目实施之目的已所签合同、协议项下的所有权利和义务。

2.11 土地使用权

本项目由采购人协助项目公司以"国有建设用地使用权出让"方式取得本项目实施范围以内的土地使用权。项目公司取得此用地付出的土地使用权转让价款等相关费用纳入本项目总投资。特许经营期结束后，本项目土地使用权由项目公司无偿移交给洪泽县城建办或其指定单位。

项目公司不得全部或部分转让、出租该等土地，不得改变本项目的用地性质，不得为本项目融资以外的目的抵押本项目土地，不得将土地用于本项目之外的任何目的。

2.12 市政配套条件

采购人或委托其他机构提供项目用地红线外满足项目正常建设所需的临时市政配套设施，包括道路、给水、临时供电等。

2.13 项目商业运营后适用的相关政策

用电政策：由社会资本合作方根据项目建设内容和运营预期自行作尽职调查。

税收政策：由社会资本合作方自行作尽职调查。

2.14 法律适用

本次招标及由此形成的合同文件，受中华人民共和国法律、法规制约和保护；受相关部颁规章和政策规定制约。

2.15 招标文件的约束力

投标人一旦参加本项目投标，即被认为接受了本招标文件的规定和约束。

3. 项目公司的经营范围

3.1 项目公司的经营范围

旅游产业项目开发；旅游产业投资与资产管理；社会经济咨询；会议及展览服务；物业服务；酒店管理；建筑装饰业；农业资源的综合开发；农业园业基础设施建设；河道的疏浚；市政工程和商业配套设施建设管理。（依法须经批准的项目，经相关部门批准后方可开展经营活动）

4. 合格的社会资本合作方

4.1 满足资格要求的社会资本合作方

满足资格预审中资格要求并通过资格预审的社会资本合作方。

4.2 资格预审合格的社会资本合作方

只有收到采购中心发出的资格预审合格通知书的潜在社会资本合作方才能参加投标。本项目采购不设置资格后审环节，不接受未通过资格预审的任何社会资本合作方。

4.3 资格预审合格的社会资本合作方的变更限制

4.3.1 通过资格预审的社会资本合作方，不得被其子公司代替，或另行设立专门的公司代替其完成按照本协议应由其自身完成的谈判、签约及其他后续程序；否则采购中心保留依照本须知规定采取一切措施的权利。

4.3.2 采购中心在必要时可以要求已通过资格预审的社会资本合作方，以采购中心能接受的方式，另行提供该等社会资本合作方履行股权出资及融资等义务的保证。

5. 投标费用

5.1 投标费用

投标人应自行承担所有与参加投标有关的费用，无论投标过程中的做法和结果如何，江苏省政府采购中心在任何情况下均无义务和责任承担这些费用。

本次招标采购中心和采购人不收取标书工本费与中标服务费。

6. 采购工作原则

6.1 无差别待遇

6.1.1 采购中心将以无差别待遇和客观的态度确保项目的采购工作规范有序。

6.1.2 采购中心不向任何社会资本合作方提供可能导致限制竞争的有关项目或采购工作的信息。

6.2 禁止与其他社会资本合作方串通

每一个社会资本合作方保证其投标文件内容是独立完成的。任何含有出于限制竞争目的而与其他潜在的社会资本合作方商议、串通或取得他方理解的投标文件将被视作无效，社会资本合作方的投标保证金或保证金将会被没收。

6.3 禁止行贿

如果社会资本合作方（或其雇员、代理人或顾问）参与了：

6.3.1 采用金钱或其他任何形式对采购方（或其雇员、代理人）行贿；或者

6.3.2 对采购方在采购过程中所采取的行动或决定，或对采购方所遵循的程序采取其他不正当手段或违法行为，则该社会资本合作方的投标文件将被视为无效，其投标保证金或保证金将会被没收。

6.4 社会资本合作方与采购人和政府部门之间的联系

除非事先得到采购人的同意，社会资本合作方与任何政府部门或任何有关政府官员之间的所有与本项目投标有关的联系必须通过采购中心进行。

采购方对不是由其提供给社会资本合作方的信息不承担任何责任。

6.5 保密

6.5.1 采购方将对所有社会资本合作方提交的投标文件、文件、信息和方法保密，并将采取合理谨慎措施不予披露；未经有关社会资本合作方的书面同意，不得使用上述投标文件、文件、信息或方法。

6.5.2 为评选和谈判之目的，采购方可以向其顾问提供本款所述的投标文件、信息和方法。

6.5.3 每个潜在的社会资本合作方为准备竞争和谈判之目的，有权向其顾问和金融机构提供本款所述的投标文件、文件、信息和方法。

6.5.4 采购方或潜在的社会资本合作方应确保其顾问或金融机构受本条项下适用于采购方或潜在社会资本合作方的保密义务的约束。

6.6 采购方的保留权利

6.6.1 采购方保留因为政策法律的变化或因公共利益的需要而在任何时候中止

本次招标的权利，不承诺本次采购一定要产生选定的社会资本合作方，并且不因此对社会资本合作方承担任何赔偿责任。

6.6.2 如出现投标截止时间结束后参加投标的供应商或者在评标期间对招标文件做出实质响应的供应商不足三家情况，按财政部第 18 号令第四十三条的规定执行。

6.6.3 采购方保留依照本须知规定采取一切措施的权利。

第二章　招标文件

7. 招标文件内容

7.1 招标文件包括以下内容：

第一部分　招标公告

第二部　社会资本合作方须知

第一章　说明

第二章　招标文件

第三章　投标文件的准备

第四章　现场考察和采购前答疑会

第五章　投标文件的递交

第六章　有效期

第七章　投标文件的澄清

第八章　投标文件的开启和评审

第九章　社会资本合作方选定

第十章　社会资本合作方选定后的程序

第十一章　附件

第三部分　采购实质性条款

第四部分　投资合作协议

第五部分　PPP 项目特许经营协议

第六部分　洪泽湖生态环境提升工程美丽蒋坝一期项目运营服务协议

第七部分　评标方法和评标标准

第八部分 项目资料库

请仔细检查招标文件是否齐全，如有缺漏请立即与采购中心联系解决。

7.2 投标人应认真阅读招标文件中所有的事项、格式、条款和规范等要求。按招标文件要求和规定编制投标文件，并保证所提供的全部资料的真实性，以使其投标文件对招标文件做出实质性响应，否则其风险由投标人自行承担。

8. 社会资本合作方的责任

8.1 社会资本合作方须采取一切必要的步骤仔细审查并熟悉招标文件的要求和条款。

8.2 采购方不承担社会资本合作方对招标文件做出的任何错误的理解或结论的责任。

8.3 社会资本合作方对在招标文件中或其他文件中提供的资料或材料应进行核实。否则，采购方对上述资料或材料中任何错误、遗漏、有失准确之处，或判断上的错误不承担任何责任。

8.4 社会资本合作方应认真阅读招标文件中所有的事项、条款和要求。没有按照招标文件要求提交全部资料，或者投标文件没有对招标文件做出实质性响应，可能导致投标文件被判定为无效投标或使投标文件在评审中处于不利地位，这些风险、后果以及责任应由社会资本合作方自行承担。

9. 招标文件的澄清

9.1 投标人可向采购中心提出对招标文件进行澄清的要求。

9.2 任何要求对招标文件进行澄清的投标人，应在投标截止期十（10）日前按招标公告中的通讯地址，以书面形式通知采购中心。

9.3 需采购中心澄清招标文件的要求若具有普遍性，采购中心将以本款第 11 条补充文件的形式在递交截止时间五（5）日前在江苏省政府采购网公布，但不包括该等澄清要求的来源。补充文件将为招标文件的一部分，投标人须在收到补充通知后二（2）日内书面确认已收到该等补充通知。

10. 招标文件的修改

10.1 在投标截止时间三天前，采购中心均可以对招标文件进行修改。

10.2 采购中心有权按照法定的要求推迟投标截止日期和开评标日期。

10.3 招标文件的修改将在江苏省政府采购网公布，补充文件将作为招标文件的组成部分，并对投标人具有约束力。

11. 补充通知

补充通知为招标文件的一部分，社会资本合作方须在收到补充通知后二（2）日内书面确认已收到该等补充通知。

第三章　投标文件的准备

12. 投标文件的格式

每一社会资本合作方应严格按照本须知附件 1-4 中规定的格式填写并提交投资申请函及其他附件。

13. 投标文件的符合程度

13.1 拒绝实质性变更

以第 13.2 款的规定为条件，投标文件应与招标文件的条款和要求一致，若投标文件提出的变更建议实质上影响了招标文件在项目结构、投资主体及法律协议的实质性内容等方面的条款和要求，则会以无效投标而被拒绝。

13.2 符合性要求

每一社会资本合作方均有义务在投标文件中提交符合如下标准的信息资料：

13.2.1 完整、准确，完全与招标文件相对应；

13.2.2 足够详尽，以使采购方能认定资料准确无误。

如果社会资本合作方提交的部分信息资料不清晰，采购中心可以但无义务要求社会资本合作方给予书面澄清。

13.3 真实性要求

社会资本合作方应保证其投标文件中所提供的所有有关社会资本合作方的资料、信息是真实的、并且来源于合法的渠道。因投标文件中所提供的有关资料、信息不真实，或者其来源不合法而导致的所有法律责任，由社会资本合作方自负。

13.4 对投标文件澄清文件的接受

社会资本合作方提交的用以澄清其投标文件的进一步的资料应在不影响其投标文件实质性内容的前提下被接受，并会按其对应的上下文予以考虑。

14. 建设与运营方案

14.1 建设与运营方案的编制基础

社会资本合作方须在招标文件中的"技术规范与要求"(《PPP 项目特许经营协议》附件)以及项目资料库所提供的项目资料以及自行调研的基础上准备建设与运营方案。

14.2 建设与运营方案的编制要求

建设与运营方案的编制须知:

14.2.1 温泉养生、温泉酒店达到施工图报批阶段,其他工程达到初步设计报批深度;

14.2.2 满足《PPP 项目特许经营协议》附件 3 中所列技术标准;同时足够详细,使采购方能够:

(1)理解社会资本合作方将如何实施项目;

(2)以客观和公开的标准,与招标文件相一致的方式对投标文件进行比较。

14.3 建设与运营方案的组成

建设与运营方案须包括:

14.3.1 建设管理方案

建设管理方案须包括:

(1)项目管理组织机构;

(2)建设进度、质量、成本的控制措施;

(3)拟采用的项目建设发包方式及合同管理措施;

(4)向采购方及政府部门的信息报告制度;

(5)其他需要说明的内容。

14.3.2 运营管理方案

运营管理方案须包括:

(1)项目公司在整个特许期内的连续运营方法及保障方案;

(2)项目公司降低成本,提高质量的具体方案;

(3)项目公司通过对项目设施的良好维护和保养实现资产保值的方案;

(4)项目公司对委托经营资产的维护和保养方案;

（5）恢复性大修及移交方案；

（6）其他需要说明的内容。

14.4 建设与运营方案的内容要求

建设与运营方案须包括但不限于对以下内容的描述和说明：

14.4.1 说明投标人将如何使用优质的设备及材料确保下列条件的满足：

（1）主要机电设备的总工作寿命 15 年，构筑物的使用寿命为 50 年；

（2）运营期内具备设计文件规定的温泉、疗养、养老服务、酒店、餐饮等旅游服务能力；

（3）连续不间断（指每年不少于 300 天，每天 24 小时）地旅游接待；

（4）特许经营权 10 年期限内本项目范围内工程、设备的维护和移交。

14.4.2 明确声明在下述日期，有关项目设施性能保证值的范围及其所愿意承担的义务或承诺：

（1）项目公司正式商业运营之日；

（2）项目设施在特许期结束时，移交给洪泽县城建办或其指定机构之日。

14.4.3 特许经营期内项目设施的运营计划，该计划须说明项目公司在特许经营期内温泉、疗养、养老服务、酒店、餐饮等旅游服务的运营体系，包括日常管理的主要流程，各处理环节的责任权属，与上述内容相关的运营手册样本。

14.4.4 特许经营期内的项目设施检修维护方案（包括本项目建设范围内所涉及的旅游景观、道路等各项内容），该方案须说明公司在特许经营期内对项目设施的维护体系，包括日常及非日常的各项检查、维修、维护、改进计划，以及与之相关的检验与维护手册样本。

14.4.5 对以下内容提供详细解释：

（1）旅游设施的技术性能指标；

（2）主要材料、设备及附件的基本技术性能、标准、类型、主要技术参数，并对制造商及产地给予建议；

（3）劳动保护、用工、工业卫生和安全、消防措施及其主要技术原则；

14.4.6 拟建立的项目公司的法人治理结构、管理结构和人员编制方案草案。

14.4.7 项目公司在特许经营期内，对旅游景区等级评定标准变化时的解决方案，包括但不限于：

(1) 技术更新、环境改造方案；

(2) 环境污染的紧急处理方案。

14.4.8 建议的环境保护方案介绍，其中须包括：

(1) 防治噪声污染以及腐蚀、臭气、事故排放等；

(2) 项目公司场地绿化方案；

(3) 施工期间的环境保护方案。

14.4.9 项目公司为维持正常运营而进行的大修和重置方案，包括但不限于大修频率、范围、设备重置的规格、数量等方面（原则上只允许设备轮流大修）：

(1) 正常运营期间的大修和重置方案；

(2) 大修和重置期间满足运营服务的要求。

14.4.10 特许经营期届满的恢复性大修及将项目设施无偿移交给采购人的方案。

14.4.11 图纸、方案说明和表格说明：

(1) 总平面布置图；

(2) 建设进度描述；

(3) 道路绿化布置图；

(4) 有关附属设施的说明。

15. 财务方案

15.1 财务方案的编制基础

15.1.1 社会资本合作方须根据招标文件的有关规定，以及实施第 14 条所述建设与运营方案需要的投资和运营成本的基础上，准备本项目财务方案；

15.1.2 本项目投资总额预计为 158315.87 万元，一期项目投资额为 65478.87 万元；本次采购中，为统一竞争条件，设置本项目一期总投资暂定价格为 65478.87 万元，投标人在财务方案附表 3 项目一期总投资估算表中通过"投资调整"一栏统一将项目一期总投资调整为 65478.87 万元。社会资本合作方在财务方案中初始一期总投资按照 65478.87 万元计算，并作为政府补贴价格计算的基础，本项目建设完成后，通过政府审计部门的决算审计再具体调整项目一期投资总额，并且据此审定政府补贴价格；

15.1.3 本项目社会资本合作方提出的项目公司投资回报率不得高于 8%，社会资本合作方提出的项目公司合理利润率、投资回报率作为初始一期总投资决算审计后审定补贴总额的依据。

15.1.4 本项目政府和社会资本共同投资设立项目公司，项目公司注册资本金为 10000 万元，政府国有出资人参股比例为 20%，社会资本参股比例为 80%，即社会资本合作方必须保证投入项目公司的注册资本金为 8000 万元；

15.1.5 选定社会资本合作方之后，社会资本合作方承担融资交割任务。该融资交割完成日不得晚于项目协议草签后的一百二十（120）日。

15.2 财务方案内容

财务方案包括但不限于：

15.2.1 社会资本合作方的财务状况，包括对该项目的筹措开发费、股权出资和合理的成本超支部分的支付能力；

15.2.2 项目公司日常运营维护的成本明细表，包括但不限于大修费、日常维修费、管理费用等的支出构成，并对每项分别加以说明；

15.2.3 初始政府可行性补贴价格构成表（附表 15）及其详细计算说明，响应人应就响应报价提供详细的财务测算计算过程，尤其是详细说明酒店、温泉及融合式旅居村运行维护的成本费用及收益测算费用，内容不限于附件中财务测算表的格式要求；

15.2.4 对项目公司在特许经营期内温泉养生服务费、酒店住宿费以及融合式旅居村租金调价公式及其系数的确定依据的说明；

15.2.5 社会资本合作方在自行评估、预测和计算后做出的项目公司大修、改进、更新和重置的实施和投资计划及相应的资金筹措方案；

15.2.6 项目公司在特许经营期内预期的年度损益表、现金流量表、资产负债表、债务费用比例和偿还时间表；

15.2.7 融资方案

（1）项目公司股权结构、资本金比例、加权资金成本；

（2）项目的融资计划，包括详述资金的来源和使用、资金成本、资本结构、年度借还款计划表（附表 2）、项目融资风险分析及其控制方案和项目融资担保方案；

（3）社会资本合作方所愿意承担的对项目公司的财务支持，包括可能的担保或股东贷款；

（4）银行或其他金融机构的融资支持文件（包括但不限于贷款承诺函/意向书等），其中明确描述对本项目提供融资支持的具体方式、金额、期限和条件；

（5）提供融资支持文件的银行或金融机构的一般资料，以及在类似项目上的经验资料（以本项目融资结构为基础，特别是基础设施项目融资方面的经验）。

15.2.8 保险方案

（1）对项目总体商业风险分析和风险控制措施的说明；

（2）在特许经营期内本项目计划投保的险种及保险金额；

（3）以上述 15.2.7（2）项为基础的预计保险费率和保费支出。

上述各项成本费用、收入、融资计划等数据的测算年限为整个特许经营期。

16. 法律方案

16.1 法律方案的编制基础

招标文件中的《PPP 项目特许经营协议》、《洪泽湖生态环境提升工程美丽蒋坝一期项目运营服务协议》和《投资合作协议》及其附件。

16.2 法律方案的内容

法律方案须包括：

16.2.1 社会资本合作方是否接受项目协议各项条款内容的明确陈述；

16.2.2 若其在对法律协议的内容不提出不利于采购人的实质性修改的前提下，对该等项目协议内容有修改建议，则社会资本合作方可在其投标文件中说明对所提出的项目协议条款之修改建议。

16.3 不可接受之变更建议

如果社会资本合作方在投标文件及其中的法律方案中提出包括但不限于下列任一变更要求，则第 16.2 款第（2）项所述的变更建议将不会被接受，并且会导致采购方拒绝整份投标文件：

16.3.1 要求采购人或蒋坝镇政府相关职能部门提供本项目内部收益率或其他固定回报的保证；

16.3.2 要求任何政府部门向项目提供的信用支持超过本招标文件已说明的信用

支持；

16.3.3 要求改变本招标文件第三部分（采购实质性条款）；

16.3.4 要求改变招标文件中描述的项目投资结构和变更投资主体；

16.3.5 对招标文件中的项目协议的条款提出不利于采购人的其他实质性变更。

17. 投标的保证金

17.1 投标保证金及其金额

17.1.1 投标人提交的投标保证金必须在投标截止时间前送达，并作为其投标的组成部分。

17.1.2 每一位社会资本合作方须提交由中国境内银行出具的投标保证金，保证金金额为人民币伍佰万（5，000，000）元。

17.1.3 在开标时，对于未按要求提交投标保证金的投标，将被视为非响应性投标而予以拒绝。

17.1.4 未中标的投标人的投标保证金，将在中标通知书发出后五（5）个工作内凭采购中心经办人签署意见的保证金收条予以退还，不计利息。

17.1.5 中标人的投标保证金，将在中标人签订项目协议，提交履约保函并生效七（7）日后退还。

17.1.6 要求社会资本合作方提交投标保证金是为了保护采购方不因社会资本合作方的行为而蒙受损害，采购方可根据本须知的规定没收社会资本合作方的投标保证金。

17.1.7 在任何情况下，采购方无义务承担社会资本合作方或第三方就提供和维持投标保证金而发生的包括手续费、利息在内的任何费用。

17.2 投标保证金的没收

作为预定的损害赔偿，采购方在出现任何以下情形之一时，有权没收投标保证金：

17.2.1 社会资本合作方在本须知规定的投标文件有效期内撤回投标文件，但经评审未被确定为候选社会资本合作方的除外；

17.2.2 投标文件根据第 32.1.2、32.1.3 两项被拒绝；

17.2.3 被选定为社会资本合作方的社会资本合作方未能：

（1）按项目协议规定完成融资；或

（2）成立和注册项目公司；或

（3）责成项目公司根据本须知的规定正式签署项目协议；或

（4）按第 48 条提供履约保函；或

（5）在任何重要方面遵守其投标文件的条款。

17.2.4 如果采购方按照本须知的规定没收投标保证金，采购方仍可以：

（1）要求选定的社会资本合作方按照其投标文件继续履行；或

（2）按本须知的规定更换选定的社会资本合作方。

18. 投标文件的语言

投标人提交的投标文件以及投标人与采购中心就有关投标的所有来往通知、函件和文件均应使用简体中文。

除技术性能另有规定外，投标文件所使用的度量衡单位，均须采用国家法定计量单位。

19. 投标文件的份数

投标人应严格按照招标公告要求的份数准备投标文件，每份投标文件须清楚地标明"正本"或"副本"字样。一旦正本和副本不符，以正本为准。

投标文件正本中，除招标文件规定的可提交复印件外，其他文件均须提交原件，文字材料需打印或用不褪色墨水书写。投标文件的正本须经法定代表人或授权代表签署和加盖投标人公章。本招标文件所表述（指定）的公章是指法定名称章，不包括业务专用章。

20. 投标文件的式样和签署

投标文件正本必须打印，副本可以正本为底本进行复印。投标文件正本中的"投资申请书"、"授权委托书"、"开标一览表"必须为按照要求格式提供的、由社会资本合作方的法定代表人或授权代表签字并盖有公章的原件。

除社会资本合作方对差错处做必要修改外，投标文件不得行间插字、涂改和增删。如有修改错漏处，必须由社会资本合作方的法定代表人或其授权代表签字确认。

<u>开标一览表必须加盖公章，必须单独密封在信封中，在投标截止时间前与投标</u>

文件分别递交，否则视为无效投标。

第四章　政府采购前答疑会

21. 政府采购前答疑会

21.1 现场考察

21.1.1 社会资本合作方在认真研究招标文件中的有关资料和附件后可参加答疑会。

21.1.2 社会资本合作方须自行验证在招标文件中由采购方提供的信息和材料，并承担因此发生的一切费用。

21.1.3 社会资本合作方自行组织现场考察，并提前三日向洪泽县县城建设指挥部办公室报送参加现场考察的人员名单和拟调查的问题清单。

21.1.4 为便于社会资本合作方全面了解洪泽湖生态环境提升工程美丽蒋坝 PPP 项目的情况，采购方在洪泽县县城建设指挥部办公室内设立资料库。资料库汇集了与本次采购有关的各类文件和资料。社会资本合作方与采购方事先沟通后，采购方将资料库发于社会资本合作方

21.2 采购前答疑会

21.2.1 2015 年 9 月 日下午 2 ：30 在召开答疑会，地址：＿＿＿＿＿＿＿＿＿。

21.2.2 采购方将对招标文件的相关规定、要求做出澄清，并对社会资本合作方提出的澄清要求做出书面答复。

21.2.3 参加采购前答疑会议并非是对社会资本合作方的强制性要求。

21.2.4 采购方将根据采购前答疑会的问询和答复制作采购前答疑会议的澄清备忘录，并于会后发给所有社会资本合作方，社会资本合作方应将该备忘录作为准备申请文件的基础之一。

21.2.5 采购前答疑会议备忘录应视作招标文件的补充与修改通知的一部分。除非采购前答疑会议备忘录中已作明确说明，采购前答疑会议上的口头陈述不构成招标文件一部分。

第五章　投标文件的递交

22. 递交截止时间

22.1 采购方接收投标文件的时间是北京时间 2015 年 9 月 日上午 9：30。

22.2 采购中心收到投标文件的时间不得迟于招标公告中规定的截止时间。

22.3 采购中心拒绝接收在其规定的投标截止时间后递交的任何投标文件。

23. 递交截止时间的推迟

23.1 采购中心可以按照规定，通过修改招标文件有权酌情延长投标截止日期，在此情况下，投标人的所有权利和义务以及投标人受制的截止日期均应以延长后新的截止日期为准。

23.2 采购方将以补充通知的形式及时通知所有的社会资本合作方推迟递交截止时间。

24. 投标文件的封装与标识

24.1 投标人应将投标文件正本和所有副本密封，不论投标人中标与否，投标文件均不退回。

24.2 提交的投标文件分为如下三（3）个分册装订，并在每一分册清楚标明社会资本合作方的名称和地址：

24.2.1 第一分册：投标文件综述

24.2.2 第二分册：建设与运营方案

24.2.3 第三分册：财务方案与法律方案

24.3 密封的投标文件应：

24.3.1 注明投标人名称，如因标注不清而产生的后果由投标人自负。按招标公告中注明的地址送达；

24.3.2 注明投标项目名称、标书编号；

24.3.3 未按要求密封和加写标记，采购中心对误投或过早启封概不负责。对由此造成提前开封的投标文件，采购中心将予以拒绝，作无效投标处理。

25. 投标文件的提交

25.1 提交投标文件应派人面呈，以其他方式递交的投标文件将不会被接受。

25.2 投标文件必须于递交截止时间提交地点如下：

投标文件接收时间：2015 年 9 月 日上午 8：30-9：30

投标文件接收截止时间：2015 年 9 月日上午 9：30

投标文件接收地点：南京市山西路 8 号金山大厦 B 楼 22A 层

投标文件接收人：付钢、张龙

25.3 在递交截止时间之后，采购方不允许或不得要求社会资本合作方修改其已提交的投标文件。

26. 向融资方提交项目协议

26.1 社会资本合作方可在第 6.5 款前提下将项目协议提交给将为项目提供资金的银行或其他金融机构（"融资机构"）。

26.2 除非得到明确的书面说明，采购方假定其所收到的投标文件的所有条款和条件已提交给该社会资本合作方的融资机构并被该社会资本合作方的融资机构所接受。

第六章　有效期

27. 投标文件有效期

投标有效期为采购中心规定的开标之日后一百二十（120）天。投标有效期比规定短的将被视为非响应性投标而予以拒绝。

28. 投标文件有效期的延长

在特殊情况下，采购中心于原投标有效期满之前，可向投标人提出延长投标有效期的要求。这种要求与答复均应采用书面形式。投标人可以拒绝采购中心的这一要求而放弃投标，采购中心在接到投标人书面答复后，将在原投标有效期满后五（5）日内无息退还其投标保证金。同意延长投标有效期的投标人既不能要求也不允许修改其投标文件。第 17 条有关投标保证金的没收和退还的规定在延长期内继续有效，同时受投标有效期约束的所有权利与义务均延长至新的有效期。

29. 投标保证金的有效期和退还

29.1 投标保证金的有效期

29.1.1 以本须知第 27 和 28 条的规定为条件，投标保证金须在投标文件有效期

（包括其经采购方要求延长的日期）及其结束后七（7）日之内保持有效，但根据第29.2款被提前退还的须于退还日之前保持有效。

29.1.2 选定的社会资本合作方的投标保证金有效期将自动延长到根据项目协议规定的履约保函提交并生效之日后七（7）日。

29.2 投标保证金的退还

29.2.1 未被选作前三位候选社会资本合作方的投标保证金将于评选结果公布之日起两（2）周内退还。

29.2.2 除选定的社会资本合作方以外的其他两位候选社会资本合作方的投标保证金将在下列日期中的较早日期前退还：

（1）投标文件有效期（包括其经采购方要求延长的日期）结束日之前退还。

（2）选定的社会资本合作方根据项目协议规定的履约保函提交并生效之日。

29.2.3 如果采购方因自身原因终止采购过程或放弃本项目，采购方将立即退还所有的投标保证金。

第七章　投标文件的澄清和拒绝

30. 对错误的纠正

30.1 评委会将对确定为实质性响应的投标进行进一步审核，看其是否有计算上或累加上的算术错误，修正错误的原则如下：

30.1.1 如果用数字表示的金额和用文字表示的金额不一致时，应以文字表示的金额为准进行修正；

30.1.2 当单价与数量的乘积和总价不一致时，以单价为准进行修正。只有在评委会认为单价有明显的小数点错误时，才能以标出的总价为准，并修改单价。

30.2 评委会将按上述修正错误的方法调整投标文件中的投标报价，调整后的价格应对投标人具有约束力。如果投标人不接受修正后的价格，则其投标将被拒绝，其投标保证金不予退还。

30.3 评委会将允许修正投标文件中不构成重大偏离的、微小的、非正规的、不一致的或不规则的地方，但这些修改不能影响任何投标人相应的名次排列。

31. 投标文件的澄清

31.1 评标期间，为有助于对投标文件的审查、评价和比较，评委会有权要求投标人对其投标文件进行澄清，但并非对每个投标人都作澄清要求。

31.2 接到评委会澄清要求的投标人应派人按评委会通知的时间和地点做出书面澄清，书面澄清的内容须由投标人法人或授权代表签署，并作为投标文件的补充部分，但投标的价格和实质性的内容不得做任何更改。

31.3 接到评委会澄清要求的投标人如未按规定做出澄清，其风险由投标人自行承担。

32. 无效投标条款和废标条款

32.1 无效投标条款

32.1.1 未按要求交纳投标保证金的；

32.1.2 未按照招标文件规定要求密封、签署、盖章的；

32.1.3 投标人在报价时采用选择性报价；

32.1.4 投标人不具备招标文件中规定资格要求的；

32.1.5 投标人的报价超过了采购预算的；

32.1.6 未通过符合性检查的；

32.1.7 不符合招标文件中规定的其他实质性要求和条件的（本招标文件中斜体且有下划线部分为实质性要求和条件）；

32.1.8 其他法律、法规及本招标文件规定的属无效投标的情形。

32.2 废标条款：

32.2.1 符合专业条件的投标人或者对招标文件作实质响应的投标人不足三家的；

32.2.2 出现影响采购公正的违法、违规行为的；

32.2.3 因重大变故，采购任务取消的；

32.2.4 评标委员会认定招标文件存在歧义、重大缺陷导致评审工作无法进行。

32.3 投标截止时间结束后参加投标的供应商不足三家的处理：

32.3.1 如出现投标截止时间结束后参加投标的供应商或者在评标期间对招标文件做出实质响应的供应商不足三家情况，按财政部第 18 号令第四十三条的规定执行。

33. 拒绝投标文件

如招标人有理由拒绝任何一份投标文件或拒绝所有投标文件。

第八章　投标文件的开启和评审

34. 投标文件的开启

34.1 投标文件的开启前检查

34.1.1 采购中心将在招标公告中规定的时间和地点组织公开开标。开标仪式由采购中心组织，采购人代表、公证员、监管代表、投标人代表等参加。

34.1.2 所有已递交投标文件的社会资本合作方的法定代表人或其授权代表人须准时出席投标文件开启仪式，且在采购方准备的签到簿上签名，以证明其出席。

34.1.3 投标文件出现下列情况之一者将被视为无效并被拒绝：

（1）未提交投标保证金；

（2）未按规定进行密封或标记；

（3）未经法定代表人或授权委托人签署；

（4）授权委托书未经法定代表人签署；

（5）投标文件未按招标文件规定签署和盖章。

34.2 投标文件的开启

34.2.1 在投标文件开启仪式上，公证员将当众宣布按第34.1.3项规定进行检查的结果。

34.2.2 根据递交投标文件的顺序依次开启投标文件，公证人员或投标人代表对投标文件各分册的数量、标题是否按规定提交进行检查、核对，并记录在案。

34.2.3 公证人员或投标人代表查验投标文件密封无误后，采购中心当众拆封宣读每份投标文件中"开标一览表"的内容，未列入"开标一览表"的内容一律不在开标时宣读。开标时未宣读的投标报价信息，不得在评标时采用。

34.2.4 采购中心将指定专人负责开标记录并存档备查。

34.2.5 投标人在报价时不允许采用选择性报价，否则将被视为无效投标。

35. 投标文件的评审

35.1 评标委员会

开标后，采购中心将立即组织评标委员会（以下简称"评委会"）进行评标。

评委会由采购人代表和有关技术、经济等方面的专家组成，且人员构成符合政府采购有关规定。

评委会独立工作，负责评审所有投标文件并确定中标、成交候选人。

35.2 评审基本原则和方法

35.2.1 由采购方组建的评审委员会对社会资本合作方提交的投标文件进行评审，评审将严格按照"公平、公正、科学、择优"的原则进行。

35.2.2 评审委员会将对项目进行评审，具体评审方法和社会资本合作方的选择方法和程序将按照本须知第八章和第九章的相关规定进行。

35.3 投标文件的初审

35.3.1 在详细评标之前，评委会将首先审查每份投标文件是否实质性响应了招标文件的要求。实质性响应的投标应该是与招标文件要求的全部条款、条件和规格相符，没有重大偏离或保留的投标。

所谓重大偏离或保留是指与招标文件规定的实质性要求存在负偏离，或者在实质上与招标文件不一致，而且限制了合同中政府方的权利或投标人的义务，纠正这些偏离或保留将会对其他实质性响应要求的投标人的竞争地位产生不公正的影响。重大偏离的认定需经过评委会三分之二及以上成员的认定。评委决定投标文件的响应性只根据投标文件本身的内容，而不寻求外部的证据。

35.3.2 如果投标文件实质上没有响应招标文件的要求，评委会将予以拒绝，投标人不得通过修改或撤销不合要求的偏离或保留而使其投标成为实质性响应的投标。

35.3.3 评委会将对确定为实质性响应的投标进行进一步审核，看其是否有计算上或累加上的算术错误，修正错误的原则如下：

（1）如果用数字表示的金额和用文字表示的金额不一致时，应以文字表示的金额为准进行修正；

（2）当单价与数量的乘积和总价不一致时，以单价为准进行修正。只有在评委会认为单价有明显的小数点错误时，才能以标出的总价为准，并修改单价。

35.3.4 评委会将按上述修正错误的方法调整投标文件中的投标报价，调整后的价格应对投标人具有约束力。如果投标人不接受修正后的价格，则其投标将被拒绝，其投标保证金将被没收。

35.3.5 评委会将允许修正投标文件中不构成重大偏离的、微小的、非正规的、不一致的或不规则的地方，但这些修改不能影响任何投标人相应的名次排列。

35.3 投标文件的详细评审

35.3.1 按照预先确定的原则，采购中心将组织技术、财务、法律和其他方面的专家组成评审组，对投标文件进行详细评审。

35.3.2 评审是综合性评审，评审委员会将按照本条规定的主要标准、程序和评分比例对投标文件的建设与运营方案、财务方案、法律方案和初始政府补贴价格进行评审。

36. 投标文件的技术评审

对建设与运营方案评审的主要标准在招标文件《PPP 项目特许经营协议》附件 3 的技术规范和要求中作了详细规定，同时还考虑：

36.1 建设与运营方案是否总体上符合本须知第 14.4 款所述的建设与运营方案内容要求；

36.2 技术方案的先进性、可靠性、适用性。

37. 投标文件的商务评审

37.1 商务评审的主要内容

商务评审将主要包括对投标文件中财务方案、法律方案的评审。

37.2 对财务方案的评审

对财务方案描述的本项目的经济和财务可行性将按照以下标准进行评估和比较：

37.2.1 是否总体上符合本须知第 15 条所述的财务方案内容；

37.2.2 所建议的融资结构是否可行，社会资本合作方有无对项目公司提供建设期担保；

37.2.3 项目总投资、运营成本的估计及它们之间的关系是否合理，是否与建设与运营方案相互匹配和印证；

37.2.4 是否有按照第 15 条规定的时间内完成融资交割的融资方案和实施能力；

37.2.5 保险及设施、设备等资产保值方案是否合理。

37.3 对法律方案的评审

对法律方案的评审将确定投标文件是否提出不符合采购人采购意图和目的，或在其中是否包含不利于采购人的对项目协议的实质性修改内容。

38. 社会资本合作方排序

38.1 采购人将在技术和商务评审的基础上，对各投标文件给出综合得分。

38.2 采购人将按给出的综合得分从高到低对投标文件进行排序，选出前三家候选社会资本合作方。

38.3 如果社会资本合作方综合得分相同，建设与运营方案得分较高的社会资本合作方会排在前面。

38.4 选定的社会资本合作方将从候选社会资本合作方中选出。

39. 采购结果确认谈判

项目实施机构应成立专门的采购结果确认谈判工作组。按照候选社会资本的排名，依次与候选社会资本及与其合作的金融机构就合同中可变的细节问题进行合同签署前的确认谈判，率先达成一致的即为中选者。确认谈判不得涉及合同中不可谈判的核心条款，不得与排序在前但已终止谈判的社会资本进行再次谈判。

第九章 社会资本合作方选定

40. 资格确认

采购人可在必要时要求被初步选定为社会资本合作方的社会资本合作方提供其对通过资格预审时需要满足或承诺的各项条件进行再次书面确认。

41. 社会资本合作方选定

41.1 确定预中标社会资本合作方

41.1.1 采购人将根据第 38、39 条的规定初步选定合格的社会资本合作方。

41.1.2 初步选定的社会资本合作方通过第 40 条资格确认后即被选定为社会资本合作方。

41.1.3 若有充分证据证明，中标候选人出现下列情况之一的，一经查实，将被取消中标资格：

（1）提供虚假材料谋取中标的；

（2）向采购人、采购中心行贿或者提供其他不正当利益的；

（3）恶意竞争，投标总报价明显低于其自身合理成本且又无法提供证明的；

（4）属于本文件规定的无效条件，但在评标过程中又未被评委会发现的；

（5）与采购人或者其他社会资本合作方恶意串通的；

（6）采取不正当手段诋毁、排挤其他社会资本合作方的；

（7）不符合法律、法规的规定的。

41.1.4 有下列情形之一的，属于恶意串通：

（1）社会资本合作方直接或者间接从采购人或者采购代理机构处获得其他社会资本合作方的相关情况并修改其投标文件或者投标文件；

（2）社会资本合作方按照采购方或者采购代理机构的授意撤换、修改投标文件或者投标文件；

（3）社会资本合作方之间协商报价、技术方案等投标文件或者投标文件的实质性内容；

（4）属于同一集团、协会、商会等组织成员的社会资本合作方按照该组织要求协同参加政府采购活动；

（5）社会资本合作方之间事先约定由某一特定社会资本合作方中标、成交；

（6）社会资本合作方之间商定部分社会资本合作方放弃参加政府采购活动或者放弃中标、成交；

（7）社会资本合作方与采购方之间、社会资本合作方相互之间，为谋求特定社会资本合作方中标、成交或者排斥其他社会资本合作方的其他串通行为。

41.2 质疑处理

41.2.1 参加投标社会资本合作方认为采购文件、采购过程和采购结果使自己的权益受到损害的，可以在 7 个工作日内，以书面形式向采购中心或采购人提出质疑。

（1）对可以质疑的招标文件提出质疑的，为收到招标文件之日或者招标文件公告期限届满之日；

（2）对采购过程提出质疑的，为各采购程序环节结束之日；

（3）对中标或者成交结果提出质疑的，为中标或者成交结果公告期限届满之日。

41.2.2 质疑必须以参加投标社会资本合作方法定代表人或授权代表（投标文件中所确定的）原件送达的方式提交，未按上述要求提交的质疑函（含传真、电子邮件等）采购中心有权不予受理。

41.2.3 未参加投标活动的社会资本合作方或在投标活动中自身权益未受到损害的社会资本合作方所提出的质疑不予受理。

41.2.4 质疑函应当包括下列内容：

（1）质疑投标人的名称、地址、邮编、联系人、联系电话；

（2）具体的质疑事项及明确的请求；

（3）认为自己合法权益受到损害或可能受到损害的相关证据材料；

（4）提起质疑的日期；

（5）质疑函应当署名：质疑人为自然人的，应当由本人签字并附有效身份证明；质疑人为法人或其他组织的，应当由法定代表人签字并加盖单位公章。质疑人委托代理质疑的，应当向采购中心提交授权委托书，并载明委托代理的具体权限和事项。

41.2.5 采购中心收到质疑函后，将对质疑的形式和内容进行审查，如质疑函内容、格式不符合规定，采购中心将告知质疑人进行补正。

41.2.6 质疑人应当在法定质疑期限内进行补正并重新提交质疑函，拒不补正或者在法定期限内未重新提交质疑函的，为无效质疑，采购中心有权不予受理。

41.2.7 对于内容、格式符合规定的质疑函，采购中心应当在收到投标社会资本合作方的书面质疑后7个工作日内作出答复，并以书面形式通知质疑社会资本合作方和其他有关社会资本合作方，但答复的内容不得涉及商业秘密。

41.2.8 投标人提出书面质疑必须有理、有据，不得恶意质疑或提交虚假质疑。否则，一经查实，采购中心有权依据政府采购的有关规定，报请政府采购监管部门对该投标人进行相应的行政处罚。

第十章　社会资本合作方选定后的程序

42. 签订谈判备忘录和公告

42.1 在预中标社会资本确定后的 10 个工作日内，选定的社会资本合作方应与洪泽县城建办或其指定职能部门签订谈判备忘录（包括谈判期间达成的所有修改）。

42 采购方应当在预中标社会资本确定后 10 个工作日内，将预中标结果和根据招标文件、投标文件及有关补遗文件和确认谈判备忘录拟定的项目合同文本在"江苏政府采购网"进行公示，公示时间为五（5）个工作日。项目合同文本应当将预中标、成交社会资本投标文件中的重要承诺和技术文件等作为附件。项目合同文本涉及国家秘密、商业秘密的内容可以不公示。

42.3 采购方应当在公告期满无异议后二（2）个工作日内，将中标、成交结果在"江苏政府采购网"上进行公告，同时发出中标、成交通知书。

42.4 由采购方接受的投标文件对社会资本合作方和采购方均具有约束力，直至第 46 条中规定的项目协议得以签署时为止。

43. 社会资本合作方选定后的通知

43.1 中标结果确定后，采购中心将向中标社会资本合作方发出中标通知书。

43.2 中标社会资本合作方收到中标通知书后，须立即以书面形式回复采购中心，确认中标通知书已收到。若无书面回复，则公告后视同中标人已经知悉并同意接受。

43.3 中标通知书将是合同的一个组成部分。对采购人和中标社会资本合作方均具有法律效力。中标通知书发出后，采购人改变中标结果的，或者中标社会资本合作方放弃中标项目的，应当依法承担法律责任。

44. 额外现场调查工作

签订谈判备忘录后，采购人将及时安排选定社会资本合作方的代表（及选定社会资本合作方指定的其他人）进入项目场地，以便对现场进行补充调查。

45. 项目公司注册

45.1 在签订谈判备忘录后三十（30）日内，选定的社会资本合作方须按照其投标文件中的承诺与政府方草签《投资合作协议》，并向当地工商营业执照注册登记管理部门申请注册成立项目公司。

45.2 采购人应尽最大努力协助选定的社会资本合作方：

45.2.1 取得 45.1 项所涉之批准，及

45.2.2 其他必要的政府审批手续。

46. 签署 PPP 项目协议

46.1 在选定的社会资本合作方完成项目公司注册，洪泽县城建办和项目公司应在中标、成交通知书发出后三十（30）日内正式签署各项经本级人民政府审核同意的 PPP 项目协议。

46.2 采购人应当在 PPP 项目协议签订之日起二（2）个工作日内，将 PPP 项目合同在"江苏政府采购网"上公告，但 PPP 项目合同中涉及国家秘密、商业秘密的内容除外。

46.3 选定的社会资本合作方应确保其项目公司按 46.1 项签署 PPP 项目协议。

46.4 本项目协议须报经洪泽县人民政府审核同意，在获得同意后项目协议方可生效。

46.5 以本条规定为条件，如项目公司因其自身原因未能按 46.1 项规定签署项目协议，则采购人可以没收投标保证金，并取消选定的社会资本合作方作为项目社会资本合作方的资格。

46.6 选定的社会资本合作方如果根据本条 46.5 项的规定被通知取消作为项目社会资本合作方的资格，采购人可以选定另一候选社会资本合作方为社会资本合作方。

46.7 如果因采购人原因未按照本条签署项目协议，则：

46.7.1 选定的社会资本合作方可以撤回其投标文件，其投标保证金将不会被没收；此时

46.7.2 采购人将无需承担未能签署项目协议的责任，也无需支付任何与此有关的赔偿。

47. 融资交割

47.1 以本条 47.2 项为条件，选定的社会资本合作方须在其投标文件中提出的期间内完成融资，但最迟不晚于第 15.1.5 项规定的期限。

47.2 根据第 46 条签署项目协议后三十（30）日内完成融资。

47.3 以本条第 47.4 项为条件，如果融资交割没有按本条第 47.1、47.2 项规定完成，则：

47.3.1 采购人根据本须知规定，可通知取消已选定的社会资本合作方为项目社会资本合作方；且

47.3.2 采购人可以没收选定社会资本合作方的投标保证金。

47.4 如果选定的社会资本合作方的履约资格被按本条第 47.3 项的规定通知取消：

47.4.1 选定的社会资本合作方的投标文件将被认为已经撤回和无效；

47.4.2 采购人可选定另一候选社会资本合作方为项目社会资本合作方。

48. 履约保函

作为项目公司履行本项目协议的担保（包括建设期和运营期内项目协议项下义务的履行），在生效日起七（7）日内，项目公司应向洪泽县城建办提交以洪泽县城建办（或其指定的实施机构）为受益人的履约保函。

建设期内履约保函的金额为人民币陆仟伍佰万（65，000，000）元，运营期内的履约保函金额按特许协议有关规定确定。

第十一章　附件

附件 1 投资申请书

附件 2 授权委托书

附件 3 初始政府可行性补贴总额开标一览表

　　建设与运营方案

　　财务方案

　　　　附表 1 资本资金来源和金额

　　　　附表 2 借还款计划表

　　　　附表 3 项目总投资估算表

　　　　附表 4 项目总投资使用计划与资金筹措（融资方案）表

　　　　附表 5 固定资产折旧摊销表

附表 6 设备大修与重置计划表

附表 7 重置资产折旧估算表

附表 8 运营成本估算基础数据表

附表 9 相关税率基础数据表

附表 10 运营维护费用表

附表 11 运营维护费用占比分析表

附表 12 总成本费用表

附表 13 营业收入估算基础数据表

附表 14 营业收入估算表

附表 15 初始政府支付可行性缺口补贴总额构成表

附表 16 初始政府年均支付可行性缺口补贴金额一览表

附表 17 利润和利润分配表

附表 18 主要技术经济指标表

法律方案

第一分册　投标文件综述

附件1　投资申请书

致：江苏省政府采购中心

洪泽县城建办

一、我们非常荣幸参与洪泽湖生态环境提升工程美丽蒋坝PPP项目，以下签字人_[社会资本合作方]，依照项目协议的条款和条件，在此递交完全符合招标文件（包括各自的附件和附录）规定的关于融资、设计、建设、运营、维护和移交洪泽湖生态环境提升工程美丽蒋坝PPP项目的投标文件。

二、我们确认，我们已仔细阅读并研究了2015年月日发布的洪泽湖生态环境提升工程美丽蒋坝PPP项目（JSZC-YG2015-269）号招标文件，以及于_年_月_日发出的补充通知（如有），我们知道必须在整个投标阶段放弃以对上述文件和资料的所有条款存有含糊不清或不理解之处为由而要求免于承担责任的权利。

三、我们确认，本投标文件的有效期为自2015年月日起的十二（12）个月，且根据社会资本合作方须知，该期限可以延长。在任何延长期内，我们的投标文件对我们仍有约束力，可以在任何时候被贵方接受。

四、我们确认，我们完全同意招标文件制定的投标规则，并承诺按照这些规则履行我们的所有义务，包括一旦投标文件被贵方接受，将履行社会资本合作方的义务。

五、我们确认，如果我们在投标截止时间后规定的有效期内撤回申请文件，贵方有权根据招标文件的有关规定没收我们的投标保证金。

六、根据社会资本合作方须知，我们在此与本投资申请书一并提交的作为投标文件一部分的文件和资料有：

（a）本投资申请书；

（b）授权委托书；

（c）初始政府可行性缺口补贴总额报价；

（d）建设与运营方案；

（e）财务方案；

（f）法律方案；

（g）其他我们认为必要和适当的补充资料。

七、我们同意，如果我们的投标文件在其有效期内被贵方接受，将按照贵方所接受的格式以及社会资本合作方须知的规定，确保项目公司签署所有项目协议。

八、在项目协议最终签署以前，以我们与洪泽县城建办之间就可能达成协议做出任何修改为条件，本投标文件对我们有约束力。我们同意贵方不一定要接受我们的投标文件或接受任何一份投标文件的约束。

九、我们确认，我们对作为投标文件一部分提交的项目协议中的条款和条件做出的任何承诺，并对任何项目协议的条款所提出的任何变更建议已全部在本投标文件中明确标出。

十、我们在此保证，本投标文件的所有内容均属独立完成，未经与其他社会资本合作方以限制对本项目的竞争为目的进行协商、合作或达成谅解后完成。

十一、我们证实，本投标文件中陈述和资料是完整、真实和准确的。

与本次投标有关的正式通讯地址为：

邮寄地址：

邮政编码：

社会资本合作方代表姓名：

职务：

电话号码：

传真号码：

电子邮件：

公章：

日期：年　月　日

附件 2 授权委托书

本授权书声明：＿＿＿＿＿＿（投标人名称）授权＿＿＿＿＿＿＿（被授权人的姓名）为我方就 JSZC-YG2015-269 号项目采购活动的合法代理人，代理权限为：以我方名义全权处理一切与该项目采购有关的事务。

本授权书于＿＿＿年＿＿月＿＿日起生效，代理期限为本次招标终止。特此声明。

代理人（被授权人）：＿＿＿＿＿＿＿＿＿＿＿＿

单位名称：＿＿＿＿＿＿＿＿＿＿＿＿＿＿＿＿＿

授权单位盖章：＿＿＿＿＿＿＿＿＿＿＿＿＿＿＿

单位名称：＿＿＿＿＿＿＿＿＿＿＿＿＿＿＿＿＿

地址：＿＿＿＿＿＿＿＿＿＿＿＿＿＿＿＿＿＿＿

日期：＿＿＿＿＿＿＿＿＿＿＿＿＿＿＿＿＿＿＿

备注：与该项目采购有关的事务包括提交投标文件、澄清、谈判、签署谈判备忘录等文件。

附件 3 初始政府可行性缺口补贴总额价格开标一览表

（此部分应单独密封）

投标人全称（加盖公章）：

在我们提交的投标文件基础上，我们对实施本项目需要的初始政府可行性缺口补贴总额报价如下：

洪泽湖生态环境提升工程美丽蒋坝 PPP 项目初始政府可行性缺口补贴总额价格表

社会资本合作方名称	
投资报价 （初始政府可行性缺口补贴总额，单位：万元）	

注：上述初始政府可行性缺口补贴总额应精确至小数点后第二位。

填写说明：

1、开标一览表必须单独密封在信封中，在投标截止时间前与投标文件分别递交，否则视为无效投标。

2、开标一览表必须加盖投标单位公章（复印件无效）。

附件 4 评分索引表

评分项目	在投标文件中的页码位置

第二分册　建设与运营方案

一、建设与运营方案概述

我们已按照招标文件的要求提交了完整的建设与运营方案（附后）。下述第1－2节是对建设与运营方案主要条款的概述。

1、建设与运营管理方案概述

我们已提交了作为建设与运营方案一部分的完整的运营管理方案。本项目的建设与运营管理可以概述如下：

（1）本项目的建设管理方案（包括不限于投资控制、质量控制、进度控制、合同管理、协调管理等各方面的控制措施）；

（2）降低成本，持续提高运营服务质量的方案；

（3）对项目设施检修与维护方案；

（4）为维持运营而进行的大修和重置方案；

（5）环境保护方案；

（6）计划内减量服务和计划外暂停运营期间的应急方案。

2、项目设施交回方案概述

我们已按照招标文件的要求提交了完整的恢复性大修和交回方案。

建议交回方案如下：

（1）保证特许经营期届满后的项目设施正常运转，酒店、温泉及融合式旅居村及其他旅游设施服务能力达到本项目设计标准的承诺和方案；

（2）交回前的恢复性大修方案；

（3）在交回过程中，酒店、温泉及融合式旅居村等所有旅游设施、设备等的正常运营的保证措施；

（4）项目设施交回给洪泽县城建办或其指定机构之日，项目设施具有如下保证的性能标准和能力，其适合的测试程序如下：（须详细列明）

二、建设与运营方案内容

（按本须知中对建设与运营方案组成的要求详细列明）

三、其他需要说明的内容

第三分册　财务方案与法律方案

一、财务方案

（一）财务方案概述

我们按照招标文件的要求提交了详细的财务方案。下述第 1.1-1.4 节是对财务方案主要条款的概述。

1.1 我们对本项目的财务计划可概述如下：

资本结构：/（债务/资本资金之比）；

我们承诺在合同草签后日内实现融资交割。

项目资本资金和债务融资来源和条件如下：

（1）资本资金来源和金额

附表 1 资本资金来源和金额

股权资本来源	占总投资的 百分比（%）	数额（人民币）

（2）债务融资时间进度

请提供每个预期项目贷款人的融资承诺或贷款意向函或者承诺的债务融资时间进度表

附表 2 借还款计划表 单位：人民币万元

年度	长期贷款余额（期末值）	流动资金贷款余额	新增贷款	贷款还本
2015				
2016				
……				
利率	长期贷款			
	流动资金贷款			

1.2 本方案总投资估算表以及总投资使用计划

附表 3 项目总投资估算表单位：人民币万元

序 号	工程或费用名称	投资估算				
		建筑工程费	设备购置费	安装工程费	其他费用	合计
一	工程费用					
1.1						
1.2						
……						
2	辅助设施工程					
2.1						
2.2						
……						
3	道路、停车场和绿化等工程					
3.1						
……						
4	工器具及生产家具					
5	……					
5.1						
……						
二	工程建设其他费用					
1	土地使用费					
2	前期工作费及技术服务费					

3	建设单位管理费					
4	工程质量监督费					
5	工程设计费					
6	工程招投标代理服务费					
7	施工图审查费					
8	工程勘察费					
9	工程建设监理费					
10	工程保险费					
11	联合试运转费					
12	考察费					
13	培训费					
14	办公和生活家具购置费					
15	引进技术和设备其他费用					
三	基本预备费（10%）					
四	建设投资					
五	建设期利息					
六	流动资金					
七	投资调整					
	项目总投资					

注：表格内工程或费用可依据建设方案、边界条件和需要酌情调整或增减。

附表 4 项目总投资使用计划与资金筹措（融资方案）表 单位：人民币万元

序号	项目	合计	2015 年	2016 年
1	总投资			
1.1	建设投资			
1.2	建设期利息			
1.3	流动资金			
2	资金筹措			
2.1	项目资本金			
2.1.1	用于建设投资			
2.1.2	用于流动资金			
2.1.3	用于建设期利息			
2.2	债务资金			

2.2.1	用于建设投资			
2.2.2	用于建设期利息			
2.2.3	用于流动资金			
2.3	其他资金			

1.3 本项目固定资产折旧、重置及总成本费用的估算如下：

附表 5 固定资产折旧摊销表 单位：人民币万元

序号	项目		合计	折旧率	计算期					
					2015年	2016年	2017年	2018年	……	n
1	固定资产名称	原值								
		年折旧费								
		净值								
2	固定资产名称	原值								
		年折旧费								
		净值								
3	固定资产名称	原值								
		年折旧费								
		净值								
4	固定资产名称	原值								
		年折旧费								
		净值								
	……									

附表 6 设备大修与重置计划表 单位：人民币万元

年度／项目	设备大修费用	设备重置投资	所需资金合计	筹资方式	措施及说明
2015					
2016					
……					
经营期合计					

附表 7 重置资产折旧估算表单位：人民币万元

序号 项目名称 年份	合计	计算期		
		2015 年	2016 年	...
1. 重置资产原值				
2. 重置资产折旧值				
3. 重置资产净值				

注：详细说明折旧值的计算方法、综合折旧率或分类折旧率。

1.4 本方案的运营成本及收入估算如下：

附表 8 运营成本估算基础数据表

项目		单位	参数取值
外购燃料动力			
外购原材料费			
人工成本	职工人数	人	
	年平均工资及福利费	元 /（人 * 年）	
相关取费费率	年度大修费计提费率（如有）		
	日常检修维护费率		
	其他费率		
其他 （如有，请详列）			

附表 9 相关税率基础数据表

项目		参数取值
相关税率	所得税率	
	其他（如有请详列）	

注：本项目财务测算包含营业税或增值税。

附表 10 运营维护费用表 单位：人民币万元

序号	运营年	合计	计算期		
			2015 年	2016 年	…
1	外购燃料动力				
2	外购原材料费				
3	工资福利费				
4	大修费				
5	日常维检费				
6	保险费				
7	管理费				
8	其他运营成本（详列）				
9	总运营成本（第 1 至 8 项之和）				

附表 11 运营维护费用占比分析表

序号	项目名称	金额（运营期内均值）	占运营成本的比例
1	外购燃料动力		
2	外购原材料费		
4	工资福利费		
5	大修费		
6	日常维检费		
7	保险费		
8	管理费		
9	其他运营成本（详列）		
10	运营成本（第 1 至 9 项之和）		

附表 12 总成本费用表 单位：人民币万元

序号	项目名称	单位	2015 年	2016 年	……
1	总运营成本（附表 10 第 9 项）	万元			
2	投资总额摊销	万元			
3	重置资产折旧	万元			
4	税费	万元			
5	财务费用	万元			
6	总成本费用	万元			

附表 13 营业收入估算基础数据表单位：人民币万元

序号	项目名称	单位	参数取值	备注
1	温泉养生			
1.1	年运营天数	天		
1.2	日接纳人数	人		
1.3	服务费	元 / 人		
2	温泉酒店			
2.1	年运营天数	天		
2.2	房间使用量	间		
2.3	房间单价	元 / 间		
3	融合式旅居村			
3.1	年运营天数	天		
3.2	出租面积	平方米		
3.3	租金	元 /（平方米 × 天）		
4	其他旅游服务			
	…			

附表 14 营业收入估算表 单位：人民币万元

序号	项目名称	合计	计算期		
			2015 年	2016 年	…
1	温泉养生服务费				
2	温泉酒店住宿费				
3	融合式旅居村租金				
4	其他旅游收入				
	…				
10	营业收入（不含税，第 1 至 4 项之和）				

附表 15 初始政府支付可行性缺口补贴总额构成表

序号	项目名称	金额	备注
1	建设成本（A）		
2	运营成本（O）		
3	营业收入（B）		

4	初始政府可行性缺口补贴总额（1+2-3）		
5	初始政府可行性缺口补贴总额现值 $P=\sum_{n}(An+On-Bn)/(1+折现率)$		折现率取 5.7% n=1，2，3…8

注：本表数字应精确到小数点后两位。

附表 16 初始政府年均支付可行性缺口补贴金额一览表单位：人民币 万元

序号	项目	1	2	3	4	5	6	7	8
1	附表 15 第 4 项 /8								

附表 17 利润和利润分配表 单位：人民币 万元

序号	项目	合计	计算期					
			2015年	2016年	2017年	2018年	…	n
1	营业收入							
2	营业税金附加							
3	总成本费用（不含税费）							
4	政府补贴收入							
5	利润总额（1-2-3+4）							
6	弥补以前年度亏损							
7	应纳税所得额（5-6）							
8	所得税							
9	净利润（5-8）							
10	期初未分配利润							
11	可供分配的利润（9+10）							
12	提取法定盈余公积金							
13	可供社会资本合作方分配的利润（11-12）							
14	应付优先股股利							

（续表）

序号	项目	合计	计算期					
			2015年	2016年	2017年	2018年	…	n
15	提取任意盈余公积金							
16	应付普通股股利（13-14-15）							
17	各投资方利润分配：							
	其中：方							
	方							
18	未分配利润（13-14-15-17）							
19	息税前利润 （利润总额＋利息支出）							
20	息税折旧摊销前利润 （息税前利润＋折旧＋摊销）							

注：第 14 ～ 16 项根据企业性质和具体情况选择填列。

附表 18 主要技术经济指标表

序号	项目名称	单位	一期	备注
一	建设规模			
1	……			
二	项目总投资	万元		
1	建设投资	万元		
1.1	工程费用	万元		
1.2	其他费用	万元		
1.3	基本预备费	万元		
2	建设期利息	万元		
3	流动资金	万元		
三	资金筹措			
1	资本金	万元		
2	银行借款	万元		

四	收入与成本			运营期内合计
1	营业收入	万元		运营期内合计
1.1	温泉养生服务费	万元		运营期内合计
1.2	温泉酒店住宿费	万元		运营期内合计
1.3	融合式旅居村租金	万元		运营期内合计
1.4	其他旅游收入	万元		运营期内合计
2	运营成本	万元		运营期内合计
3	可行性缺口补贴	万元		运营期内合计
五	主要财务指标			
1	项目投资财务内部收益率			
	所得税前	%		
	所得税后	%		
2	项目投资财务净现值			
	所得税前	万元		
	所得税后	万元		
3	项目投资回收期			
	所得税前	年		
	所得税后	年		
4	资本金财务内部收益率	%		
5	资本金财务净现值	万元		
6	资本金投资回收期	年		
7	投资回报率	%		

（二）财务方案的详细内容

（详细列明）

二、对招标中法律文件修改

我们对招标文件中法律文件的修改建议对照表如下（如有）：

协议名称	原条款号和协议规定	建议修改内容	建议修改的原因	其他说明

注：1、增加或删除条款，请在本表中标明删除条款位置或添加位置；

2、对《PPP 项目特许经营协议》、《洪泽湖生态环境提升工程美丽蒋坝一期项目运营服务协议》及《投资合作协议》分别列明。

投标人声明：除本偏差表所列出的偏差外，投标人完全接受项目协议的其他条款内容。

投标人名称：（盖章）＿＿＿＿＿＿＿＿＿＿＿＿＿

法定代表人

授权委托代理人（签字）

第三部分　采购实质性条款

分目录

1. 项目设施范围

2. 土地使用

3. 政府参股比例

4. 项目前期费用

5. 项目公司注册资本

6. 项目特许经营期限

7. 项目特许经营范围

8. 政府可行性缺口补贴价格

9. 政府补贴价格计价及支付方式

10. 设备重置与费用承担

11. 设施所有权

12. 提前终止补偿

13. 项目设施的移交标准

提示：社会资本合作方必须实质性同意以下全部采购实质性条款，否则其投标文件将被拒绝。

1、项目设施范围

指洪泽湖生态环境提升工程美丽蒋坝 PPP 项目提供温泉养生服务、酒店住宿服务以及融合式旅居村出租等所有旅游服务所需的和所附带的固定资产、可移动资产及所有为实现项目协议目的所需用的相关设备和配套基础设施等。

2、土地使用

本项目由采购人协助项目公司以"国有建设用地使用权出让"方式取得本项目范围以内的土地使用权。项目公司取得此用地的付出的土地使用权转让价款等相关费用纳入本项目总投资。项目特许经营期满后，由项目公司将土地使用权无偿移交给洪泽县人民政府或其指定的其他单位。

项目公司不得全部或部分转让、出租该等土地，不得改变本项目范围的用地性质，不得将土地用于本项目之外的任何目的。

3、政府参股比例

本项目由洪泽县人民政府指定的国有出资人直接投资参股，政府和社会资本共同成立项目公司，政府国有出资人参股比例为 20%，社会资本占股比例为 80%。

4、项目前期费用

洪泽湖生态环境提升工程美丽蒋坝 PPP 项目的前期费用如下：

4.1 采购人已委托相关部门，代项目公司完成测绘费、咨询费、技术服务费、征地费等费用，并已因此支付的项目前期工作管理费用等合计万元，由中标人成立的项目公司承担（见附表），并于签署项目协议后 5 日内一次性汇入采购人指定账户。并将其纳入项目公司投资总额。

附表 项目前期工作费用

序号	前期工作费用名称	金额（元）	备注
1	测绘费		
2	咨询费		
3	技术服务费		

（续表）

序号	前期工作费用名称	金额（元）	备注
4	征地费		
	……		
	合计		

4.2 关于工程建设监理由采购人按招投标相关规定确定，工程建设监理费按中标价，由项目公司支付，并于确定工程建设监理人后 5 日内一次性打入采购人指定的账户。

5、项目公司注册资本

本项目项目公司注册资本为 1 亿元。

其中社会资本合作方出资 8000 万元占出资总额的 80%。

特许经营方（洪泽县城建办）出资 2000 万元占出资总额的 20%。

6、项目特许经营期限

本项目一期工程特许经营期限为十（10）年，该期限包含建设期和运营期。

7、项目特许经营范围

本次纳入政府与社会资本合作范围为洪泽湖生态环境提升工程美丽蒋坝项目，拟分三期实施。

本次拟实施的范围为一期项目的范围，包括滨湖风光带—观沧海、落霞滩、温泉养生、隐逸快活岭、古镇老街等，建设期为 2 年，运营期为 8 年，总投资约 6.5 亿元；

二、三期项目预计建设期为 5 年，评价期第 4 年开始实施，第 8 年完成，运营期为 13 年。

具体实施周期及运营时间根据一期建设项目的实施情况由县城建设指挥部办公室与社会资本另行签订补充协议确定。

一期建设内容如下：

1）滨湖风光带—观沧海，包括标志性景观大门 300 平方米，大门停车场 150 平方米，挑空平台 780 平方米，路边停车位 360 平方米，停车场出入口门卫亭 2 个，镇区总停车场 9500 平方米，场地绿化 144000 平方米，服务驿站（改造）1000 平方米，驿站长廊（改造）165 平方米；

2）滨湖风光带一落霞滩，包括河工驿站 1300 平方米，驿站平台 270 平方米，平台长廊 50 米，柳树湾木质铺装 3200 平方米，落霞湾绿地 6050 平方米，室外家私 1 项，石工堤路 4200 平方米，柳树湾增加道路 3500 平方米，柳树湾绿地改造 35000 平方米，改造建筑 9850 平方米，改造栏杆 976 米；

3）温泉养生，包括酒店区 16000 平方米，游客中心 1491 平方米，温泉中心 4526 平方米，景观工程 130292 平方米，温泉管网、泵房、污水处理厂，碰撞麦田圈（田园停车场）4500 平方米；

4）隐逸快活岭，包括艺术家旅居村建筑改造 15000 平方米，艺术家旅居村室外总体 165 亩，快活田园客栈（融合式旅居）1000 平方米，农业创意艺术展示地 25 亩，头河滨水湿地景观 390 亩，有机生活馆 2000 平方米；

5）古镇老街，包括三街十二巷 1500 亩，银杏广场 9000 平方米；

6）蒋坝大桥至主镇区 5 公里道路景观提升工程。

8、政府可行性缺口补贴价格及其调整

根据本项目特点，采用的是使用者付费与政府支付可行性缺口补贴相结合。政府可行性缺口补贴价格指项目公司按照《PPP 项目特许经营协议》、《洪泽湖生态环境提升工程美丽蒋坝一期项目运营服务协议》和《投资合作协议》的要求，完成全部建设任务后，根据实际完成的全部建设成本和投标文件自报的投资回报率并经政府部门审计审定的在运营期内政府补贴总额。

具体调整规定见本招标文件第六部分"洪泽湖生态环境提升工程美丽蒋坝一期项目运营服务协议"。

9、政府可行性缺口补贴价格及支付方式

政府可行性缺口补贴价格将采用"按年支付，每半年考核结算"的方式支付。具体规定见本招标文件第六部分"洪泽湖生态环境提升工程美丽蒋坝一期项目运营服务协议"。

10、设备重置费用承担

在特许经营期内，项目设备重置费用由项目公司承担。

11、项目设施所有权

项目公司所建设生产出来的所有项目设施的所有权在特许期间归项目公司所

有，期满移交之后归特许经营方所有，项目公司在特许经营权期满之后不得擅自处置，不得用于除旅游目的以外其他用途。

12、提前终止补偿

如果项目协议提前终止，采购人当且仅当本招标文件第四部分"投资合作协议"中规定的情形发生时，对项目公司按既定的原则计算并支付提前终止补偿金。具体见本招标文件第五部分"特许经营协议"中有关内容。

13、项目设施的移交标准

特许经营期满时的项目设施移交验收标准：由项目公司在项目设施移交日前负责对项目设施进行必要的整修，以使项目设施达到届时相关规范要求（包括但不限于所有构筑物满足安全生产要求，所有设备工况良好，满足性能；所用设备已使用年限距离折旧年限不得少于五年，否则项目公司须自行承担费用对该设备进行重置。所有建筑物要求外观整洁，设施完好，结构无损坏），并经采购人或其指定机构验收后，按届时的项目设施清单交回项目设施。若不能达到上述标准则由项目公司进行恢复性大修以达标或由采购人或其指定机构整修，费用由项目公司承担并可直接从暂停支付的政府补贴价格中扣除。

第四部分　投资合作协议

洪泽湖生态环境提升工程美丽蒋坝 PPP 项目

投资合作协议

二〇一五 年 九 月 日

投资合作协议

签约各方

甲方：

乙方

丙方

名词解释：

本协议中，下述术语具有以下含义：	
"甲方"	指洪泽县县城建设指挥部办公室（以下简称"洪泽县城建办"）
"乙方"	指中标社会资本合作方，具体指_公司
"丙方"	指洪泽县人民政府指定国有出资人公司
"项目"	指洪泽湖生态环境提升工程美丽蒋坝项目
"项目公司"	指公司在洪泽县与洪泽县人民政府国有出资人共同设立的为履行洪泽湖生态环境提升工程美丽蒋坝 PPP 项目温泉养生、温泉酒店、疗养、养老服务、餐饮等特色度假旅游综合体的运营管理义务的独立法人。
"PPP 项目特许经营协议"	指由洪泽县城建办与项目公司签署的，准予选定的社会资本合作方按照该协议、《洪泽湖生态环境提升工程美丽蒋坝一期项目运营服务协议》等规定投资 - 建设 - 运营 - 移交洪泽湖生态环境提升工程美丽蒋坝一期项目的协议。
"运营服务协议"	指由洪泽县城建办与项目公司为《PPP 项目特许经营协议》实施之目的，与《PPP 项目特许经营协议》签署日同时签署的、项目公司运营和维护项目设施，提供旅游景点运营服务，就洪泽县城建办（或由其授权指定的实施机构）对运营及服务质量监管考核以及年支付可行性缺口补贴计算和支付办法等事项所依据的条款及条件所达成的协议。

一、投资合作项目基本情况

洪泽湖生态环境提升工程美丽蒋坝项目选址拟定于洪泽县蒋坝镇。

本次实施社会资本采购的洪泽湖生态环境提升工程美丽蒋坝项目：总占地面积 12.1 平方公里，总投资额 158315.87 万元。拟建设内容包括，一期：（1）滨湖风光带—观沧海、落霞滩，（2）温泉养生，（3）隐逸快活岭，（4）古镇老街；二期：

（1）清泉营地，（2）百果飘香，（3）彭城安养社区；三期：（1）滨湖风光带—渔家傲，（2）荷塘月色。

特许经营范围为一期项目范围，二、三期项目具体实施周期、运营时间以及特许经营范围，拟根据一期建设项目的实施情况由洪泽县城建办与社会资本另行签订补充协议确定。

甲方：<u>洪泽县县城建设指挥部办公室</u>通过公开招标采购，确定乙方为本项目中标人。甲方授权丙方_____与乙方共同成立 PPP 项目公司，注册资本金 10000 万元，丙方参股比例 20%，乙方参股比例为 80%，双方均以现金形式出资，乙丙双方按股权比例分享收益。

甲、乙、丙三方共同确认通过签订本协议对以下内容达成一致意见：投资主体权利义务错位，项目公司的甲方并没有实际出资（特许经营权作价），建议甲方重新考虑。

1、甲乙双方共同设立项目公司，由项目公司负责该项目投资、融资、设计、建设、运营管理以及对项目设施、设备进行维护、技术升级、更新、重置，项目的筹划、资金的筹措、建设设施、运营管理、养护维护、债务偿还和资产管理，并在特许经营协议规定的特许经营期满后，将该项目及其全部设施无偿移交给洪泽县人民政府或其指定机构，并确保该项目能继续正常运营，政府负责对该项目实施监管并进行项目评估。

2、乙方接受本项目招标文件中《PPP 项目特许经营协议》、《运营服务协议》的全部内容，项目公司成立后，由项目公司与甲方签订本协议附件中《PPP 项目特许经营协议》、《运营服务协议》。

3、丙方作为政府国有出资人，已经获得洪泽县人民政府关于设立本项目公司的授权或批复；

4、乙方作为社会出资人，投资设立该 PPP 项目公司已经获得其股东大会通过的相关决议，乙方股东会对项目公司的投资总额予以确认。

二、前提条件

各方确认，甲乙双方在本协议项下的固定资产投资义务以下列全部条件的满足为前提：

1、各方同意并通过洪泽县人民政府审批，正式签署本协议，包括所有附件内容；

2、本项目经洪泽县人民政府相关部门的批准已取得相关批准手续；

3、本项目用地由洪泽县人民政府完成项目征地拆迁并移交给项目公司。

以上条件的满足情况，不影响双方出资设立项目公司并签订全部协议，但项目公司支付履约保证金以外的任何款项之前，以上条件应全部满足。

三、项目公司的设立与融资

1、项目公司组织形式

本公司是依照《公司法》和其他有关规定成立的有限责任公司。甲、乙双方仅以各自认缴的出资额对控股公司承担责任。各方按其出资额在注册资本中的比例分享利润和分担风险及亏损。

2、项目公司注册资本及出资时限

项目公司注册资本为人民币 10000 万元，丙方参股比例 20%，乙方参股比例为 80%，双方均以现金形式出资，甲、乙双方应在本协议签订后 日成立项目公司，并在项目公司成立后日内将注册资金汇入项目公司指定账户。

3、项目公司融资

未经甲方同意，项目公司不得抵押项目公司名下的任何资产、设施和设备。

四、项目公司经营范围

特许经营范围为项目一期范围，包括滨湖风光带 - 观沧海、落霞滩、温泉养生、隐逸快活岭、古镇老街等内容的投资、建设、运营、维护、移交。

五、特许经营权的授予

1、特许经营权的内容

按照本协议的规定，洪泽县城建办授予项目公司的特许经营权内容为：

（1）承担项目一期范围建设，主要为滨湖风光带 - 观沧海、落霞滩、温泉养生、隐逸快活岭、古镇老街等内容建设，包含概念设计、初步设计、施工图设计、采购、施工等一系列基本建设程序环节和工作；

（2）在特许经营期内对一期项目设施进行运营、维护，即，对温泉养生、温泉养生、融合式旅居村以及其他旅游设施运营管理，并按本协议约定按时、足额收取温泉养生服务费、酒店住宿费以及融合式旅居村租金，并取得其他旅游服务的收入以及可行性缺口补贴；

（3）特许经营期满后，项目公司应在无任何补偿的情况下，将项目设施完好无损地移交给洪泽县人民政府或其指定机构；

（4）经洪泽县城建办批准的其他经营活动。

2、特许经营范围

（1）特许经营范围为一期项目服务范围，包括滨湖风光带 - 观沧海、落霞滩、温泉养生、隐逸快活岭、古镇老街。

（2）二、三期项目特许经营范围拟根据一期项目的建设实施情况，由洪泽县城建办与社会资本另行签订补充协议确定。

（3）如协议各方未能就二、三期项目投资达成一致，则二、三期项目由丙方或者甲方提出的任何第三方负责向项目公司增资投入以完成二、三期项目投资，并根据增资的情况调整甲乙双方的股权比例，付费模式另行签订补充协议确定。

3、特许经营期

（1）一期项目的特许经营期应为自生效日起十（10）年。即从 2015 年月日至 2025 年月日。

（2）本协议项下的特许经营期由建设期和运营期组成，其中建设期指自生效日起至完工日止的期间，运营期自商业运行日起至特许经营期最后一日止。一期项目建设期不得超过 24 个月。

六、股东的权利

1、公司股东名额按投资比例分配如下；

2、依照其所持有的股份份额获得股利和其他形式利益分配；

3、参加或者推选代表参加股东会及董事会并享有表决权；

4、依照其所持有的股份份额行使表决权；

5、对公司的经营行为进行监督，提出建议或者质询；

6、依照法律、公司合同的规定获得有关信息；

7、公司终止或者清算时，按其所持有的股份份额参加公司剩余财产的分配；

8、法律、行政法规及公司投资合同、章程所赋予的其他权利。

七、履行 PPP 项目特许经营的各方承诺

1、丙方的承诺

（1）丙方应按照约定于年月日前将认缴的全部注册资本汇入项目公司指定账户；（开户银行：＿＿＿＿＿＿＿＿＿＿　账号：＿＿＿＿＿＿＿＿＿＿）

（2）丙方负有为项目公司办理公司设立、项目建设、经营服务过程中所需的各项审批手续的义务；

（3）丙方保证在特许经营期内依照公司法规定，确保项目公司依法设立、自主经营、独立运作，配合乙方完成项目一期范围建设、运营管理、设备维护、转让等相关工作。

2、乙方的承诺

（1）按照约定于年月日前将认缴的全部注册资本汇入项目公司指定账户；（开户银行：＿＿＿＿＿＿＿＿＿＿　账号：＿＿＿＿＿＿＿＿＿＿）

（2）确保项目公司履行与甲方签订的三个合同文件的法定义务，严格执行国家相关政策和法律法规和规章。

（3）在公司股东会领导下，为项目公司建立合理的组织架构，健全各项公司管理制度，提高服务质量，实现经济效益和社会效益并重。

（4）为强化公司建设和项目开发，引进高端人才和先进的企业管理方法，确保项目公司稳定安全运营；

通过项目一期内容建设，以休闲生态观光游为载体，推动蒋坝镇旅游产业发展；达到改善农村人居环境、推动新型城镇化进程的目的。

（5）乙方承诺若当乙方企业内部的股权结构发生变化时，应提前书面通知甲方，使甲方能充分判断乙方的股权变化是否实质影响项目公司的正常运营，若甲方认为乙方的股权结构变化实质影响了项目公司的正常运营，甲方有权单方面终止项目合作，不承担任何违约责任。收回项目公司的特许经营权；

（6）乙方承诺在特许经营期限内不转让持有的项目公司股权。未经丙方、甲方书面同意，不转让项目公司《特许经营协议》、《运营服务协议》中的权利及其附件项下的权利。

若经甲方同意，乙方转让上述权利须按照《特许经营协议》的相关条款执行；

（7）乙方承诺给予项目公司充分的资金支持，保障项目充足的资金投入，按《特许经营协议》中建设进度的要求保质保量完成项目建设；

（8）乙方应鼓励推动项目公司参加行业技术交流，积极鼓励项目公司参与国家、省、市及地方各项荣誉的评比，力争取得优秀成绩。

3、甲方的承诺

（1）甲方协助乙方为项目公司办理或协调项目建设过程中所需的各项手续或者各种审批。

（2）甲方按照约定时间支付运营补贴；

（3）在协议期内依法维护乙方投资人的合法权益，维持良好的社会秩序，协调处理与该项目公司相关的重大纠纷和群体性事件，为乙方及项目公司的营运提供保证。

（4）甲方通过完善基础设施、加大景区宣传力度等方式，提高本项目知名度以增加客流量；

（5）在国家、江苏省、淮安市及洪泽县政策允许的前提下，甲方将为项目公司积极争取各项优惠政策。

（6）积极支持项目公司在保证正常运营的前提下参与各种奖项或荣誉的评比，并在项目公司良好运营的前提下，积极推荐项目公司参与各种奖项或荣誉的评比

八、股东的商业计划

此部分内容针对社会资本合作方提出的方案，进行后续补充。

九、股权转让

项目公司获得在约定区域内的美丽蒋坝一期项目的特许经营权后，为了保证项目公司的稳定经营，对项目公司的股权变更及其各级控股母公司的控股股权变更作如下约定：

1、从项目公司签署 PPP 项目特许经营协议生效之日起，乙方即社会资本合作方承诺不得将其在项目公司的股权内部自行转让或向第三方转让；确需转让，事先应向洪泽县人民政府书面申请，经书面同意后方可办理相关变更手续。但法院判决转让的除外。

2、经洪泽县人民政府事先书面同意乙方转让其在项目公司的股份的社会资本合作方，洪泽县人民政府有优先收购权，若洪泽县人民政府放弃该权利，受让方应满足以下条件：

（1）项目公司的股东会通过股权转让的决议；

（2）项目公司向洪泽县人民政府提出书面申请，并提交股东会决议原件以及受让方的相关资料，该资料至少包括受让方的企业法人经营执照、景观绿化项目业绩及管理水平，以及洪泽县人民政府要求提供的其他材料；

（3）受让方应在国内同行业中的业绩；其资质、资信、实力、管理水平、技术队伍等方面应当等同或高于转让方；受让方具有并能证明其有能力促使项目公司承担或履行本协议项下的责任和义务；双方共同向洪泽县人民政府提交一份承诺书并对股权转让后的经营风险承担连带责任。

（4）项目公司的股份受让方应向洪泽县人民政府出具书面声明，表明其已经完全理解并承诺遵守特许经营协议及其附件全部条款规定的内容。

3、例外

在约定特许经营期内，如果发生以下特殊的情形，允许发生股权变更：

（1）项目贷款人为履行本项目融资项下的担保而涉及的股权结构变更；

（2）将项目公司及其母公司的股权转让给社会资本的关联公司；

（3）洪泽县人民政府转让其在项目公司股权的不受上述股权变更限制。

十、股东会

股东会由全体股东组成，股东会是公司的最高权力机构，股东会行使下列职权：

（1）决定公司的经营方针和投资计划；

（2）选举和更换董事，决定有关董事的报酬事项；

（3）选举和更换由股东代表出任的监事，决定有关监事的报酬事项；

（4）审议批准董事会或执行董事的报告；

（5）审议批准监事会或监事的报告；

（6）审议批准公司的年度财务预算方案、决算方案；

（7）审议批准公司的利润分配方案和弥补亏损方案；

（8）对公司增加或者减少注册资本作出决议；

（9）对发行公司债券作出决议；

（10）对股东向股东以外的人转让出资作出决议；

（11）对公司合并、分立、变更形式、解散和清算等事项作出决议；

（12）修改公司合同；

（13）丙方对公司增加或减少注册资本、分立、合并、解散或者变更公司形式及修改公司合同的决议享有一票否决权。

上述第（2）～（3）至（6）～（12）项，需经过代表 100% 表决权的股东同意方生效；其他事项，需经过代表五分之四以上表决权的股东同意即生效。

十一、董事会

1、根据公司法相关规定，公司董事为自然人，本项目公司共设董事成员 7 名，其中丙方委派董事会成员 2 名，甲方委派公益董事 1 名，任期三年，由股东会推选和更换。由董事会成员组成董事会，对股东会负责，行使下列职权：

（1）负责召集股东会，并向股东会报告工作；

（2）执行股东会的决议；

（3）决定公司的经营计划和投资方案；

（4）制订公司的年度财务预算方案、决算方案；

（5）制订公司的利润分配方案和弥补亏损方案；

（6）拟订公司合并、分立、变更公司形式、解散的方案；

（7）决定公司内部管理机构的设置；

（8）聘任或者解聘公司总经理，根据总经理的提名，聘任或者解聘公司副总经理，并决定其报酬事项；

（9）制定公司的基本管理制度；

（10）制定修改公司合同方案；

（11）股东会授予的其他职权。

董事会会议实行一人一票的表决制度。董事会行使职权时需要董事会表决的，第（6）项决议事项需经全体董事表决同意通过后生效。其他由董事会拟定或决定的事项经过全体董事五分之四（包括本数）以上董事同意通过即生效。

2、甲方委派的公益董事的权利主要包括但不限于以下内容：

（1）有权了解企业的正常生产、经营情况；

（2）监督企业的重要经营活动和重大决策；

（3）对影响公共利益或公共安全的事项享有一票否决权。

十二、监事会

监事会是由股东会选举的监事以及由公司职工民主选举的监事组成的，本项目公司设监事七名，其中内部监事五名，监事会主席由丙方委派，两名监事由股东会选举产生，两名监事由职工选举产生；外部监事两名，由甲方委派。公司董事、总经理和其他高级管理人员不得兼任监事。监事每届任期三年，连选可以连任。监事应当遵守法律、行政法规和公司合同的规定，履行诚信和勤勉的义务。监事会行使下列职权：

（1）检查公司的财务；

（2）对董事、总经理和其他高级管理人员执行公司职务时违反法律、法规或者合同的行为进行监督；

（3）当董事、总经理和其他高级管理人员的行为损害公司利益时，要求其予以纠正，必要时向股东会或国家有关主管机关报告；

（4）提议召开临时董事会；

（5）列席董事会会议；

（6）公司合同规定或股东会授予的其他职权；

（7）监事行使职权时，必要时可以聘请律师事务所、会计师事务所等专业性机构给予帮助，由此发生的费用由公司承担。

十三、利润分配

1、公司的利润分配按照股份比例进行分配，分配形式：以现金方式分配利润。

2、公司现金方式分红的具体条件和比例：

（1）公司采取现金分红的利润分配政策，即公司当年度实现盈利，在依法弥补亏损、提取法定公积金、盈余公积金后有可分配利润的，则公司应当进行现金分红；

（2）公司利润分配不得超过累计可分配利润的范围；

（3）倘若公司无重大投资计划或重大现金支出发生，单一年度以现金方式分配的利润不少于当年度实现的可分配利润的 100%。

3、股利分配程序：

由公司董事会审议并表决公司本年度利润分配预案，并报经股东大会批准。

十四、违约责任

甲乙双方必须严格履行本合同之规定，若一方不履行合同或不完全履行合同，另一方有权要求对方采取补救措施或追究对方违约责任。

双方约定承担违约金比例为本合同投资总额的 10%。

乙方违约给甲方造成损失时，除支付违约金外，另赔偿由其违约给甲方造成的实际损失。

十五、不可抗力

不可抗力指在签订和履行本协议时不能预见、不可避免、不可克服、的事件，主要指：

（1）雷击、地震、火山爆发、大坝决堤、水灾、飓风或龙卷风；

（2）战争、恐怖行为或军事力量的使用；

（3）全国性、地区性、城市性或行业性罢工；社会动乱；

（4）任何国有化征用、征收；

（5）国家法律、法规及相关政策变更致本协议实际上无法继续履行。

由于不可抗力事件使双方不能全部或部分履行其在本协议项下的义务时，均不承担责任。相关一方应在不可抗力事件发生之日起 15 日内及时通知对方并采取有效措施减少损失的扩大，否则对损失扩大的部分不可免责。

十六、争议解决

履行本协议如果发生争议，双方均应友好协商解决；如果协商不成，双方均可向该 PPP 项目所在地有管辖权的人民法院起诉，通过诉讼解决。

十七、协议的生效

1、本协议经双方的法定代表人或者授权委托代理人签字并盖章后生效。

2、本协议签订时将《特许经营协议》和《运营服务协议》作为附件，但不影响《特许经营协议》作为 PPP 项目合同的主合同；

3、《PPP 项目特许经营协议》签订、项目公司成立后，本协议仍然有效；

如本协议与《PPP 项目特许经营协议》合同条款发生矛盾或冲突时，以《PPP 项目特许经营协议》为准。

十八、其他事项

1、本合同一式陆份、各方各执两份。

2、本合同未尽事宜，由三方另行协商，签订补充协议。

3、各方对本合同及合作的所有商业机密资料承担保密义务，未尽许可，不得对任何其他第三方泄露和传播。

4、本合同自双方签字、盖章之日起生效。

其他无异议。

甲方（盖章）：_____　　乙方（盖章）：_____

地址：　　　　地址：

邮编：　　传真：　　　　邮编：　　传真：

电子邮箱：　　电子邮箱：

法人代表（签字）：　　　　法人代表（签字）：

委托代理人（签字）：　　　　委托代理人（签字）：

丙方：_____

地址：

邮编：传真：

电子邮箱：

法人代表（签字）：

委托代理人（签字）：

签约时间：2015 年 9 月 日

签约地点：

丙方：＿＿＿＿＿＿＿＿

委托代理人：

签约日期：年 月 日

第五部分　PPP项目特许经营协议

洪泽湖生态环境提升工程美丽蒋坝一期 PPP 项目

特许经营协议

二〇一五 年 九 月日

PPP 项目特许经营协议

前言：

本协议于 2015 年＿＿＿月＿＿＿日由下列各方在中华人民共和国江苏省洪泽县正式签署：

洪泽县县城建设指挥部办公室：（下称"洪泽县城建办"），系按照中华人民共和国（下称"中国"）法律正式组织和存续的洪泽县人民政府（下称"洪泽县人民政府"或"县政府"）的事业单位，其住所为＿＿＿＿＿＿＿，负责人为＿＿＿＿。

项目公司：＿＿＿＿＿＿＿，系按照《中华人民共和国公司法》及其他有关法律法规设立、登记、注册及运作的有限责任公司，其住所为＿＿＿＿＿＿＿，法人代表：＿＿＿＿。

鉴于：

1、为进一步创新投融资机制，加速发展蒋坝镇旅游产业，鼓励和引导社会资本参与旅游项目，根据《部署地下综合管廊建设、鼓励 PPP 投资建设旅游项目》（2015 年 7 月 28 日国务院常务会议）以及《关于江苏天鹅湾旅游开发有限公司美丽蒋坝新型城镇化旅游景观养老服务及社区服务一体化工程建设项目核准的批复》（洪发改发【2015】23 号），洪泽县人民政府同意洪泽湖生态环境提升工程美丽蒋坝 PPP 项目（以下简称"美丽蒋坝项目"），并授权洪泽县城建办（以下简称"洪泽县城建办"）作为美丽蒋坝项目实施机构；同时授权甲方作为本项目政府方出资代表与中选的社会投资人共同组建项目公司，由项目公司具体负责本项目的投资、融资、建设及运营维护。

2、美丽蒋坝一期项目拟采用建设 - 运营 - 移交（BOT）的运作方式，主要建设滨湖风光带 - 观沧海、落霞滩、温泉养生、隐逸快活岭、古镇老街等内容，并将上述内容以特许经营的方式引入社会资本合作方，通过一期项目建设，以休闲生态观光游为载体，推动蒋坝镇旅游产业发展；二、三期项目亦采用建设 - 运营 - 移交（BOT）的运作方式，特许经营范围拟根据一期建设项目的实施情况，由洪泽县城建办与社会资本另行签订补充协议确定。

3、根据洪泽县人民政府对洪泽县城建办的授权，（见授权委托书）洪泽县城建办于 2015 年____月 -2015 年____月对洪泽湖生态环境提升工程美丽蒋坝项目遵循公开、公平、公正和公共利益优先的原则，经过招标确定_____公司作为本项目的社会资本合作方，负责与洪泽县人民政府国有出资人共同组建项目公司，建设 - 运营 - 移交本项目一期范围。

4、根据中国有关法律于 2015 年____月____日正式成立了项目公司，洪泽县城建办同意授予项目公司特许经营权，以融资、设计、建设、运营和维护美丽蒋坝一期工程，并在特许经营期满后将项目设施无偿、完好移交给洪泽县人民政府或其指定机构，并保证项目正常运行。

5、本文对签署双方均具有法律约束力，双方均需遵守执行。非经双方协商并达成一致意见，在本协议正式签署时不得有任何修改。

为此，双方就以下内容达成协议并共同遵守执行：

第一章　定义与解释

1.1 定义

在本协议中，下述用词及语句具有下列含义：

"项目设施"	指洪泽湖生态环境提升工程美丽蒋坝一期项目提供服务所需的和所附带的所有固定资产、可移动资产及所有为实现项目协议目的所需用的相关设备和设施等。
"工程" / "项目工程"	指洪泽湖生态环境提升工程美丽蒋坝一期项目工程。
"本项目"	指项目公司投资、建设、运营、维护洪泽湖生态环境提升工程美丽蒋坝一期项目工程经双方约定的全部设施；至特许经营期满把全部项目设施完好、无偿移交给洪泽县人民政府或其指定机构，并保证项目设施正常运行的所有相关活动。
"本协议"	指洪泽县城建办与项目公司之间签订的、特许项目公司投资、建设、运营、维护和移交本项目设施的 PPP 项目特许经营协议，包括所有附件以及日后可能签订的任何本 PPP 项目特许经营协议之补充修改协议及其附件。
"运营服务协议"	指由洪泽县城建办和项目公司于生效日签署的《洪泽湖生态环境提升工程美丽蒋坝一期项目运营服务协议》。

"批准"	指项目公司需从政府获得的为本项目的投资、建设、运营和维护所需的许可、执照、同意、授权、批准、特许经营权、认可或相同及类似的文件。
"中国法律法规"	指现有的和将来不断修订的公开发布并实施有效的中国法律、法规、国务院及相关部门发布的规章和政策规定。
"法律变更"	指（a）在本协议签订日之后，任何中国法律法规和规章的实施、颁布、修改、废除或重新解释，或（b）在本协议签订日之后，某一政府部门对任何批准的颁布、延期，或修改附加了任何实质性的条件。无论是哪一种情况，导致对本项目实施的要求和项目公司的经济利益发生了实质性变化。
"法律及规范适用"	指所有适用的中华人民共和国法律、法规、规章和国务院政府部门颁布的所有适用的技术标准、技术规范及其他适用的强制性要求。
"进度日期"	指本协议第 6.3.1 款中项目进度所规定日期。
"前期费用"	指由采购人先行支出，包括前期调研费、设计、项目建议书及可研编制等费用，待项目公司成立后据实计算并支付给采购人，并将其纳入项目公司投资总额。
"开工日"	指具有本协议第 6.4.2 款规定的含义，项目公司正式开工建设的日期。
"初步性能测试"	指根据本协议的要求，项目工程根据第 7.1.1 款进行的测试。
"初步完工证书"	指根据本协议的要求，项目工程在完成初步性能测试后，洪泽县城建办根据第 7.1.4 款签发或视为签发的项目工程已初步完成的证书。
"商业试运行"	指根据本协议第 7.2 条进行的项目设施试运行。
"项目竣工验收"	指根据本协议第 7.3.1 款进行的项目工程验收。
"最终完工证书"	指根据本协议第 7.3.3 款签发或视为签发的项目工程的已最终完成的证书。
"生效日"	指洪泽县城建办和项目公司经洪泽县人民政府审批正式签署《特许经营协议》、《运营服务协议》后，洪泽县人民政府向项目公司移交项目土地之日。
"完工日"	指根据本协议第 7.3.3 款，项目公司完成项目建设、竣工验收后，由洪泽县城建办签发最终完工证书之日或视为最终完工证书签发之日。
"商业运行日" / "开始商业运行日"	指根据本协议第 7.3.3 款确定的完工日之次日。
"特许经营期"	具有第 3.3 条所确定的含义。
"建设期"	指自本协议生效日起至竣工交付之日止的期间（含本日），建设期不得超过十二个月。
"运营期"	指自商业运行日起至特许经营期结束日止的期间（含本日）。
"移交日"	指特许经营期正常结束之日的次日，或双方就提前终止达成一致后约定的移交项目设施的日期。

"运营日"	指每日从 00：00 时开始至同日 24：00 时止的二十四小时。
"运营月"	指运营期内任一个月期间，但第一个运营月应在商业运行日开始，至该月的最后一个日历日结束，最后一个运营月应在该月 1 日开始，至特许经营期结束之日止。
"运营年"	指运营期内任一年度期间，但第一个运营年应在商业运行日开始，至该年度的 12 月 31 日结束；最后一个运营年应在该年度的 1 月 1 日开始，至特许经营期结束之日止。
"建设协议"	指由项目公司和建设承包商之间达成的且洪泽县城建办不持异议的有关本项目工程的设计、监理、采购、施工、测试和完工的一个或多个协议。
"建设承包商"	指由项目公司所委托且洪泽县城建办不持异议的根据建设协议和本协议履行项目工程建设的一个或多个承包商及分别经其许可的继承人和受让人。
"项目运营协调委员会"	指根据本协议第 8.10.1 款规定成立的委员会。
"环境污染"	指与政府的环境保护法律、法规和法令不符并不被允许的任何空气污染、地面污染、本项目所在场地的地表、地下或周围的水体污染以及其他方面的污染。
"融资文件"	指洪泽县城建办批准的与本项目或其任何一部分的长期、短期融资或再融资相关的贷款协议、票据、契约、担保协议、保函和其他文件，但不包括与初始社会资本合作方或任何其他参股者的认股书或出资相关的任何文件或协议。
"融资机构"	指将为本项目提供资金的银行或其他金融机构。
"融资交割"	指社会资本合作方及其项目公司签署并向洪泽县城建办递交实施本项目所需的有关融资文件及其他证明文件，用以证明项目公司为建设项目所需的全部股本资金和债务资金已经到位，或已完成融资手续，随时可以提用该等款项。
"不可抗力"	具有第 13.1 条所确定的含义。
"政府" / "政府部门"	指中华人民共和国政府及其下属部门、江苏省或淮安市政府及其任何下属部门，以及对项目公司、本项目或其任何部分具有管辖权的中华人民共和国政府或江苏省或洪泽县人民政府的任何部门、机构、组织、代理机构。
"项目文件"	指本协议（包括附件）、建筑承包协议、设备及材料供应协议、项目公司的合作协议、章程、融资文件及其他与本项目的开发、投资、融资、建设、设备采购、安装、测试、运营及维护有关的协议或协议。
"项目协议"	指本项目投资合作协议、PPP 项目特许经营协议和运营服务协议的总称。

"谨慎施工和运营惯例"	指大部分中国的温泉养生、温泉酒店、疗养、养老服务、餐饮等特色度假旅游服务单位对于同类设施采用或批准的惯例、方法及做法（包括大部分中国温泉养生、温泉酒店、疗养、养老服务、餐饮等特色度假旅游单位所采用的国际惯例、方法及做法），在按照已知事实或做决策时通常应了解的事实进行合理判断的过程中，上述惯例、方法及做法应随时以符合法律、法规、可靠性、安全性、环境保护、经济而快捷的方式达成预期的结果。就本项目而言，谨慎施工和运营惯例应包括、但不限于采取合理的步骤，以保证： （1）满足正常条件下及合理预测的非正常条件下本项目建设和运营需求的充足材料、资源和供应。 （2）拥有足够数量、充足经验并经过适当培训的工作人员，以恰当有效地按照制造商的标准和技术规范运营本项目设施并处理紧急情况。 （3）由知识丰富且受过培训和富有经验的人员适当使用设备、工具和程序进行保护性日常和非日常维护和修理，以保证本项目设施长期、可靠和安全地运营。
"场地"	指本项目所占且项目公司拥有其全部通行权、道路使用权和其他附属权利的场地。
"违约"	指一方未能履行其在本协议项下的任何义务，而且这种违约不能归咎于另一方违反本协议的行为或不行为或不可抗力。
"违约利率"	指违约事件发生时适用的中国人民银行规定的一年期贷款利率加一个百分点。
"工作日"	指中国法定节假日以外的公历日。

1.2 解释

1.2.1 解释规则

（a）协议文件

本协议包括附件 1 至附件 7，每一份附件都应被视为本协议的一部分。

（b）完整的协议

本协议构成双方对本项目的完全的理解，代替双方以前所有的有关本项目的书面和口头陈述或安排。

（c）修改

本协议任何修改、补充或变更只有以书面形式并由双方授权代表签字方可生效。

（d）可分割性

如果本协议任何部分被任何仲裁庭或法院宣布为无效，本协议其他部分仍然有效和可执行。

(e) 本协议与附件的一致性

在整个特许经营期内，本协议附件的解释应与本协议保持一致。如果项目文件之间出现矛盾或不一致的地方，则应以本协议为准。

1.2.2 解释

在本协议中：

(1) 人民币指中华人民共和国法定货币；

(2) 标题仅为方便设定，不构成对本协议的解释；

(3) 除本协议上下文另有规定外，参照的条款和附件均为本协议的条款和附件；

(4) 除非本协议上下文另有规定外，"一方"或"各方"应视为本协议的一方或各方；本协议、项目协议和融资文件的各方均包括其各自的继任者和获准的受让人；

(5) 所指的日、星期、月份和年均指公历日、星期、月份和年；

(6) 除本协议上下文另有规定，"包括"一词在任何时候应被视为与"但不限于"连用；

(7) 除本协议另有规定外，本协议中使用的"天"、"日"均指日历日；

(8) 所指的协议是指列举的和作为附件的协议，并且在任何情况下均指对该协议不时所做的补充和修改；

(9) 建设包括场地勘察和调查、设计、采购、交付、安装、完成、调试以及与建设过程有关的其他活动，除非上下文另有规定；

(10) 所指的维护应始终解释为包括修理和更换，除非上下文另有规定。

第二章 声明和保证

2.1 洪泽县城建办的声明和保证

洪泽县城建办在此声明，在生效日：

(1) 洪泽县城建办已经获得洪泽县人民政府的授权签署和履行本协议，洪泽县城建办完全有权签署本协议，并有能力履行本协议项下的义务。

(2) 本协议一经签订，即对洪泽县城建办具有完全的法律约束力，签订和履行本合同不会导致洪泽县城建办违反对其具有约束力的任何法律、法规和合同性文件的规定，或者与之有利益冲突。

（3）不存在任何与本项目有关的由洪泽县城建办作为一方签署、并可能对本项目或项目公司产生重大不利影响的合同、协议和／或任何未决或即将进行的诉讼。

（4）洪泽县城建办将在其权限内最大限度地向洪泽县人民政府和其他相关职能部门争取各种优惠待遇和／或优惠政策，并将其授予项目公司，并尽其努力协助项目公司获得上级政府有关旅游行业、温泉酒店经营的优惠待遇和／或优惠政策。

（5）对双方为本协议、运营服务协议和／或其他协议实施之目的而应由洪泽县城建办取得的审批文件和／或授权，洪泽县城建办应积极申请取得或协助项目公司取得；对项目公司为本协议、服务协议和／或其他协议实施之目的所签订的、需其批准的其他协议、合同等，洪泽县城建办不应无理拒绝或给予及时批准。

（6）本协议不限制洪泽县城建办的法定权力，洪泽县城建办有权根据法律、法规和本协议的约定对本协议项下的特许经营进行监管。

2.2 项目公司的声明和保证

项目公司在此声明：

（1）项目公司为一家由【选定的社会资本合作方名称】为本协议实施之目的，依照中华人民共和国法律，与洪泽县人民政府指定的国有出资人共同在洪泽县设立的有限责任公司。项目公司将有权根据其批准文件、工商登记文件、章程性文件从事本项目的投融资、建设和运营业务，并履行其作为本协议一方的每一项承诺下的所有义务。

（2）项目公司已经取得了与签署和履行本合同有关的一切内部、外部的授权和许可，并有能力履行本协议项下的义务。

（3）本合同一经签订，即对项目公司具有完全的法律约束力，签订和履行本合同不会导致项目公司违反对其具有约束力的任何法律、法规和合同性文件的规定，或者与之有利益冲突。

（4）项目公司在其成立后至签署本协议前，不存在任何与本项目有关的由项目公司作为一方签署、并可能对本项目或洪泽县城建办产生重大不利影响的合同、协议和／或任何未决或即将进行的诉讼。

（5）项目公司具有足够的资金支持本项目或已满足本协议、融资文件项下融资交割的所有先决条件（只能在本协议生效日或之后方能满足的条件除外），而每一项尚未满足的条件能够在本协议生效后或项目工程建设开工日前得到满足。

（6）项目公司具备相应的财务能力、营运能力、人力资源、技术支持和经验实施本项目并履行其在本协议下的每一项义务。

（7）本协议不限制洪泽县城建办的法定权力，洪泽县城建办有权根据法律、法规和本协议的约定对本协议项下的特许经营进行监管。

2.3 对虚假声明和保证的赔偿责任

在不影响本协议其他条款规定的情况下，如果任一方在本章所做的声明和保证被证明在做出之时在实质方面不正确，另一方有权就其因此所受的任何损害获得赔偿。该等损害指任何一方在谈判、准备和终止本协议时产生的所有费用及开支，但赔偿数额不应与第十七章规定的提前终止补偿金额重复计算。

第三章 特许经营权

3.1 特许经营权的授予

按照本协议的规定，经洪泽县人民政府批准，洪泽县城建办授予项目公司在特许经营期内对本项目内容进行投资、融资、建设、运营、维护、移交的独家权力，包括：

（1）建设、运营和维护本项目，提供包括生态休闲、亲子、团建、农场、周末休闲、养生体验、休闲度假等在内的服务，并获得收益；

（2）在特许经营期终止时，将项目设施完好、无偿移交给洪泽县人民政府或其指定机构；

（3）在整个特许经营期内，按照第十四章的规定提交符合要求的履约保函；

（4）自行解决上述事项的融资安排，并自行承担相应的费用和风险。

3.2 特许经营权的内容

按照本协议的规定，洪泽县城建办授予项目公司的特许经营权内容为：

（1）承担本项目内容建设，主要为滨湖风光带 - 观沧海、落霞滩、温泉养生、隐逸快活岭、古镇老街等内容建设，包含初步设计、施工图设计、采购、施工等一系列基本建设程序环节和工作；

（2）在特许经营期内对一期项目设施进行运营、维护，即，对温泉养生、融合式旅居村以及其他公共设施运营管理，并按本协议约定足额收取温泉养生服务费、酒店住宿费以及融合式旅居村租金、取得旅游服务的其他收入，并申请政府按时支付可行性缺口补贴；

（3）特许经营期满后，项目公司应在无任何补偿的情况下，将项目设施移交给洪泽县人民政府或其指定机构；

（4）经洪泽县城建办批准的其他经营活动。

3.3 特许经营期

（1）本项目的特许经营期应为自生效日起十（10）年。即从 2015 年月日至 2025 年月日。

（2）本协议项下的特许经营期由建设期和运营期组成，其中本项目的建设期指自生效日起至完工日止的期间，运营期指自商业运行日起至特许经营期最后一日止。本项目建设期不得超过 24 个月。

3.4 本项目的资产权益

在特许经营期内，项目公司拥有本项目的所有在项目公司名下的财产、设备和设施的所有权。

3.5 抵押

（1）未经洪泽县城建办同意，项目公司不得抵押项目公司名下的任何资产、设施和设备。

（2）在特许经营期内，未经洪泽县城建办批准，项目公司不得改变本项目场地的用途。

3.6 项目特许经营权下公用设施的使用

（1）洪泽县城建办将于本协议生效日起及以后根据本协议的规定向项目公司提供公用设施，但与该等规定的公用设施的连接费用以及因使用该等公共设施所发生的费用均由项目公司承担。

（2）项目公司或其确定的建设承包商将自费负责本项目场地规划红线以内的协议规定的基础设施建设，并按当地一般同类用户同样的水平支付费用。

第四章　土地使用权

4.1 土地使用权

本项目由洪泽县城建办协助项目公司以"国有建设用地使用权出让"方式取得本项目厂区范围以内的土地使用权。项目公司取得此用地的付出的土地使用权转让价款等相关费用纳入本项目总投资。项目特许经营期满后，由项目公司将土地使用权无偿移交给洪泽县人民政府或其指定的其他单位。

4.2 土地使用限制

项目公司仅能将土地用于本协议项下的特许经营，未经洪泽县城建办书面同意，不得将该等土地的全部或部分用于本合同项下特许经营之外的其他任何目的和用途。在特许经期内，项目公司不得转让、出租土地使用权或者改变土地用途。

4.3 土地使用的损害赔偿责任

项目公司应当合理使用蒋坝镇规划范围内的土地，如因项目公司违反法律规章、本协议和其他有关法律文件的要求使用土地给第三人造成损害，项目公司应当赔偿给第三人造成的损失。

4.4 土地的适用性和土地状况审查

项目公司已审查和核实了由洪泽县城建办提供的，对有关蒋坝镇规划范围内的状况和适用性进行描述的资料和文件。项目公司已查看并检查了蒋坝镇规划范围内场地，充分了解该等土地及其周围的状况。项目公司接受该等土地的现状（包括地下土层条件），并确认该等场地的状况适于为本协议项下特许经营的目的使用。

4.5 已提交有关土地状况的资料

洪泽县城建办须对该等土地文件的真实性、完整性和准确性承担相应的法律责任，确保该等资料无任何重大遗漏和 / 或虚假陈述。

4.6 洪泽县城建办与项目公司设立后 工作日内将该土地使用权证转至项目公司名下。

4.6 环境保护责任

洪泽县城建办确认项目公司对蒋坝镇规划范围内于生效日之前发生的环境污染不承担责任；项目公司对生效日之日起由项目公司导致的，或因项目公司作为或不作为的行为而加重的环境污染应依法承担相应的责任。

第五章　地质勘查和设计

5.1 项目立项

本项目由洪泽县城建办承担项目可行性研究和环境影响评价及其申请批复工作，并向项目公司提供项目可行性研究和环境影响评价相关资料和批复文件。

5.2 地质勘查和设计

项目公司根据建设需要进行地质勘查和设计应按照法定程序委托具有相应资质的机构进行。

5.3 设计审核

项目公司应将初步设计图或施工图纸提交给洪泽县城建办，以便使其按照有关程序进行审查或审核。洪泽县城建办应立即审核项目公司提交的设计图纸。如果洪泽县城建办认为设计图纸不合要求，应立即通知项目公司，而项目公司应立即做出必要的澄清或纠正。项目公司对设计图纸和本项目的规范做出任何原则性改动都必须按照洪泽县城建办有关程序进行审查或审核。

5.4 设计变更

本项目初步设计和施工图设计获得审批后，在建设中的任何时间，洪泽县城建办出于提高工程质量、降低造价、缩短工期的目的，在不违背所有适用于项目的设计标准的基础上有权要求项目公司进行设计变更，由此产生的相关费用由双方协商解决。

5.5 设计变更审核

（1）如出现以下任一情况，项目公司经书面通知洪泽县城建办后，可在工程建设进行的任何时候提议变更项目公司设计：

（a）可减少建设、运行或维护的成本；

（b）可提高项目设施的质量；

（c）不可抗力事件发生。

但是，该等变更不得对项目公司建设美丽蒋坝的目的造成不利影响。

（2）项目公司应向洪泽县城建办提交支持该等设计变更提议及其充分理由的所有必要文件。

（3）洪泽县城建办应于其收到该变更提议的三十（30）日内告知项目公司该变

更是否获得批准。如洪泽县城建办未在规定的期限内书面批准该变更提议，应视为洪泽县城建办不批准该变更提议。项目公司未经洪泽县城建办书面批准，不得进行任何此类变更。

5.6 项目公司的责任

（1）项目公司对附件3的技术规范和要求有审查义务，如该等技术规范和要求存在任何错误、不明确或遗漏，项目公司应当立即告知洪泽县城建办，并立即采取有效措施予以纠正，否则由此造成的一切后果和相关费用均应由项目公司自行承担。

（2）洪泽县城建办未对设计图纸或技术规范或任何改动提出异议不应被视为对本协议项下其权利的放弃，或以任何方式解除项目公司在本协议项下的责任，具体而言，项目公司：

（a）承认洪泽县城建办及相关部门所做的任何审核仅供其自身参考，洪泽县城建办及相关部门不因进行审核而对本项目工程或其中各部分的工程或建设质量承担任何责任；

（b）不可因洪泽县城建办对本项目进行过审核而向第三方陈述洪泽县城建办将对本项目工程或各部分的工程和建设质量负责；

（c）应按照本协议的其他规定对本工程及各部分的技术可行性、运行能力和可靠性负全部责任。

5.7 洪泽县城建办的权利和责任

只有在下列情况下，洪泽县城建办应对附件3项目技术规范和要求中的错误负责：

（1）项目公司将该等错误书面通知洪泽县城建办，并且在该等通知中告知洪泽县城建办，如果不对该错误进行纠正，项目公司对继续按照原设计规格和规范进行的建设而产生的任何损害或延误将不予负责；

（2）洪泽县城建办在收到该等技术规范错误通知后，书面通知项目公司按照原设计规格和技术规范行事。

（3）洪泽县城建办将对由于该等错误的延误、费用和其他损害负责，只要其是在项目公司收到洪泽县城建办的本条（b）款所述的书面通知后发生。如果洪泽县城建办在收到本条（a）款中规定的通知后的十四（14）天内未予以答复，项目公司须采取必要的措施立即纠正该等错误。

5.8 赔偿

项目公司应负责并对涉及侵犯专利权、著作权或其他项目公司使用的或纳入项目设施设计中的、以其他形式受保护的设计而产生的对洪泽县城建办的任何索赔、费用或损害进行赔偿并使其免受影响。

第六章 美丽蒋坝工程的建设

6.1 项目前期费用

洪泽县城建办已委托相关部门负责本项目的项目建议书、可行性研究及环境影响评价并承担相关费用，本项目前期费用由洪泽县城建办先行支付，暂定为 万元，待项目公司成立后，由项目公司将此费用支付给洪泽县城建办。

6.2 建设内容

一期项目的建设内容，包括滨湖风光带 - 观沧海、落霞滩、温泉养生、隐逸快活岭、古镇老街等建设，以及温泉养生、温泉酒店、融合式旅居村等运营服务，原则上以洪泽县城建办移交的可行性研究文件所包含的项目建设范围为准。

6.3 建设进度计划

6.3.1 建设进度

一期项目建设期为两年（二十四个月），项目要求 2015 年月开工建设，2017 年月完成工程建设。

6.3.2 进度报告

项目公司应向洪泽县城建办提交建设工程进度报告，该报告应合理地详细说明已完成和进行中的建设工程情况以及洪泽县城建办合理要求的其他相关事项。

6.3.3 建设中的预计延误

（1）在任何时候，如果一方合理地预计由该方负责完成的项目计划的任何部分不能在第 6.3.1 款所规定的进度日期之前完成，该方应及时通知另一方并合理地详细描述以下情况：

（a）明确何种事项的进度预期无法达到；

（b）延误或预计延误的原因，包括对任何申明为不可抗力的情况的描述；

（c）所预计的对进度的延误（以天数计算）和其他合理的可预见的对建设工程进度不利的影响；

（d）一方已经采取或将要采取的解决或减少迟延及其影响的措施。

（2）一方发出上述通知并不能免除其在本协议中的任何义务。如果一方未向另一方发出上述通知，该方应承担另一方因其未发出此通知而可能招致的任何直接损失和费用。如果一方提出或实施的措施不能解决预期的延误，另一方可要求该方采取其认为必要的另外措施以达到项目计划的要求。

6.3.4 如果出现下述情况，有关进度日期的最后期限将延长：

（1）不可抗力事件；

（2）项目建设过程中，在蒋坝镇规划范围内发现有古墓、古建筑或化石等具有考古、地质研究价值的物品；

（3）由于洪泽县人民政府有关职能部门在正式受理项目公司或洪泽县城建办报批申请后违反适用法律规定的审批迟延而造成延误；

（4）洪泽县城建办书面通知要求变更已经事先批准的项目设计；

（5）在建设开始时无法合理预见、并经洪泽县城建办确认的重大不利地质情况出现，足以造成工程延误；

6.3.5 在同时满足了以下前提下，一方可以在第 6.3.4 款所描述的事件发生时，要求延长进度日期：

（1）该方在实际发生延误的五（5）个工作日内向另一方提出书面的延期要求，说明对相应的进度日期可能造成的影响；

（2）进度日期实际已经被延误；

（3）该方已采取所有合理的措施减少延误；

（4）如果另一方在收到书面要求后十四（14）个工作日之内对要求的延期未书面表示异议，则另一方将被视为对要求的延期已表示同意。

6.4 开工通知

6.4.1 洪泽县城建办应在下述条件和期限内给予项目公司工程的开工通知：项目公司向洪泽县城建办提交建设协议，洪泽县城建办向项目公司提供本项目 50% 以上的场地后的十（10）日内。

6.4.2 项目公司须在接到洪泽县城建办的开工通知后十（10）日内，开始项目工程的施工建设。项目公司正式开工建设之日为"开工日"。

6.5 建设

6.5.1 项目公司的主要责任

项目公司应按照本协议第 6.2 条负责本项目的建设，并承担工程的所有费用和风险。在不限制上述原则的前提下，项目公司的责任如下：

（1）按照下述文件的规定和要求进行工程建设：

（a）所有适用的中国法律、法规、标准和批准文件；

（b）已经通过审核的工程初步设计和施工图设计；

（c）附件 3（技术规范和要求）中规定的性能标准和技术规格；及

（d）本协议的所有其他要求。

（2）在其施工方法和过程中注重安全以保护生命、健康、财产和环境；

（3）在施工期间采取一切合理措施减少对公众、居民和商业的干扰和不便并需达到政府的有关标准；

（4）负责按适用法律的要求及时申请并获得项目工程所需要的批准，并使其保持有效，同时支付所有获得上述批准所需的费用和支出；

（5）向洪泽县城建办提供与工程建设相关的一切机构（承包商、施工商、设备制造商、监理公司等）和相关人员的资质文件或资格证明副本；

（6）确保项目工程的设计和施工方案符合附件 3 和附件 7 的要求，并取得审批机关的批准；

（7）项目公司应负责完成洪泽湖生态环境提升工程美丽蒋坝一期项目的建设，包括滨湖风光带 - 观沧海、落霞滩、温泉养生、隐逸快活岭、古镇老街等，并承担与建设相关的全部费用；

（8）项目工程建设过程中发生的，或因项目施工和建设所导致的任何依据适用法律应由建设单位和施工单位承担的责任，均应由项目公司承担。

（9）项目公司应向洪泽县城建办提交人民币陆仟伍佰万（65，000，000）元建设期保函，该建设期保函将于建设期结束、竣工交付后三（3）个月内保证有效。

6.5.2 洪泽县城建办的主要责任

（1）协助项目公司完成本项目开工前的全部前期工作；

（2）在建设期间协调和推进项目公司所有与有关政府部门相关的事宜；

（3）及时获得并保持只能由洪泽县城建办得到的对工程建设所要求的批准；

（4）尽其所有合理的努力协助项目公司获得第6.5.1（4）款所述的批准；

6.5.3 设备及材料的采购

项目公司应根据适用法律和项目核准文件的规定，通过法定程序选择有资质的机构为本项目的设备供应商，本项目设备及材料的采购必须通过法律规定的招标方式采购，并不得由社会资本自行提供，招标采购方案必须取得洪泽县城建办的审批和书面确认。

本项目车辆和设备选型应严格按照洪泽县城建办确定的基本原则采购并获得监管部门的书面批准：即优先选用行业内的先进设备，上述设备在近三年内，均应在国内至少有与本项目同等规模的实际应用业绩；设备的选用，应以保证处理服务标准及安全运营为基本前提条件。

6.5.4 建筑承包商的选择

项目公司应根据适用法律和项目核准文件的规定，通过法定程序选择对项目设施的建设有丰富经验的合格的承包商作为建设承包商完成本项目的建设工程。

（3）本项目建筑承包商的选择必须通过法律规定的公开招标方式采购，并不得由社会资本自行提供，招标采购方案必须取得洪泽县城建办的审批和书面确认。

项目工程的总承包商不得将项目工程的主体部分对外分包。如项目工程的

总承包商需对项目工程的非主体部分对外分包，则须通过法定程序进行，并须邀请洪泽县城建办和有关政府部门参加。

6.6 施工注意事项

6.6.1 建筑工程的质量

项目公司应保证建设工程的施工符合批准的设计、本协议附件3所规定的技术规范、要求和技术方案（包括但不限于谨慎施工和运营惯例），或者如没有上述规定，应运用适当的工艺方式，使用新型的且保证质量的材料和设备。确保项目工程质量合格。

6.6.2 质量保证和质量控制

项目公司应制定符合本协议规定的并由项目公司、建设承包商和工程监理公司执行的质量保证和质量控制计划。项目公司应不断向洪泽县城建办提供完整的有关已完成或正在进行的建设工程质量控制结果的文件。在不影响项目公司本协议项下义务的情况下，洪泽县城建办有权参加或检查项目公司及任何建设承包商和工程监理公司的质量控制过程及方法，以确保建设工程符合第 6.6.1 款规定的质量要求。项目公司应协助进行这类定期检查。

6.6.3 施工人员

项目公司应提供或确保建设承包商提供所有必要的、具有一定技能和规定证书的人员从事建设工程。在建设工程开工之前，项目公司应向洪泽县城建办提交项目公司和项目承包商的所有监理人员名单及其资格概要，以便获得洪泽县城建办的批准。

6.6.4 图纸及技术细节

在完工日后三十（30）天内，项目公司应向洪泽县城建办提供四（4）份项目工程的完工图纸及设计，以及洪泽县城建办要求的四（4）份有关本项目技术文件或资料，包括但不限于以下内容：

（1）须提交招标文件、中标人的投标文件、与中标人的澄清等文件；

（2）项目工程的施工文件和完工文件，包括作为该等文件一部分或该等文件附件的所有图纸、表格、计算式、技术参数、规程和程序，并应同时提交书面文本和电子文件；

（3）所有项目工程技术资料和图纸，包括设备平面、说明书、质量保证书、安装记录、测试记录、质量监督和验收记录；

（4）洪泽县城建办合理要求的与项目有关的其他技术文件或资料，包括书面文本和电子文件。

6.6.5 造价控制

在工程建设过程中，项目公司应严格按照本项目申请报告的批复控制工程造价并接受洪泽县城建办的监督。

6.7 监理

6.7.1 项目公司应当根据适用法律的要求，通过招标程序选择有相应资质的监理公司进行项目工程施工全过程的监理，并承担相应的费用。

6.7.2 项目公司应当邀请洪泽县城建办和洪泽县人民政府有关职能部门参加监理单位的评审和评标，并由洪泽县城建办书面确认项目公司委任的监理单位为洪泽县城建办所接受。

6.7.3 项目公司应在每月的十（10）日前向洪泽县城建办提交上个月的项目的工程进度报告和监理月报。

6.8 洪泽县城建办的监督和检查

6.8.1 项目公司应在签署、取得或完成下列文件后十（10）日内，将下列文件的复印件报送洪泽县城建办备案：

（1）委托设计合同；

（2）经有权部门批准的地质勘查报告、初步设计、施工图设计及初步设计和施工图设计审查意见和建设工程规划许可证和施工许可证；

（3）招标选择总承包商的招标文件；

（4）同承包商签订的工程建设总承包合同和详细的工程建设计划；

（5）招标选择分包商的招标文件（如有）；

（6）同监理机构签订的监理合同和监理计划。

6.8.2 施工现场的监督和检查

（1）洪泽县城建办或洪泽县人民政府指定机构有权在不影响建设进度的情况下对项目工程的施工情况进行检查，项目公司应当派人陪同。若项目公司未能派代表参加，洪泽县城建办仍可以对项目的建设情况进行监督和检查。

（2）洪泽县城建办应提前二十四（24）小时通知项目公司有关检查的事宜。

（3）项目公司应当提供或责成总承包商提供洪泽县城建办进入蒋坝镇规划范围的便利条件，并对洪泽县城建办与实施本协议项下监督和检查有关的合理要求予以必要协助。

（4）洪泽县城建办或洪泽县人民政府指定机构对项目工程的监督和检查不影响也不能替代其他政府部门依法对项目工程的监督和检查。

（5）洪泽县城建办应当自行承担进入项目工程施工场地进行监督和检查的全部费用。

6.8.3 有关检查的资料

（1）项目公司应当提供或责成建设承包商提供洪泽县城建办或洪泽县人民政府指定机构进行检查所需的相关的所有方案、设计、文件和资料的复印件。

（2）对保密或专有资料的任何检查应遵照第 11.2 条的保密规定。

6.9 不免责

洪泽县城建办未监督、检验建设工程的任何部分不应视为放弃其本协议项下的任何权利，也不能免除本协议所规定的项目公司的任何义务。

第七章　运营性能测试和完工

7.1 初步性能测试

7.1.1 初步性能测试的内容和程序

项目公司应在其认为工程完工日前至少三十（30）天给予洪泽县城建办书面通知（"初步性能测试通知"），联系洪泽县城建办组织有关部门共同安排进行初步性能测试，以确认有关工程、材料和服务能够满足本协议及适用的中国法律和国家及地方标准规定的设计标准和规格，并且符合本协议附件 3（技术规范和要求）及附件 4（项目竣工验收）的相关规定；并确认项目工程建设的完工符合本协议及适用的中国法律和国家及地方标准。

7.1.2 参加初步性能测试

初步性能测试通知应说明项目公司拟进行初步性能测试的日期和时间，初步性能测试应在初步性能测试通知送达洪泽县城建办后不迟于十四（14）天之内开始。洪泽县城建办有权责成其代表和专家在建设工程现场参加任何测试。

7.1.3 初步性能测试结果的通知

（1）项目工程的初步性能测试完成之后，项目公司应立即向洪泽县城建办送交测试报告等资料，详细说明所有测试程序和结果。洪泽县城建办应在收到该测试报告和证书后，向项目公司签发书面通知，确认满意该初步性能测试结果（"接受通知"），或告知项目公司应予纠正的有关测试程序或结果的任何不符合、不合理和不正确之处（"纠正通知"）。

（2）如项目工程未能通过初步性能测试，并且被洪泽县城建办签发上述"纠正通知"，项目公司应采取一切必要的改正措施纠正该不符合之处，然后在提前至少三（3）个工作日书面通知洪泽县城建办后，再次进行相关的初步性能测试，直至收到洪泽县城建办就该等纠正事项的满意接受通知（"接受纠正通知"）。

（3）如洪泽县城建办未在收到上述测试报告的十四（14）天之内签发纠正通知，应被视为其满意初步性能测试结果（"视为满意"）。

7.1.4 初步完工证书

如工程初步性能测试已为洪泽县城建办满意或已被视为满意，则洪泽县城建办应在"接受通知"或"接受纠正通知"送达后或"视为满意"之日起十四（14）天内，签发初步完工证书（"初步完工证书"）。如洪泽县城建办未在上述期限内就工程签发初步完工证书，则应被视为已于该十四（14）天届满时签发了该等初步完工证书。

7.2 调试和商业试运行

7.2.1 项目工程通过第 7.1.2 条的初步性能测试后，项目公司应根据第 6.3.1 条的进度要求或经延期后的日期组织商业试运行。

7.2.2 商业试运行开始前，项目公司和洪泽县城建办应当协商确定美丽蒋坝项目调试计划的开始时间。

7.2.3 本项目在调试阶段持续稳定运行十五（15）日后，项目公司可向洪泽县城建办发出开始商业试运行的申请，告知调试计划的实施情况、预计的开始商业试运行的日期，并提交能够说明项目已具备开始商业试运行条件的书面材料。

7.2.4 洪泽县城建办应自接到开始商业试运行申请之日起的七（7）个工作日内书面通知项目公司是否同意开始商业试运行，如果不同意须同时书面陈述理由。如果洪泽县城建办不同意项目公司开始商业试运行的申请，项目公司在收到洪泽县城建办不同意开始商业试运行的书面通知后，应按照洪泽县城建办的意见，尽快纠正其存在的问题，并重新申请商业试运行。

7.2.5 尽管在美丽蒋坝项目投入商业运行后，项目公司和洪泽县城建办开始对该项目设施履行本协议项下各自的权利和义务，但在试运行期中，如果发生处理能力降低或排放不达标的情况应免除对项目公司的违约罚款。

7.2.7 自商业试运行日起算，本项目的商业试运行不得少于九十（90）日。

7.2.8 项目公司须在商业试运营期结束前按照国家有关环保、安全、消防等专项验收的规定申请相应的管理部门完成对本项目的各项专项验收，保证本项目设施符合环境保护、安全生产和消防等的要求。

7.3 项目竣工验收和最终完工证书

7.3.1 项目公司应在环境保护、安全生产和消防等各专项验收合格后，项目竣工验收前至少提前七（7）天申请洪泽县城建办并组织有关部门联合进行项目竣工验收，并应在开始项目竣工验收后的七（7）日内或各方同意的延长期内完成项目竣工验收，以确认本项目设施在特许经营期内具有稳定、可靠的性能。项目公司应在项目竣工验收完成后的十（10）日内将项目竣工验收报告和商业试运行报告送交洪泽县城建办。

7.3.2 若项目竣工验收报告和试运行报告未满足本协议的有关技术要求，则延长试运行期，由项目公司继续进行调试或进行技术改进工作，直至按项目竣工验收报告和试运行报告满足有关要求为止。

7.3.3 如项目工程的初步完工证书已经签发或被视为已经签发，而且项目竣工验收报告和试运行报告可以满足洪泽县城建办要求及本协议附件 3、附件 4 的各项相关规定，洪泽县城建办应在接到项目竣工验收报告和商业试运行报告后十四（14）天内签发最终完工证书（"最终完工证书"）。在已满足上述全部条件的前提下，如洪泽县城建办未签发该最终完工证书，则应于其收到项目竣工报告和试运行报告之日后的第十四（14）日视为该等最终完工证书签发之日。最终完工证书签发之日即为项目工程的"完工日"。

7.4 商业运行

洪泽县城建办向项目公司发出或视为已发出最终完工证书的日期之次日为本项目的商业运行日（"商业运行日"），项目公司应就开始商业运行事宜向洪泽县城建办提交一份书面申请。

7.5 不免责

洪泽县城建办检查和接收项目工程的全部或任何部分及出具"最终完工证书"的行为均不解除项目公司就项目工程的缺陷或项目工程预定进度的延误应承担的任何义务或责任，也不影响其他政府部门依适用法律检查、管理建设工程的权力。

7.6 洪泽县城建办导致的延误

7.6.1 由于洪泽县城建办的原因导致商业试运行日或商业运行日延误，则有关进度日期应根据第 6.3.1 条款适当延长，洪泽县城建办应就此等延误逐日向项目公司支付第 18.2.1 款规定的违约金。

7.6.2 除第 7.6.1 款的规定外，洪泽县城建办对该等延误造成的任何损失、费用或损害对项目公司不再承担其他责任。

7.7 项目公司导致的延误

7.7.1 因项目公司原因导致商业试运行日或商业运行日延误，则有关进度日期应根据第 6.3.1 条款适当延长，项目公司除继续承担第 6.5.1 款规定的项目公司的责任外，还应就此等延误逐日向洪泽县城建办逐日支付第 18.1.1 款规定的违约金。

7.7.2 除第 7.7.1 款的规定外，项目公司对该等延误造成的任何损失、费用或损害对洪泽县城建办不再承担其他责任。

7.8 放弃

7.8.1 如果除不可抗力或第 6.3.4（3）、（4）款所述情况以外的任何原因，项目公司出现下列任一情况，则项目的建设应视为已被放弃：

（1）书面通知洪泽县城建办其已终止建设工程，且不打算重新开始施工；

（2）未能在第 6.3.1 款规定的开工日或根据第 6.3.5 款延长的日期后一百八十（180）日内开始建设工程；

（3）未能在任何不可抗力事件或第 6.3.4（3）、（4）款规定的情况结束后六十（60）日内恢复项目工程施工；

（4）在预定初步完工日之前停止项目工程建设或者直接或通过建设承包商从本项目撤走全部或大部分的工作人员，但因在项目工程建设停止之日后三十（30）日内更换建设承包商除外；

（5）未能在第 6.3.1 款规定的预定初步完工日或根据第 6.3.5 款延长的日期后一百八十（180）日内开始商业运行。

7.8.2 如果项目公司与洪泽县城建办按第 6.3.4（1）、（2）、（5）和（6）条款就最后期限不能达成一致，项目公司可以提出放弃。

7.8.3 如果项目公司放弃，则已建成的在建工程全部无偿归洪泽县城建办所有，且洪泽县城建办无须向项目公司做出任何补偿。

7.8.4 如项目公司未能根据本协议完成融资交割或未能根据本协议提交或替换履约保函，或履约保函被提取完，则均视为项目公司放弃本项目。

第八章　项目设施的运营与维护

8.1 运营与维护

8.1.1 项目公司的主要义务

（1）在整个运营期内，项目公司应根据本协议的规定，自行承担费用、责任和风险，管理、运营和维护项目设施。

（2）项目公司在特许经营期内不得对外投资或从事超出其经营范围的活动。

（3）项目公司应于每年 11 月 30 日之前提交下一运营年维护计划，将其下一年度的重大维护和更新计划书面通知洪泽县城建办。

（4）项目公司应在中长期经营计划、年度工作报告和董事会决议做出后五（5）个工作日内，将该文件报送洪泽县城建办备案。

（5）在不损害上述一般原则的前提下，项目公司应保证在整个运营期内：

（a）始终按照本协议的规定、谨慎运营惯例、运营维护手册以及与项目设施有关制造商提供的一切有关手册、指导和建议运营项目设施；

（b）使项目设施处于良好的运营状态并能够安全稳定地提供服务；

（c）项目设施的运营与维护应符合适用法律和中国国家行业规范、标准。

8.1.2 洪泽县城建办的主要义务

（1）保证项目公司在特许经营期内独立自主的合法经营；

（2）严格履行《运营服务协议》；

（3）严格履行对项目公司的各项监管职能，协助项目公司与相关政府部门进行沟通。

8.1.3 运营维护手册

在开始商业运行日之前，项目公司应根据适用法律和谨慎运营惯例编制本项目的运营维护手册（下称"手册"）。手册应包括进行定期和年度检查、日常运行维护、大修维护和年度维护的程序和计划，以及调整和改进检验及维护安排的程序和计划；同时应列明正常运营所需的消耗性备品备件和事故抢修的备品备件以及对项目设施的更新改造计划。

项目公司应及时将手册和对手册所做的任何修改报送洪泽县城建办备案。

8.1.4 未履行维护义务

（1）如果项目公司未能按照本协议的规定运营和维护项目设施，则洪泽县城建办可就项目公司的该等违约向项目公司发出通知。如果项目公司在接到上述通知后未能就其上述违约迅速采取必要的纠正措施，则洪泽县城建办可以但无义务自行采取必要的纠正措施，项目公司应对此予以配合，并承担因此而发生的全部风险和费用。该等费用可由洪泽县城建办从履约保函中提取相应款项，但是需将所发生的开支的详细记录提交给项目公司。

（2）在洪泽县城建办采取上述纠正措施的情况下，项目公司应允许洪泽县城建办的工作人员、代理人或承包商为此目的进入项目设施场地。洪泽县城建办应确保其执行此项工作的人员尽量减少对项目设施运营可能产生的干扰，并按照谨慎运营惯例完成工作。

8.1.5 公共安全

项目公司应根据有关公共卫生和安全、环境保护、劳动保护、防火的适用法律以及本协议的规定，确保项目设施的安全运营。

8.1.6 对项目设施的检查

洪泽县城建办或相关行业管理部门有权派出检查员或指定任何代表在任何时候进入项目设施，以检查项目设施的运营和维护，条件是该等检查员或代表的进入不得干涉、延误或干扰项目公司履行其在本协议项下的权利和义务。

8.2 计划外暂停服务

（1）项目公司必须制定因意外事故造成暂停服务的紧急预案并报洪泽县城建办批准，以避免或最大限度地减少因此造成的损失。

（2）如果有计划外暂停服务，项目公司应在暂停服务发生后三（3）天内通知洪泽县城建办，解释暂停服务的原因、报告暂停服务可能持续的时间并提出更正暂停服务的建议。项目公司应尽其最大努力在发现或通知服务暂停后七（7）天内恢复正常服务。

（3）如果暂停服务时间预期超过七（7）天，则项目公司应考虑洪泽县城建办关于处理计划外暂停服务的建议或意见。

（4）如果必要的更改措施预期需要超过十五（15）天，项目公司应通知洪泽县城建办，并应尽最大努力使得计划外暂停服务的影响减到最小。

（5）计划外暂停服务期间，项目公司应按第 18.1.3 条款支付违约金。

（6）非项目公司原因导致的计划外暂停服务不属于项目公司责任。

8.3 违约金

如果项目公司发生计划外暂停服务，除非该等情况是因为洪泽县城建办的违约或不可抗力所致，否则项目公司应根据运营服务协议的规定向洪泽县城建办支付违约金。

8.4 逾期付款

运营服务协议项下任何逾期未付款项，应从到期应付之日起至付款方实际支付款项之日止，由付款方向收款方支付应付款项和违约利息。

8.5 争议事项

如果洪泽县城建办与项目公司对服务费账单的任何部分有争议，应为解决争议进行协商，协商期为自洪泽县城建办收到该等账单之日起七（7）个工作日或按洪泽县城建办与项目公司约定的更长期间。

8.6 应急预案

（1）项目公司应按照洪泽县城建办的要求，在正式商业运行日前制定在紧急情况下进行应急预案并报洪泽县城建办及委托监管部门审批同意。在紧急情况下，项目公司应严格执行应急预案。

（2）洪泽县城建办应根据国家和地方法律规定要求制定行业管理所需的应急预案，当洪泽县城建办启动应急预案时项目公司应服从洪泽县城建办的调度，必要时洪泽县城建办有权临时接管本项目。

（3）项目公司因自身以外的原因启动应急预案而增加的合理费用和支出，可向洪泽县城建办提出补偿要求，洪泽县城建办认可项目公司提供的补偿依据后，可选择支付补偿金，或延长特许经营期限给予补偿。

（4）应急预案启动时，双方应尽快采取措施解决紧急问题，并各自保留相应充分依据。若因措施不当造成不必要损失，双方均有权通过争议处理程序追究对方过错责任。

（5）应急预案的具体措施和程序要求由双方协商确定。

8.7 中期评估与考核

8.7.1 评估考核周期

中期评估为每三年一次，从开始商业运行日起算，必要时可以进行年度评估。

8.7.2 评估考核小组

中期评估由洪泽县城建办和乙方及其他政府相关部门及有关专家组成评估小组或者聘请专业咨询机构对项目公司经营状况、资产负债等进行评估。

8.7.3 评估考核内容

评估内容包括：

（1）确认本特许协议是否实现了其目标；

（2）评估项目公司在特许经营期内的运营维护状况；

（3）与特许经营权有关的其他需评估事项。

8.7.4 评估考核报告

评估小组在评估结束后 15 日内向洪泽县城建办提交评估报告，内容包括：评估结果、修改 PPP 项目特许经营协议和运营服务协议的建议。

8.7.5 评估结果处理

（1）洪泽县城建办有权决定是否采纳评估小组所提出的建议。

（2）如评估小组提出的项目协议修改建议被采纳，则协议双方应在洪泽县城建办的主导下对特许协议进行修改，修改的协议条款在随后的特许经营期内对双方都具有约束力。

（3）如评估小组所提出的建议如未被洪泽县城建办采纳，则该建议无法律效力。

（4）若运营绩效考核结果说明项目公司在温泉养生、温泉酒店及其他旅游设施运营等方面能力不足或态度消极，洪泽县城建办有权终止协议，按照项目公司违约进行中止补偿。

8.8 公益董事与监督员

8.8.1 公益董事

洪泽县城建办有权委派公益董事进入项目公司董事会，该名公益董事的权利主要包括但不限于以下内容：

（1）有权了解企业的正常生产、经营情况；

（2）监督企业的重要经营活动和重大决策；

（3）公益董事对危害公众安全的经营行为，未通报甲方对股权进行重大变更、转让等行为有一票否决权。

A. 公益董事应当遵守公司章程、法律规定，廉洁自律，依法履行其职责

B. 公益董事的指派和变更，洪泽县城建办向董事会出具推荐函。

8.8.2 监督员

洪泽县城建办有权向项目公司派驻监督员 2 名，对企业的运营状况进行监督，监督员的薪酬由洪泽县城建办支付。

8.9 融资

项目公司在申请银行贷款时，应与贷款银行商定出详细的贷款偿还计划。该计划应合理考虑项目公司的实际还款能力及在特许经营期结束前二年使项目公司不再有任何固定资产贷款债务。洪泽县城建办有权监督项目公司的贷款申请、使用和偿还。

第九章　特许经营期结束后的移交

9.1 移交范围

在移交日，项目公司应向洪泽县城建办或洪泽县人民政府指定机构完好、无偿移交：

项目公司维护得当并处于良好工作状态的项目设施及其全部权利和权益，包括蒋坝镇规划范围内的所有建筑物、构筑物和设施及收运系统的全部设备设施；

与项目设施的运营维护相关使用的所有机械、设备、备品备件以及其他动产；

项目公司在运营期内为项目设施的运营而购置和取得的资产、货物、无形资产等财产；

运营和维护项目设施所要求的所有知识产权和技术秘密；

所有尚未到期的可以转让的保证、保险和其他合同的利益；

洪泽县城建办或洪泽县人民政府指定机构合理要求的其他物品与资料。

项目设施场地的土地与之有关的其他权利。

项目所有设备、设计、基建验收的各类技术图纸、规程、规范、资料、生产运行的有关图纸资料，包括运营维护手册、运营记录、移交记录以及设备寿命消耗及管理表。

所有与上述移交范围内有关的负债或违约、侵权责任，应由项目公司全部清偿、赔偿或解除完毕。上述移交不应附带任何其他债务、留置权、质押权、抵押权、优先权和其他担保权益及第三方权益。

9.2 项目公司资产移交

移交委员会：特许经营期结束前二十四（24）个月，双方应成立移交委员会，办理项目公司资产交接事宜。

移交委员会负责人双方委派，洪泽县城建办或洪泽县人民政府指定的机构委派人员参加移交委员会并负责移交接受。

移交委员会或其委托的专门机构有权对与移交有关的或可能影响移交的事宜进行监督，项目公司有义务为其提供一切方便，但移交委员会不应直接干预项目公司的正常运营。

移交委员会有权要求项目公司不迟于移交日前十二（12）个月向移交委员会提供与本项目有关的下列资料：

全部固定资产和流动资产的清单；

知识产权和专有技术目录及其概要；

债权、债务资料；

各类设施、设备的技术资料；

各类人员及其工资、福利状况资料；

完成移交所需的其他资料。

移交委员会应不迟于移交日前十二（12）个月确定项目设施移交的详尽程序和移交前大修的具体时间与内容。

在双方进行移交会谈时，项目公司应提交负责移交的代表名单，洪泽县城建办或洪泽县人民政府指定机构应告知项目公司其负责接受移交的代表名单。

9.3 移交前大修

项目公司应和洪泽县城建办或洪泽县人民政府指定机构在移交日十二（12）个

月前共同对项目设施进行一次全面检修，以确保项目设施在移交时能够良好地运转。但此检修应不迟于移交日之前六（6）个月完成。

移交前大修的费用应由项目公司承担，且不应超过按照国内行业规定和惯例计提的当年大修费用。

（1）通过移交前大修，项目公司应确保项目设施的关键性设施整体完好率达到 100%、其他设施的整体完好率达到 95%、建（构）筑物整体完好率达 95%，不存在重大破损，可以保证项目设施的正常运行。

（2）如项目公司不能或不愿根据本条进行移交前大修，视作项目公司违约，洪泽县城建办有权提取履约保函并终止本协议。

9.4 移交验收标准

（1）对设备及建（构）筑物的寿命要求

A. 在所保证的使用寿命内，接入点设施应能保证引入所需水量，构筑物稳定、强度安全，变形符合规范要求。

B. 所有建筑物基础沉降变形在正常范围内，不影响正常使用。屋面构件完好，无裂缝，不渗水。承重砖墙应平直完好，钢筋砼框架构件及墙体应完好牢固；外墙面砖应基本完好；楼地面应无下沉；门、窗、水、电以及卫生设备均应能正常使用。

C. 所有构筑物基础沉降变形在正常范围内，无裂缝和砼剥落，能保证正常使用。

D. 移交后的接入点设施、本项目的生产及辅助生产及附属建（构）筑物寿命应不小于为自移交日起二十（20）年。

（2）对设备、运营参数的要求

E. 总体要求：在移交日移交的所有设施均能正常使用，并且所有设施都不应是当时已淘汰产品；如为已淘汰产品或剩余寿命不足五（5）年的，需要更新。

F. 大型专用设备需经大修后移交，且大修专用设备应达到设计的参数和性能参数。通用设备应达到国家、行业标准和设备说明书要求。

9.5 移交前的检测

（1）不迟于移交日前六（6）个月，项目公司和洪泽县城建办应按前述移交验收标准对项目设施进行移交前检测，检测项目的种类和结果应符合本协议和运营服务协议所规定的性能标准。该检测应不迟于移交日前三（3）个月结束。

（2）如发现项目设施有瑕疵，洪泽县城建办立即通知项目公司，项目公司应在收到该等瑕疵意见后的一（1）个月内完成补救措施。如项目公司未能按时进行补救措施，洪泽县城建办有权暂时扣留全部应付而未付的服务费，并有权自行或委托第三方修复上述瑕疵。在此情况下，项目公司应全额支付为修复该等瑕疵所必需且合理的修复费用；洪泽县城建办有权提取所暂时扣留的服务费中的相应金额以补偿此项费用，将其余额（如有）退还项目公司。洪泽县城建办对全部应付而未付的处理费的暂时扣留，并不构成对运营服务协议的违约。

9.6 备品备件

（1）在移交日，项目公司应向洪泽县城建办或洪泽县人民政府指定机构无偿移交足够三（3）个月使用的消耗性备品备件和事故抢修的备品备件，以及本项目正常运营一（1）个月所需的原辅材料等，以保证移交后项目设施不间断运行。所有备品备件应至少具有与项目公司于交付设备时从设备制造厂商处取得的备品备件相同的质量和标准并符合相同的技术规格要求。

（2）项目公司应向洪泽县城建办或洪泽县人民政府指定机构提交运营项目、提供服务所需全部备品备件的厂商名单及具体价格。

（3）如项目公司未按照上述约定移交足够三（3）个月使用的消耗性备品备件和事故抢修的备品备件，洪泽县城建办有权提取履约保函购买该等备品备件。

9.7 保险和承包商保证的转让

在移交日，项目公司应将所有保单、暂保单和背书以及承包商、制造商和供应商提供的尚未期满的担保、保证等利益在可转让的范围内无偿移交给洪泽县城建办或洪泽县人民政府指定机构。

9.8 技术的移交

在移交日，项目公司应将其有权移交的与项目设施运营和维护有关的所有技术（无论以许可还是分许可或其他方式取得的），全部无偿移交和转让或责成移交和转让给洪泽县城建办或洪泽县人民政府指定机构，并确保洪泽县城建办或洪泽县人民政府指定机构不会因使用这些技术而承担任何侵权责任。如果上述技术的使用权到移交日已期满，项目公司有义务协助洪泽县城建办以不高于项目公司在移交日前使用此等技术时所付出的代价取得这些技术的使用权。

9.9 人员和人员培训

（1）不迟于移交日前六（6）个月，项目公司将向洪泽县城建办或洪泽县人民政府指定机构提交一份当时项目公司雇佣的雇员名单，包括每个雇员的资格、职位、收入和福利等的详细资料。为了实现移交的平稳过渡，项目公司原则上将全体雇佣职员推荐给洪泽县城建办或洪泽县人民政府指定机构以供聘用，洪泽县城建办或洪泽县人民政府指定机构将择优录用。

（2）洪泽县城建办或洪泽县人民政府指定机构需要在移交日之前派驻人员到蒋坝镇进行培训或学习的，应不迟于移交日前六（6）个月向项目公司说明情况及拟派驻人员名单并提供详细简历。项目公司免费负责为上述人员提供培训。移交日之前，洪泽县城建办或洪泽县人民政府指定机构和项目公司将组织对上述人员进行考核，以确定项目公司的培训目标是否完成。

9.10 合同的转移

（1）移交时，项目公司应将与项目设施有关的所有未履行完毕的设计合同、施工合同、工程监理合同、设备采购合同、安装合同等合同转移给洪泽县城建办或洪泽县人民政府指定机构，由其承接项目公司在该等合同项下的全部权益，但因法律规定、合同性质或特别约定无法转移的合同除外。

（2）如项目公司未履行完毕其在该等合同项下的付款义务，项目公司应继续履行。在任何情况下，该等付款义务不由洪泽县城建办或洪泽县人民政府指定机构承担。

（3）如项目公司未履行完毕其在该等合同项下的其他义务，项目公司应继续履行。如需洪泽县城建办或洪泽县人民政府指定机构为项目公司履行该等义务提供必要的协助的，由此导致该机构或部门增加开支、费用的，该等费用全部由项目公司承担。

（4）如项目公司未能或未在合理的时间内履行第 9.8 条的义务，洪泽县城建办有权提取履约保函代项目公司履行该等义务。

9.11 移走项目公司所有的物品

除非双方另有协议，项目公司应于双方确认的移交日之后六十（60）日内，自费从项目设施场地移走项目公司雇员的个人用品以及与项目设施的运营、维护和管理无关的物品。若项目公司在上述时间内未能移走这些物品，洪泽县城建办或洪泽县人民政府指定机构在通知项目公司后，有权将该物品予以提存，项目公司承担搬移、运输和保管的合理费用和风险。

9.12 风险转移

项目公司承担移交日前项目设施的全部或部分损坏、灭失的风险，除非该等损失或损坏是由洪泽县城建办或洪泽县人民政府指定机构或人员的过错所致。自移交日起，该等风险由洪泽县城建办或洪泽县人民政府指定机构承担，但该等风险是由项目公司或其人员的过错所致或本合同另有约定的除外。

9.13 移交费用

项目公司及洪泽县城建办或洪泽县人民政府指定机构负责各自的因为移交发生的费用和支出。

9.14 缺陷责任保证

9.14.1 移交资产状况

移交日，项目设施的状况应符合移交委员会制定的并经本协议各方授权代表认定的移交标准。

9.14.2 缺陷责任期

项目公司在移交日后十二（12）个月内履行项目设施的保修义务。在此期间项目公司负有对项目设施的土建工程和机器设备进行保修的义务，但因洪泽县城建办或洪泽县人民政府指定接受移交的机构造成的损坏和正常磨损除外。

项目公司应根据有关法律法规的规定，对土建工程质量承担终身保修责任。但正常磨损和因使用人不当使用造成的损坏除外。

9.15 移交效力

自移交日起，项目公司在本协议项下的权利和义务即应终止，除本协议另有规定及双方之间截止移交日发生且尚未支付的债务除外。

自移交日起，洪泽县城建办或洪泽县人民政府指定机构应接管项目设施的运营与维护及本协议明示或默示的、因本协议产生的但于本协议终止后仍然有效的任何其他权利和义务。

第十章　双方的一般义务

10.1 洪泽县城建办的一般义务

10.1.1 遵守适用法律和本协议

洪泽县城建办应始终遵守所有的适用法律和本协议的规定。

10.1.2 税收和其他优惠

洪泽县城建办应协助项目公司获得适用法律和有关洪泽县人民政府部门许可的与履行本协议相关的税收和其他优惠。

10.1.3 协助获得和保持批准有效

给予项目公司合理要求的与本项目实施（包括其投融资、设计、建设、测试、运行维护、无偿移交）和有关服务所需的所有批文及相关的所有资料、建议和协助。

在项目公司提出适当且及时的要求后，洪泽县城建办应尽最大努力协助项目公司从洪泽县人民政府或其相关部门获得、保持和续延所需的一切批准。

10.1.4 公用设施

洪泽县城建办应协助项目公司以不低于其他商业用户的条件，获得运营和维护项目设施所需的所有公用设施条件的供应，包括电、水、道路和通讯等。

10.1.5 不干预

在不影响本协议其他相关规定效力的前提下，洪泽县城建办不应干预项目公司的正常建设、运营和维护，除非因公众健康和公共安全以及履行其法定职责所需。

10.1.6 履行运营服务协议

洪泽县人民政府委托洪泽县城建办作为监管机构履行运营服务协议。

10.2 项目公司的一般义务

10.2.1 遵守适用法律、项目协议和服从社会公共利益

项目公司应始终遵守所有的适用法律及项目协议的有关规定并接受洪泽县行业主管部门的管理。

项目公司应服从社会公共利益，履行对社会公益性事业所应尽的义务并提供无偿服务。

10.2.2 接受洪泽县城建办的监督管理

项目公司应接受洪泽县城建办或洪泽县人民政府指定机构根据适用法律和本协议对项目公司运营和维护项目设施进行的监督，并为洪泽县城建办或洪泽县人民政府指定机构履行上述监督权利提供相应的工作条件。洪泽县城建办或洪泽县人民政府指定机构为实施监督，可以要求项目公司提供相关的资料，包括：

（1）经审计的项目公司年度财务报告；

（2）设备状况和定期检修的报告；

（3）发生重大事故及其处理情况的报告；

（4）其他依照适用法律和本协议要求需要提供的资料。

10.2.3 遵守安全标准和环境保护的责任

（1）项目公司应遵守在适用法律中规定的健康和安全标准。项目公司被视为始终充分了解适用的中国法律及各项国家和地方健康安全标准。

（2）项目公司在运营期内，尽量减少场地的环境污染，严格执行《洪泽湖生态环境提升工程美丽蒋坝项目环境影响报告书》的环评标准，并接受洪泽县环保部门的依法监管。

（3）项目公司必须根据谨慎运营惯例，经洪泽县城建办批准的前提条件下，对蒋坝镇现有的旅游资源进行改进或调整，其旅游资源服务水平应符合运营服务协议的规定。

10.2.4 项目文件的协调

项目公司应确保使融资文件、项目公司股东之间的任何协议、项目公司章程、项目协议及其他相关协议项下要求的内容以及其他由项目公司签订的与本项目有关的任何协议，同本协议的规定保持一致，并包含使项目公司能够履行本协议项下的义务所必需的条款和规定。

10.2.5 税收及收费

项目公司应按照适用法律缴纳所有税金、关税及收费。

10.2.6 项目公司的保证

项目公司不得对项目设施及有关财产以及其在项目协议项下获得的权利设定任何抵押、质押或其他担保物权及第三方权益。

第十一章　双方共同的权利义务

11.1 法律变更

11.1.1 对项目公司有利的法律变更

如果本协议签订之后中国法律法规发生了任何变化，包括颁布任何新法规、修改、废止法律法规的某些条款或对任何法律法规做出不同解释或采取不同的实施方法，也包括任何与本项目的批准有关的实质性条件发生变化，如酒店标准及服务标准，这些变化使项目公司在本协议项下能获得更优惠的待遇，项目公司有权立即取得或立即申请取得该优惠待遇。洪泽县城建办应努力协助进行申请。

11.1.2 对项目公司不利的法律变更

如果本协议签订之后中国法律、法规和法令发生了任何变化，包括颁布任何新法规、修改或撤销法律法规的某些条款或对任何法律法规做出不同解释或采取不同的实施方法，也包括任何与本项目的批准有关的实质性条件发生变化，如酒店标准及服务标准，这些变化使项目公司在本协议项下的经济利益产生实质性不利影响，项目公司可以提出书面要求改变本协议的条款或通过协商以服务费特别调整、洪泽县城建办特别补贴及其他双方认可的方式得到相应的补偿，以使其基本上达到发生这些变化之前的同样的经济地位。项目公司在根据本协议发出的通知中应包括明确表述因这种变化造成的费用增加的合理的详细情况以及项目公司建议的对待这种变化的方式。如果本条所指的费用的增加包括资本支出，项目公司应为相应事项在特许经营期内提供资金。如果项目公司不以合理谨慎的方式经营本项目，对所发生的费用项目公司不应根据本条提出获得任何补偿的要求。

11.2 保密

任何一方或其雇员、承包商、顾问或代理人获得的所有有关项目及项目协议的资料、信息和文件（不论是财务、商务、技术、劳动或其他方面），如果尚未公布或尚未以其他方式公开获得即应视为保密信息，除法律要求外，未经另一方事先书面同意，不得向任何第三方透露或公开，且获得上述保密信息的一方之保密义务应一直持续至特许经营期最后一（1）日之后的十（10）年期间。这一限制不应影响一方经另一方同意后发布包括与项目进展有关的非敏感信息的新闻发布稿件。

本条款在本协议终止后仍然有效。

11.3 合作义务、预先警告通知

双方应相互合作以达到本协议的目的，并应善意地行使和履行其在本协议项下的权利和义务。在此前提下，双方同意：

（1）当一方要求取得另一方的同意或批准时，被要求方不可以无理拒绝或迟延给予该等同意或批准；并且

（2）如果任何一方获悉任何以下事件或情形：

（a）合理地预计该事件或情形将对任何一方履行其本协议项下的义务或实施项目的能力造成重大不利影响；

（b）合理地预计另一方不能获悉该事件或情形；

该方应合理可行地尽快将该事件或情形通知另一方。

第十二章　临时接管

12.1 临时接管的情形

特许经营期内，如项目公司出现以下违约行为，洪泽县城建办有权决定实施临时接管：

（1）擅自转让、出租特许经营权的；

（2）擅自将所经营的财产进行处置或者抵押的；

（3）因管理不善发生重大质量、生产安全事故的；

（4）擅自停业、歇业超过6个月严重影响到社会公共利益和安全的；

（5）法律、法规禁止的其他行为。

12.2 临时接管的程序

洪泽县城建办决定实施临时接管后，应书面通知项目公司并告知其有申请听证的权利。项目公司应于接到书面通知之日起五（5）日内申请听证，洪泽县城建办应于二十（20）日内组织听证。洪泽县城建办应根据听证笔录，决定是否进行临时接管。如项目公司于接到书面通知后五（5）日内没有申请听证则洪泽县城建办可以自行决定临时接管。

12.3 临时接管期间的费用

洪泽县城建办临时接管本项目，由临时接管小组代行项目公司决策和经营管理的权力，临时接管小组的成员由洪泽县城建办组织有关政府部门成员和专家人士

组成。

临时接管期间发生的服务费用等均由项目公司承担，同时项目公司还应向洪泽县城建办支付接管费用。所有上述费用由洪泽县城建办直接从应支付给项目公司的服务费中扣除，也可从履约保函中提取或从特许经营权终止后的资产补偿费用中扣除。

服务费按项目公司实际服务量计算。

12.4 临时接管的终止

12.4.1 项目公司对导致临时接管的违约行为进行纠正后，经项目公司书面申请，洪泽县城建办应当终止临时接管，恢复项目公司的特许经营权。

12.4.2 如单次临时接管持续不间断超过 90 天，洪泽县城建办有权提前终止本协议，收回项目公司的特许经营权。

第十三章 不可抗力

13.1 不可抗力

不可抗力指在签订和履行本协议时不能合理预见的；并且声称遭受不可抗力影响的一方不能克服和不能避免的事件，包括符合下述条件的：

（a）雷击、干旱、地震、火山爆发、滑坡、水灾、飓风、瘟疫；

（b）战争、恐怖行为；

（c）未经预先通知的外供电中断；

（d）全国性、地区性、城市性或行业性罢工、动乱；

（e）任何国有化征用、征收；

（f）政府禁令；

（g）导致本协议实际上无法继续履行的法律及相关政策、法规、标准的变更。

13.2 免于履行

在任何一方由于不可抗力事件使该方不能全部或部分履行其在本协议项下的义务时，根据不可抗力的影响该方可全部或部分免除在本协议项下的相应义务，本协议中有相反规定的除外。

13.3 不可抗力的通知

声称受到不可抗力影响的一方应在发生不可抗力或知道发生不可抗力后 15 日

内及时书面通知另一方并详细描述不可抗力的发生情况和可能导致的后果，并采取措施，减少损失扩大；包括该不可抗力发生的日期和预计停止的时间，以及对该方履行在本协议项下义务的影响，并在另一方合理要求时提供证明。

13.4 费用及进度日期的修改

（1）除本协议或双方另有约定外，发生不可抗力时，双方应各自承担由于不可抗力造成的支出。

（2）如果声称遭受不可抗力影响的一方应于 15 日内履行通知对方义务，并且在不可抗力事件影响项目进展的情况下，已履行了请求延长进度日期的程序，则本协议中规定的履行某项义务的任何期限，经受到影响的一方请求，应根据不可抗力对履行该项义务产生影响的相同时间相应顺延。

13.5 不可抗力发生后的处理程序

（1）如果任何不可抗力事件阻止一方履行其义务且经过努力仍无法克服，主张因不可抗力阻碍其全部或部分履行其在本协议项下义务的一方应当提交由政府有关部门或公证机构提交的证明不可抗力发生、不可抗力的程度和不可抗力所持续时间的书面材料。同时双方应本着诚信平等的原则，立即就此等不可抗力事件进行协商：

（a）如果双方自该不可抗力发生或者知道发生之日起九十（90）日内达成一致意见，继续履行在本协议项下的义务，则洪泽县城建办应按照第 17 章的规定向项目公司进行补偿；

（b）如果双方不能够在上述九十（90）日期限内达成一致意见，则任何一方有权根据第 15.2 条送达终止通知立即终止本协议。

（2）因 13.5（1）（b）款终止本协议，提出终止的一方须以书面形式详细说明不可抗力事件在何种程度上导致本协议无法继续履行。

13.6 减少损失的责任和协商

受到不可抗力影响的一方应尽一切合理努力以继续履行其在本协议下的义务，尽合理的努力减少不可抗力对其造成的影响，包括根据该等措施为可能产生的结果支付合理的金额。双方应协商制定并实施补救计划及合理的替代措施以消除不可抗力的影响，并决定为尽量减少不可抗力给每一方带来的损失应采取的合理的手段。

声称受到不可抗力影响的一方在不可抗力的影响消除之后应尽快恢复履行本协议项下的义务。

13.7 不可抗力期间的运营费

发生第 13.1（f）、(g) 条款项下的不可抗力事件，致使项目公司无法正常运营，则洪泽县城建办应在项目公司运营受到不可抗力影响的限度内免除项目公司管理不善所产生的违约金。

发生第 13.1（a）(b)、(c)、(d)、(e) 或（h）条款项下的不可抗力事件，致使项目公司旅游服务能力受影响，则在该不可抗力事件持续期间，洪泽县城建办应在项目公司运营受到不可抗力影响的限度内免除项目公司服务能力不足所产生的违约金。

13.8 灾害和项目的修理

如果不可抗力造成本项目的重大损坏，使项目公司履行本协议项下义务的能力受到严重不利影响，并且该项损失项目公司无法通过根据第十九章所购买的保险得到赔偿，或者认定保险赔款额低于修复损坏总支出的 50%，或根据保险条件本项目被宣告为全损，则除非该项损坏不能或不足以得到保险赔偿的原因是由于项目公司未取得或未保持本协议要求的保险（该等情形应视为项目公司违约），否则在双方就维护的条件达成一致之前，项目公司没有义务完成重建美丽蒋坝工程，项目公司承担此不可抗力事件造成的己方损失，但不承担违约责任。双方达成的一致应能使项目公司恢复至与未发生该不可抗力事件时相近的经济地位及运营状况，并继续履行本协议。

第十四章　履约保函

14.1 履约保函的提交

作为项目公司履行本协议的担保（运营期内本协议项下义务的履行），在商业运营日起七（7）日内，项目公司应向洪泽县城建办提交金额为人民币陆仟伍佰万（65，000，000）元的以洪泽县城建办为受益人的履约保函。当项目公司未能完全履行本协议义务时，洪泽县城建办可提取保函，项目公司应在保函被提取后一个月内补足。

14.2 有效期和替换

项目公司所提供的履约保函的有效期为自提交日起至缺陷责任期届满之时止。项目公司可以开立多份生效期与失效期首尾相连的履约保函，但每份保函的有效期不得低于十二（12）个月。

第一份履约保函自洪泽县城建办收到该份保函之日起生效。每份履约保函有效期届满前至少三十（30）日项目公司应按照本条款的规定向洪泽县城建办提交一份金额按照第14.2条规定的用以替换原保函的替换履约保函，替换履约保函自原履约保函有效期届满日之次日起生效。

14.4 最后一份履约保函的有效期

（1）在特许经营期正常结束的情况下，最后一份保函的有效期应至第9.14.2款所规定的缺陷责任期结束之时止。

（2）在项目协议根据本协议第15章的规定被提前终止的情况下，当时有效的履约保函成为最后一份保函，其有效期应根据第15.4.5款项下的规定延长或缩短。

14.5 未更换保函的责任

如果项目公司未按照上述规定及时更换保函或者延长最后一份保函的有效期，那么洪泽县城建办有权全额提取该等保函的全部金额。在此等情况下，洪泽县城建办仍有权根据本协议的规定追究项目公司的违约责任。

14.6 履约保函的提取

（1）如果发生本协议项目公司未全部或部分履行其在本协议项下的义务，且在洪泽县城建办要求的期限内未予补正，或未按本协议的约定承担违约责任，洪泽县城建办有权提取履约保函的全部金额；

（2）如果项目公司未按照第14.3条的规定按时补充履约保函的金额，洪泽县城建办有权提取履约保函届时所剩余的全部金额；

（3）如果项目公司未按照第14.3条的规定在每份履约保函到期日前至少三十（30）日之前向洪泽县城建办提交用以替换的履约保函，洪泽县城建办有权提取履约保函的全部金额；

（4）如果项目公司未向洪泽县城建办按期支付根据本协议第17章、第18章的规定到期应付的违约赔偿和违约金，则洪泽县城建办有权从履约保函中提取相应金额；

（5）洪泽县城建办有权按照第 8.1.4 款未履行维护义务、第 9.14 条缺陷责任期和第 19.1 条保险条款的规定提取履约保函；

（6）洪泽县城建办在根据本条款提取履约保函任何金额之前，应向项目公司发出书面通知并告知对方其提取的理由和拟提取的履约保函金额。除非项目公司在收到该等通知后七（7）个工作日内向洪泽县城建办全额支付上述拟提取的履约保函金额或在收到该等通知后七（7）个工作日内按第 14.3 条的规定提交替换旧履约保函的新履约保函，否则洪泽县城建办有权立即从履约保函中提取该等金额。

第十五章 协议的终止

15.1 终止的提出

15.1.1 由洪泽县城建办提出的终止

下述每一事件如果不是由于不可抗力或洪泽县城建办违约所致，如果有允许的期限而在该期限内未能得到纠正，即构成项目公司违约事件，洪泽县城建办有权根据第 15.2.1 条款的规定立即发出终止意向通知：

（1）项目公司未按照本协议的规定提交、替换和恢复履约保函；

（2）项目公司在第 2.2 条中所作出的任何声明和保证被证明在做出时实质不属实或有严重错误，使项目公司履行本协议的能力受到严重的不利影响；

（3）项目公司未经洪泽县城建办同意转让特许经营权、项目设施或本协议或其任何部分，或项目公司已经事实上不能或不再运营维护项目设施；

（4）未经洪泽县城建办事先书面同意，项目公司连续十五（15）个工作日或任一运营年累计六十（60）个工作日无故或因其自身原因中止运营项目设施；

（5）项目公司不能或不愿根据第 9.3 条的规定进行移交前大修；

（6）项目公司根据适用法律进行清算或不能清偿到期债务；

（7）项目公司违反适用法律而被相关部门依法吊销营业执照；

（8）项目公司因经营管理不善，发生重大质量、生产安全事故的；

（9）项目公司在任一运营年内根据本协议和运营服务协议提供的报表或报告超过两（2）次被证明含有实质上不属实的信息；

（10）未经洪泽县城建办事先书面同意，项目公司对项目设施以及其在项目协议项下获得的特许经营权等权利设定任何抵押、质押或其他担保物权及第三方权益；

（11）项目公司未履行本协议和运营服务协议的义务构成实质性违约，并且在收到洪泽县城建办要求说明其违约并予以补救的书面通知后六十（60）日内仍未能补救该实质性违约。

15.1.2 由项目公司提出的终止

下述每一事件如果不是由于不可抗力或项目公司违约所致，如果有允许的期限而在该期限内未能得到纠正，即构成洪泽县城建办违约事件，项目公司有权根据第15.2.1 条款的规定立即发出终止意向通知：

（1）洪泽县城建办在第 2.1 条中所作出的任何声明和保证被证明在做出时即有严重错误，使洪泽县城建办履行本协议的能力受到严重的不利影响；

（2）洪泽县城建办或洪泽县人民政府指定机构由于与其他部门机构调整、合并或被撤销，且无相应的部门及其指定机构能够承继本协议约定的权利和义务，从而实质上使项目公司在本协议下的权利受到严重不利影响；

（3）洪泽县城建办非依本协议所约定的情况擅自撤销了本协议项下的特许经营权或将特许经营权授予给项目公司以外的公司或经济实体；

（4）洪泽县城建办未履行本协议和运营服务协议的义务构成实质性违约，并且在收到项目公司要求说明其违约并予以补救的书面通知后六十（60）日内仍未能补救该实质性违约。

15.1.3 因不可抗力导致的终止，任一方有权向对方发出终止通知。

15.2 终止意向通知和终止通知

15.2.1 终止意向通知

（1）根据第 15.1.1 和 15.1.2 款发出的任何终止意向通知应表述引起发出该通知的项目公司违约事件或洪泽县城建办违约事件的合理详细情况。

（2）在终止意向通知发出之后，双方应在二十（20）日之内或双方同意的更长时间内（下称"协商期"）协商避免本协议终止的措施。

（3）如果项目公司和洪泽县城建办就将要采取的措施达成一致意见，或者项目公司或洪泽县城建办（视情况而定）在协商期内纠正了项目公司违约事件或洪泽县城建办违约事件，终止意向通知应立即自动失效。

15.2.2 终止通知

(1)在协商期届满之时，除非：

（a）双方另外达成一致；或

（b）导致发出终止意向通知的项目公司违约事件或洪泽县城建办违约事件得到纠正。

（2）则发出终止意向通知的一方可以向另一方发出终止本协议的终止通知。

（3）任一方有权根据第 15.1.3 款向对方发出终止通知。

（4）另一方收到终止通知之日起，本协议终止（"提前终止日"）。另一方收到终止通知之日的次日即为"提前移交日"。

15.3 终止的一般后果

15.3.1 继续履行

自任何一方发出终止意向通知起至提前终止日，双方应继续履行项目协议下的权利和义务。

15.3.2 运营服务协议的终止

本协议终止后，运营服务协议同时自动终止。

15.3.3 其他

（1）本协议终止后，双方在本协议和运营服务协议项下的权利和义务相应终止。但自提前移交日至"实际终止日"期间，项目公司有义务行使善良看守人职责，使项目设施始终保持在提前移交日的状态。

（2）本协议和运营服务协议的终止不影响协议中争议解决条款和任何在项目协议终止后仍然有效的其他条款。

15.4 提前终止后的移交

15.4.1 移交范围

自提前移交日起，洪泽县城建办或洪泽县人民政府指定机构应立即自行承担费用负责项目设施的运行和维护，项目公司应于提前移交日向洪泽县城建办或洪泽县人民政府指定机构移交按照第 9.1 条规定的项目设施所有权利和权益。该等权利和权益移交时应保持终止通知发出时的状态。

若发生提前终止，而项目公司与融资银行之间的贷款协议仍然有效，则项目公司应确保在约定的移交日之前解除项目设施存在的任何其他债务、留置权、质押权、抵押权、优先权和其他担保权益及第三方权益，并向洪泽县城建办提交相关的书面证明文件。

15.4.2 提前移交程序

（1）项目公司应于提前移交日后立即向洪泽县城建办或洪泽县人民政府指定机构移交项目设施的占有权、控制权和运营权。

（2）自提前移交日起，项目运营协调委员会立即转为移交委员会，该移交委员会中双方的人员保持原项目运营协调委员会的组织，但移交委员会负责人由洪泽县城建办或其指定的机构委派。

（3）提前移交日后三（3）日内，移交委员会应组织有关专家对项目设施进行移交前检测，并尽可能地完整记录项目设施在当时的运营状态及相关技术数据，并形成"提前移交报告"；该报告应不迟于提前移交日后十五（15）日内完成。

（4）项目公司应确保移交委员会和专家组能够为上述检查、记录和制作提前移交报告之目的自由进入项目设施。

（5）提前移交报告应作为"实际终止日"后十二（12）个月的缺陷责任认定的依据，对双方均具有约束力。

15.4.3 补偿金的支付和移交

（1）洪泽县城建办或洪泽县人民政府指定机构和项目公司应于本协议提前终止后三十（30）日内按第 17.1 条确定终止补偿金额，洪泽县城建办或洪泽县人民政府指定机构应在确定终止补偿金额后九十（90）日内支付终止补偿金额的 40%。项目公司对项目设施的所有权和所有权益中不需要办理过户或其他法定手续的部分，即全部转给洪泽县城建办或洪泽县人民政府指定机构。

（2）项目公司应与洪泽县城建办或洪泽县人民政府指定机构办理为移交项目设施的所有权和所有权益的其他部分所必需的产权过户或其他法定手续，本协议第 9.1【移交范围】、9.6【备品备件】、9.7【保险和承包商保证的转让】、9.8【技术的移交】、9.10【合同的转移】、9.11【移走项目公司所有的物品】、9.12【风险转移】、9.13【移交费用】条应适用。洪泽县城建办或洪泽县人民政府指定机构将在完成所有的过户或其他法定手续之日起三十（30）日内一次性支付余下的 60% 的终止补偿金额。终止补偿金额全部支付完毕之日即为"实际终止日"，移交即全部完成。

15.4.4 在本协议被提前终止的情况下

项目公司应通过按第 14.3 条的规定向洪泽县城建办提交一份有效期至实际终止日后十二（12）个月届满的新履约保函。在此期间，以第 15.4.2（3）款所规定的提前移交报告为依据，第 9.14 条有关项目公司缺陷责任的规定应适用。洪泽县城建办应在实际终止日后十二（12）个月届满后的第一个工作日向项目公司归还履约保函。

15.4.5 责任承担

本协议提前终止后，项目公司负责在第 15.4.1 款中规定的移交前的与项目设施有关的责任和义务，但洪泽县城建办明确承担的除外。

15.4.6 责任的限制

本协议依据第 15.1 条终止后，除向项目公司支付第 17.2 条规定的终止补偿金额外，洪泽县城建办不应就上述终止或导致上述终止的任何事件向项目公司承担任何义务。

第十六章　协议的转让

16.1 洪泽县城建办的转让

16.1.1 转让的同意

洪泽县城建办不得出让或转让其在本协议项下的全部或部分的权利或义务，但本协议另有约定的除外。

16.1.2 除外条件

上述第 16.1.1 款的规定并不妨碍洪泽县城建办与其他的政府部门进行机构调整或合并，条件是该继承实体：

（1）具有承担洪泽县城建办在本合同项下所承担的所有权利、义务和责任的能力和授权；

（2）接受并完全承担洪泽县城建办在本协议项下义务的履行，包括运营服务协议的义务。

16.2 项目公司的转让

16.2.1 对协议权利义务的转让

（1）未经洪泽县城建办事先书面同意，项目公司在任何情况下不得转让或以其他方式转移其在本协议下的权利和义务。

16.2.2 项目公司股权的转让

项目公司获得在约定区域内的特许经营权后，为了保证项目公司的稳定经营，保障洪泽县获得持续稳定的温泉、酒店、疗养、养老服务、餐饮等特色度假旅游服务，应对社会资本合作方享有的项目公司股权变更作如下约定：

从项目公司签署 PPP 项目特许经营协议算起，在五（5）年内，社会资本合作方不得将其在项目公司的注册资本中拥有的股份或权益进行转让，除非这种转让为中国法律所要求，或是法院、法庭或具有适当管辖权的政府部门所命令的转让。

从项目公司签署 PPP 项目特许经营协议算起，自五（5）年后，经洪泽县城建办事先书面同意，社会资本合作方可以转让其在公司的股份，洪泽县人民政府有优先收购权，若洪泽县人民政府放弃该等权利，受让方应满足以下条件：

（1）项目公司的股东会通过股权转让的决议；

（2）项目公司向洪泽县城建办提出书面申请，并提交股东会决议原件以及受让方的相关资料，该资料至少包括受让方的企业法人经营执照、在温泉、酒店、疗养、养老服务、餐饮等特色度假旅游服务领域的经营业绩、管理水平，以及洪泽县城建办要求提供的其他材料；

（3）受让方应在资信实力、管理水平等方面具有在国内同行业中的良好水平，并能证明其有能力促使项目公司承担或履行本协议项下的责任和义务且为此向洪泽县城建办提交一份承诺书。

（4）项目公司的股份受让方应向洪泽县城建办出具书面声明，表明其已经完全理解并承诺遵守 PPP 项目特许经营协议及其附件全部条款规定的内容。

第十七章 补偿与违约赔偿

17.1 一般补偿

17.1.1 一般补偿事件

在运营期内，如发生不可抗力、服务质量较低，并导致项目设施运营成本增加，或综合收益低于预期值时，则项目公司有权从洪泽县城建办依照本章规定获得一般补偿（下称"一般补偿"）。

17.1.2 补偿形式

（1）一般补偿可采用两种方式：

（a）一次性补偿；

（b）调整服务价格；

（c）延长特许经营期

（2）补偿方式的优先

（a）在任何情况下，甲方将有权优先选择延长特许经营期方式给予补偿；

（b）补偿金额

（c）当一般补偿事件导致项目公司经营性费用长期增加，洪泽县城建办可采取调整服务价格进行补偿。

（d）除第 17.1.2（2）款的规定外，洪泽县城建办可与项目公司就补偿方式作进一步协商调整。

17.1.3 补偿原则

（1）发生一般补偿事件时，洪泽县城建办应按本第 17.1.3 款向项目公司进行补偿。

（2）生效日期后发生第 13.1 条（f）、（g）或（h）项下的不可抗力事件的补偿：

（3）生效日期后发生第 13.1 条（a）、（b）、（c）、（d）或（e）项下的不可抗力事件时的补偿：

17.1.4 一般补偿的扣除

就项目公司因一般补偿事件而发生的损失、损害或责任（包括增加的运营成本或资本性支出），洪泽县城建办对项目公司已从下列途径另行获取补偿或抵销的损失部分将从应付的一般补偿中扣除：

（1）项目公司有权获得的保险赔款；

（2）项目公司已从其他途径获得补偿（从其股东获取的投资除外）；

（3）法律变更使项目公司的资本性支出或运营成本减少或以其他方式补偿了项目公司；

（4）洪泽县城建办按照本协议其他规定或以其他方式提供补偿。

17.1.5 一般补偿事件的通知

当一般补偿事件发生后，项目公司应书面通知洪泽县城建办，描述一般补偿事件的发生及其可能之影响，包括有关损失、费用、亏损或责任的性质和估计数额（下称"一般补偿通知"）。

17.1.6 补偿决定

（1）洪泽县城建办收到项目公司一般补偿通知后十五（15）日内，应书面通知项目公司是否同意进行一般补偿，以及一般补偿的形式、数额和时间。

（2）若洪泽县城建办不同意进行一般补偿或对补偿形式或数额有异议或在17.1.6款（1）项规定的期限内未予以答复的，双方应及时组织协商，协商期为自项目公司发出一般补偿通知之日起一（1）个月。

（3）上述协商期结束后一（1）个月内，双方仍不能就一般补偿达成一致的，则按照第二十章的规定处理。双方也可协商终止本协议。

17.1.7 对责任的限制

项目公司同意，如果洪泽县城建办按照本第 17.1 条的规定提供一般补偿，洪泽县城建办对项目公司不再承担有关一般补偿事件的任何其他责任。

17.2 提前终止后的补偿

17.2.1 提前终止补偿金额的计算

若本协议提前终止，洪泽县城建办应根据表 17.2.1 的规定补偿项目公司。

表 17.2.1：终止补偿事件及终止补偿金额对照表

序号	条款	补偿金额
1	第 15.1.1 款	0.8B-D＋E
2	第 15.1.2 款	B+C-D＋E
3	第 13.1 条（a）、（b）、（c）、（d）或（e）款	(B-D+E) /2
4	第 13.1 条（f）、（g）或（h）款	B-D＋E

其中：

B 为 [项目总投资＋截止特许经营权终止日新增的固定资产投资额]× 特许经营期剩余年限 / 特许经营期限。

C 为项目公司在以下期间中之较短期间内净预期利润（保本微利原则，不计算生物柴油制取部分的超额收益）的现值：

（a）五（5）年；和／或

（b）特许经营期的剩余期间；

其中，预期净利润按照本协议提前终止前的一个会计年度的年净利润和项目公司实际运营年度年平均净利润两者之间的较低值计算，（采用保本微利原则，不计算生物柴油制取部分的超额收益）。

D 指就相关不可抗力事件发生时，如果项目公司遵守本协议第十九章 （保险）下义务就有权获得的全部保险付款（包括认定保险赔款）。

E 指终止后根据第 15.4 条规定，项目公司应向洪泽县人民政府或其指定机构移交运营维护所需的零部件、备品备件和化学品的合理评估值。

17.2.2 终止补偿金额的验证

对第 17.2.1 款所规定的终止补偿金额的计算必须经洪泽县城建办和项目公司共同接受的一家注册会计师事务所的验证。

17.3 违约赔偿

17.3.1 赔偿

受限于本协议的规定，每一方应有权获得因违约方违约而使该方遭受的任何损失、支出和费用的赔偿，该项赔偿由违约方支付。该项赔偿不应超过违约方在签订本协议时已经预见或应当预见到的因违反本协议可能造成的损失。

17.3.2 免责

如果一方证明其未履行义务是由于第 13.1 条规定的不可抗力造成的，则该方可根据第 13.2 条免责。

17.3.3 减轻损失的措施

（1）由于另一方违约而遭受损失或可能会遭受损失的一方应采取合理行动减轻或最大限度地减少另一方违约引起的损失。

（2）如果一方未能采取此类措施，违约方可以请求从赔偿金额中扣除应能够减轻或减少的损失金额。

（3）受损害的一方应有权从另一方获得因试图减轻和减少损失而合理发生的任何费用。

17.3.4 部分由于受损害方造成的损失

如果损失部分地是由于受损害方的作为或不作为造成的，或部分地产生于应由受损害方承担风险的另一事件，赔偿的数额应扣除这些因素造成的损失。

17.3.5 对间接损失不负责任

除非本合同另有规定，各方均不应对由于或根据本合同产生的或与其相关的任何索赔为对方的任何间接、特殊或附带损失或惩罚性损害赔偿负责。

17.4 补救限额

本第 17.3 条的规定不得阻止任何一方行使本协议或适用法律提供的任何其他补救措施。一方因多项补救措施所获得的利益，不得高于其实际受到的损失。

第十八章　违约金

18.1 项目公司违约

18.1.1 项目公司延误的违约金

（1）如果发生第 7.7 条规定的情况，由于项目公司的原因导致商业试运行日或商业运行日延误，项目公司必须逐日向洪泽县城建办支付按照以下标准规定的违约金：

（a）第一个违约期三十（30）日内，每日支付 2 万元；

（b）第二个违约期三十（30）日内，每日支付 4 万元；

（c）第三个违约期三十（30）日内，每日支付 6 万元；

（d）此后延误每日支付 8 万元。

（2）上述违约金应在第 7.7 条的延误总日数的基础上累积，直至已达到商业试运行日或商业运行日。

（3）项目公司若对违约金的数额和支付方式没有异议的，应在通知中明确的期间内向洪泽县城建办的指定账户支付上述违约金，若项目公司未按时支付，洪泽县城建办可以从履约保函中提取该等违约金及按违约利率计算的延误期间利息，直至履约保函已全部提取完。在履约保函被提取完毕后，洪泽县城建办有权提前终止本合同。若项目公司对违约金的数额及支付方式有异议的，双方应按照本合同第 20 章的规定解决争议。

（4）洪泽县城建办获得本第 18.1.1 款规定的违约金的权利不应影响其在第

15.1.1 款下终止本协议的权利。

18.1.2 项目公司放弃项目的违约金

（1）如果发生第 7.8.1 款规定的情况，项目公司放弃或被视为放弃项目的建设，洪泽县城建办有权提取项目公司提交的履约保函的全部金额。

（2）洪泽县城建办获得第 18.1.2 款规定的违约金的权利不影响其在第 15.1.1 款项下终止本协议的权利。

（3）洪泽县城建办违约赔偿标准对等。

18.1.3 违反污水污泥排放标准的违约金

在运营期内的任一运营月，如果某一运营日项目公司的排放不符合环保标准，则项目公司应向洪泽县城建办就当日排放不达标排放物支付违约金，排放不达标违约金根据《运营服务协议》的规定计算。

18.2 洪泽县城建办的违约

18.2.1 洪泽县城建办违约导致商业试运行日或商业运行日延误的违约金

如果发生第 7.6 条规定的情况，由于洪泽县城建办的原因导致商业试运行日或商业运行日发生延误，洪泽县城建办必须逐日向项目公司支付以下标准的违约金：

（a）第一个违约期三十（30）日内，每日支付 2 万元；

（b）第二个违约期三十（30）日内，每日支付 4 万元；

（c）第三个违约期三十（30）日内，每日支付 6 万元；

（d）此后延误每日支付 8 万元。

18.2.2 洪泽县城建办若对违约金的数额和支付方式没有异议的，应在通知中明确的期间内向项目公司的指定账户支付上述违约金，若洪泽县城建办对违约金的数额及支付方式有异议的，双方应按照本合同第 20 章的规定解决争议。

18.3 项目公司运营期间违约金支付

项目公司应根据第 18.1 条计算应向洪泽县城建办支付的违约金金额，洪泽县城建办有权从履约保函中提取。

18.4 违约金争议

如对违约金金额有争议，应根据第 20 章解决。

第十九章　保险

19.1 购买保险的责任

项目公司应按行业惯例自费购买和保持本协议所要求的合理的建设和运营保险。项目公司的保险应符合《中华人民共和国保险法》和其他适用法律的要求。

19.2 代为购买

如果项目公司不购买或维持本协议附件 5 所要求的保险，则洪泽县城建办有权购买该保险，并且有权根据本协议从履约保函中提取需支付的保险费金额。

第二十章　解释和争议解决

20.1 解释

20.1.1 完整的协议

本协议构成双方对项目的完全的理解，取代双方以前所有的有关项目的书面和口头陈述、协议或安排。

20.1.2 修改

本协议任何修改、补充或变更只有以书面形式并由双方授权代表签字方可生效并具约束力。

20.1.3 可分割性

如果本协议中任何条款不合法、无效或不能执行，或者被任何有管辖权的仲裁庭或法院宣布为不合法、无效或不能执行，则

（a）其他条款仍然有效和可执行；

（b）双方应商定对不合法、无效或不能执行的条款进行修改或更换，使之合法、有效并可执行，并且这些修改或更改应尽可能恰如其分地平衡双方之间的利益、权利和义务。

20.1.4 特许经营权协议的优先性

对本协议附件的解释应与本协议正文保持一致。如果本协议正文与其附件之间出现矛盾或不一致的地方，则应以本协议正文为准。

20.2 争议解决

20.2.1 协商解决

若项目协议各方对于由于项目协议、在项目协议项下或与项目协议有关的或对

其条款的解释，包括关于其存在、有效或终止的任何问题产生任何争议、分歧或索赔，以及因履行项目协议而产生的任何争议、分歧或索赔，都应尽力通过友好协商解决。

除本协议另有规定，若在尝试友好协商解决后三十（30）日内争议仍未能得到解决，则应适用第 20.2.2 款的规定。

20.2.2 诉讼

若双方不能按照第 20.2.1 款或第 20.2.2 款的规定解决争议，则任何一方均有权向项目公司所在地或建设工程所在地有管辖权的人民法院提起诉讼。败诉的一方应承担并支付胜诉方在诉讼过程中所发生的一切开支和费用包括受理费、律师代理费、监定费等。

第二十一章　其他

21.1.2 地址改变的及时通知

如果洪泽县城建办或项目公司更改第 21.1.1 款所述的任何具体内容，更改方必须在新的内容启用前以书面形式通知其他方。

21.2.3 协议文字和文本

本协议以中文订立，正本一式八（8）份，双方各执四（4）份。

21.3 协议生效

本协议由双方法定代表人或各自正式授权的委托代理人在本协议签字、盖章之日起生效。从即日起，本协议对双方具有约束力。

21.1 通知

21.1.1 地址

本协议项下的通知、同意或其他通讯必须以中文书写，并通过专人递交、公认的国际快递、挂号或传真按下述地址，或各方通知的其他地址或传真号码，签发各方：

甲方：洪泽县县城建设指挥部办公室　　　　乙方：*** 项目公司

地址：　　　　　　　　　　　　　　　　　地址：

收件人：　　　　　　　　　　　　　　　　收件人：

电话：　　　　　　　　　　　　　　　　　电话：

传真、电子邮件：　　　　　　　　　　　　传真、电子邮件：

本协议附件：

附件 1 运营服务协议

附件 2 洪泽湖生态环境提升工程美丽蒋坝项目可行性研究及批复

附件 3 项目技术规范和要求

附件 4 项目竣工验收

附件 5 保险

附件 6 履约保函格式

附件 7 技术方案和竣工资料

本协议的附件及其补充协议与协议正文具有同等效力，均为本协议不可分割的组成部分。

21.2.2 项目协议的组成和效力

本项目协议由以下几部分组成：

（1）洪泽湖生态环境提升工程美丽蒋坝项目 PPP 项目特许经营协议

（2）运营服务协议

（3）招标文件之"社会资本合作方须知"

（4）招标文件之"招标前置条件"

（5）洪泽湖生态环境提升工程美丽蒋坝项目有关问题的澄清与解答

（6）社会资本合作方提交的投标文件

（7）双方谈判时签署的会议纪要和备忘录

以上各部分之间如不一致，则效力优先顺序为（1）（2）（5）（4）（3）（6）（7）。

甲方：洪泽县县城建设指挥部办公室　　乙方：项目公司

　　　　　　　　　　　　　　　　　　[　　　　公司]

[印 章]　　　　　　　　　　　　　　[印 章]

法定代表人 / 授权代表（签名）：　　法定代表人 / 授权代表（签名）：

　　　　　　　　　　　　　　　　　　日 期：2015 年 9 月　日

附件 1 运营服务协议

（详见合同文本，此处略）

附件 2 洪泽湖生态环境提升工程美丽蒋坝项目可行性研究及批复

（此略）

附件 3 项目技术规范和要求

1.1 项目建设内容

特许经营协议范围为一期项目的范围，包括滨湖风光带 - 观沧海、落霞滩、温泉养生、隐逸快活岭、古镇老街等建设，原则上以洪泽县城建办移交的可行性研究文件所包含的一期项目建设范围为准。

1.2 建设规模

1.3 技术原则

本技术要求针对美丽蒋坝项目的建设、运营和管理，在技术方面必须遵循相关法律或标准。项目公司必须国家相关技术规范和要求，完成项目的建设，保证运营期的正常运营和科学管理。

1.4 变更的执行

法律或技术标准变更的，执行最新版本的法律或技术标准。

1.5 项目技术方面适用的法律和技术标准

包括但不限于下列内容：

1.5.1 法律

《中华人民共和国建筑法》

《中华人民共和国环境保护法》

1.5.2 工程技术标准和规范

《民用建筑设计通则》GB50352-2005

《建筑设计防火规范》GB50016-2006

《住宅设计规范》GB50096-2011

《建筑给水排水设计规范》GB50015-2003

《建筑设计防火规范》GBJ16-87

《消防给水及消火栓系统技术规范》GB50974-2014

《建筑灭火器配置设计规范》GBJ140-90

《民用建筑水消防系统设计规范》DGJ32/J92-2009

《自动喷水灭火系统设计规范》GB50084-2001

《室外给水设计规范》GB50013-2006（2014 年版）

《室外排水设计规范》GB50014-2006（2014 年版）

《民用建筑电气设计规范》JGJ/T16-2008

《建筑物防雷设计规范》GB50057-2010

《10KV 及以下变电所设计规范》GB50053-94

《低压配电设计规范》GB50054-2011

《建筑设计防火规范》GB50016-2006

《供配电系统设计规范》GB50092-2009

《通用用电设备配电设计规范》GB50055—2011

《建筑照明设计标准》GB50034-2013

《建筑物电子信息系统防雷技术规范》GB50343-2012

1.5.3 除外情况

本《技术标准和要求》及项目公司的技术方案就项目的某些标准有特别规定或保证值的，在特别规定或保证值优于法律或国家标准规定期间，执行特别规定或保证值。

1.6 建设及工艺技术要求

1.7 给水、排水和消防

1.8 环境质量

1.9 职业卫生

1.10 运营服务标准

附件 4 项目竣工验收

1、概述

竣工验收应由项目公司与洪泽县城建办并联合其他相关部门实施，以确保项目工程符合新型城镇化工程质量验收规范标准，并按照双方在本协议中同意的规格与参数长期稳定运营。

2、方法

测试方法及测试结果的计算方法应根据中国的相关标准或相当的国际认可标准，或最新的国际认可标准进行。

附件 5 保险

项目公司应按本合同第 19 章和本附件办理保险。项目公司的保险应符合《中华人民共和国保险法》和其他适用法律的要求。

1、建设期间的保险

项目公司应在整个建设期内自费投保并保持下列险种的保险。但是，如果从保险公司处无法获得，或无法以合理的商业条件获得该等保险，则项目公司没有义务获得该等保险，除上述规定外，这种情况不解除或限制项目公司在本合同项下的义务。

（1）货物运输险

责任范围：对于所有材料、设备、机器、零备件和其他物品（施工设备除外）从投保货物离开承包商、分包商或供货商在世界上任一地点的场所之时开始，至到达并卸至目的地的运输途中的所有一般及惯常的可保风险。

保险金额：对任一次运输或任一地点，相当于投保财产购买价的 110%，但不低于投保财产的全部重置价值，包括运费和保险费。

保险形式：本保险应以统保的合同为基础进行，并将不签发单独的保险单。

被保险人：项目公司、建设承包商、分包商、供货商和项目公司可能选择的其他方（条件是该其他方拥有或可获得在此保险项下的可保利益）。

（2）建筑安装工程一切险

责任范围：在项目建设、安装、运营测试及试运行期间及其后的十二（12）个月期间，就工程、临时工程、材料及其他将包括在项目设施内的物品的灭失或损坏的所有一般及惯常的可保风险，（包括但不限于火灾、雷电、爆炸、暴雨、风暴、台风、水害、水灾、旱灾、倒塌、滑坡、地震、其他事故损失、故意破坏、设计缺陷、工艺缺陷及材料缺陷）。

保险金额：工程重置价全额（但不少于建设合同价值）。

保险期间：从建设开始之日至最终完工日及其后的十二（12）个月。

被保险人：项目公司、建设承包商、分包商、供应商、顾问（仅限于场地风险）、洪泽县城建办及洪泽县城建办或项目公司选定的其他方（条件是该其他方拥有或可获得此保险项下的可保利益）。

（3）第三者责任险

责任范围：对在中国境内发生的与建设工程有关的第三者人身伤害或财产损失所应承担的法律责任的保险（但不包括第三者汽车保险）。

保险金额：每次事故责任限额_____万元，保险事故次数不限；

保险期间：从建设开始之日至最终完工日以及之后的十二（12）个月。

被保险人：项目公司、建设承包商、分包商、供货商和顾问（仅限于场地风险）、洪泽县城建办及洪泽县城建办或项目公司选定的其他方（条件是该其他方拥有或可获得此保险项下的可保利益）。

（4）其他险种

其他通常的、合理的或者遵循贷款人及适用法律要求所必需的保险。

2. 运营期间的保险

项目公司应在开始商业运行日或该日之前自费投保并在整个运营期内保持下列险种的保险。但是，如果从保险公司处无法获得，或无法以合理的商业条件获得该等保险，则项目公司没有义务获得该等保险，除上述规定外，这种情况不解除或限制项目公司在本合同项下的义务。

（5）财产一切险

责任范围：对构成项目设施组成部分的、正在使用的并位于蒋坝镇规划范围内的所有建筑物、构筑物、设备、机器、零备件和其他材料和／或不动产所有灭失或损坏的所有一般及惯常的可保风险，（包括但不限于火灾、雷电、爆炸、自燃、风暴、暴雨、台风、洪水、水害、旱灾、恶意破坏、撞击、地震、沉降和倒塌）。

保险金额：项目设施的全部重置价值。

保险期间：以年为单位，可续延。

被保险人：项目公司、洪泽县城建办以及洪泽县城建办或项目公司选定的其他方（条件是该其他方拥有或可获得此保险项下的可保利益）。

（6）（财产一切险之）业务中断险

责任范围：在十二（12）个月的保障期内（投保的中断期间），因财产一切险保险单项下所承保的可保风险造成的业务中断或受到干扰而产生的利息、附加利息及规定的常规费用的损失。

保险金额：等于十二（12）个月保障期发生的利息、附加利息、计划的本金付款和规定的常规费用的全部金额。

保险期间：以年为单位，可续延。

被保险人：项目公司及项目公司选定的其他方（条件是该其他方拥有或可获得此保险项下的可保利益）。

（7）机器故障损坏险

责任范围：对构成项目设施组成部分的任何机器、厂房、辅助设备的突然和不可预见的有形损失或损坏的保险。

保险金额：所有厂房、机器、设备等的全部重置价值。

保险期间：以年为单位，可续延。

被保险人：项目公司、洪泽县城建办以及洪泽县城建办或项目公司选择的其他方（条件是该其他方拥有或可获得此保险项下的可保利益）。

（8）（机器故障损坏险之）业务中断险

责任范围：在十二（12）个月的保障期间（投保的中断期间），由于机器故障损坏险项下所承保的可保风险的损失或损坏所造成的业务中断或受影响而引致的应支付的利息、附加利息和规定的常规费用。

保险金额：等于十二（12）个月的保障期内发生的利息、附加利息、计划的本金付款和规定的常规费用的全部金额。

保险期间：以年为单位，可续延。

被保险人：项目公司及项目公司选择的其他方（条件是该其他方拥有或可获得此项保险项下的可保利益）。

（9）第三者责任险

责任范围：因运营和维护项目设施造成的对第三者的人身伤害或财产损失或损坏所应承担的法律责任。

保险金额：每次事故责任限额_____万元，保险事故次数不限。

保险期间：以年为单位，可续延。

被保险人：项目公司、洪泽县城建办或项目公司选择的其他方（条件是该其他方拥有或可获得此保险项下的可保利益）。

（10）其他险别

其他通常的、合理的或为遵循贷款人要求或适用法律要求所必需的保险。

3. 联名保险及赔偿

洪泽县城建办应为本附件中所有适当注明的保险项下的被保险人（或被保险人之一）。项目公司应促使保险商放弃在本附件中规定的全部保险项下其可能拥有或获得的对洪泽县城建办的任何及全部代位追偿权，无论洪泽县城建办是否为该等保险项下的被保险人。

4. 保险商及保险单据

项目公司应在获准在中国经营保险业务的、具有良好信誉并经洪泽县城建办同意的保险商处保持完全有效的保险，并向洪泽县城建办提供所有的保险证书，证明项目公司已按照洪泽县城建办要求获得了保险单据，同时向洪泽县城建办提供全部保险单据的复印件及保险费已付凭据的复印件。项目公司一旦收到续保证书和保险批单凭据应及时提交给洪泽县城建办。

保险单应包括保险商就以下各项做出的确认：

（a）保险商已经获得充分的信息以便在假设该等信息不存在实质性误导的前提下评估对保单项下所有风险进行承保的风险；

（b）就其同意为洪泽县城建办提供共同保险的决定而言，保险商并未依赖或要求任何信息；

（c）洪泽县城建办没有授权任何人，就洪泽县城建办成为或作为共同被保险人代其做出任何声明。

5. 未能获得和保持保险

如果项目公司未取得或拒绝取得本附件所述的保险或未向洪泽县城建办提供上述第 4 条所述的保险单、保险费付款凭据、续保证明及保险批单凭据等的复印件，则洪泽县城建办应有权购买这类保险，费用由项目公司承担。在这种情况下，经洪泽县城建办要求，项目公司应及时支付给洪泽县城建办其为购买该类保险支付的款项。项目公司未取得或拒绝取得上述保险并不解除或限制其在本协议项下规定的任何义务和责任。

6. 索赔及协助通知

项目公司和洪泽县城建办应遵守对其适用的保险单的条款及条件，并应遵循与保险商订立的索赔管理程序。该索赔管理程序应符合同类项目的合理的和惯常使用的条款。在准备文件及就索赔进行谈判方面，各方均同意向对方提供合理的协助。当本附件中任何保险单项下的任何索赔可能超过_____万元时，项目公司应通知洪泽县城建办并不时向洪泽县城建办提供其合理要求的有关保险单项下索赔的任何信息。

7. 修复及修理，索赔款项

在建筑安装工程一切险、财产一切险及机器故障损坏险项下项目公司可获得的索赔款项应用于对保险标的的灭失或损害进行恢复及修理。业务中断险项下获得的赔款用于偿还贷款及项目公司的规定常规费用。第三者责任险的赔偿款项应支付给有权获得赔偿的个人或组织。未经洪泽县城建办书面同意（洪泽县城建办不得无理拒绝同意），项目公司及保险商不得就超过_____万元的任何索赔达成妥协。

8. 通知洪泽县城建办

就根据本附件投保的所有保险，项目公司应促使保险商在保险条件中规定，在任何保险责任的取消、终止、期满或中止和/或保险的任何重大改变或保险金额的任何减少或责任限额的任何降低生效之前至少三十（30）日通知洪泽县城建办。

附件 6 履约保函格式

致：地址：

　　洪泽县县城建设指挥部办公室

　　邮政编码：

　　鉴于 [＿＿＿＿＿＿＿＿＿＿] [项目公司的名称和地址]（"项目公司"）已承诺根据于 2015 年＿＿月＿＿日签订的 PPP 项目特许经营协议融资、建设、运营、维护和移交洪泽湖生态环境提升工程美丽蒋坝一期项目；

　　鉴于项目公司与洪泽县城建办在 PPP 项目特许经营协议中同意，项目公司应向洪泽县城建办提交由经洪泽县城建办认可的银行 / 金融机构出具的首次要求即付的履约保函，以该履约保函中所述的金额保证项目公司履行其在 PPP 项目特许经营协议项下有关运营维护项目设施以及遵守项目公司在 PPP 项目特许经营协议中给予的保证的义务；

　　我们＿＿＿＿＿＿＿＿[银行 / 金融机构名称] 注册地为＿＿＿＿＿＿＿＿，并通过我们位于＿＿＿＿＿＿＿＿的＿＿＿＿作为代表，我们特此确认，我们作为担保人并代表项目公司向洪泽县城建办提供担保总额为人民币陆仟伍佰万（65，000，000）元的见函即付的连带责任履约保函。我们承诺，在收到洪泽县城建办第一次书面要求后的五（5）个工作日内，我们将无可争辩地按洪泽县城建办的要求支付本履约保函金额限度内的任何一笔或数笔款项，并且洪泽县城建办无须出具证明或陈述要求支付该等款项的理由，但是洪泽县城建办将在每份书面要求中说明：其所要求支付的数额是由于项目公司在履行 PPP 项目特许经营协议项下有关运营、维护或移交项目设施的义务方面发生违约或违反其按照 PPP 项目特许经营协议及其附件所做的保证而导致的应付给洪泽县城建办的款项。

　　我们在此放弃要求洪泽县城建办在向我方提出付款要求之前首先向项目公司提出付款或对项目公司提起诉讼或仲裁的要求。

　　我们还同意，洪泽县城建办与项目公司之间可能对 PPP 项目特许经营协议或任何其他文件的条款所做的任何更改或补充或任何其他修改，绝不免除我方在本履约保函项下应承担的责任，我们在此放弃对此类更改、补充或修改给予通知的要求。

本履约保函有效期自 201＿＿年＿＿月＿＿日起，至本履约保函生效之日后十二（12）个月结束之日，即 201＿＿年＿＿月＿＿日止。

洪泽县城建办在本履约保函项下的书面要求必须在本履约保函有效期限内送达我们，否则我们在该保函项下的责任自动解除。

在到期日，履约保函在用于支付到期日前按本保函要求支付的所有款项后，由洪泽县城建办予以解除。

如果在本履约保函到期的三十（30）日前，我们未能向洪泽县城建办出具一份用以替换本履约保函的保函，洪泽县城建办有权兑取本履约保函届时所剩余的全部金额。

本保函不得转让。我们对除洪泽县城建办或其继承实体（根据 PPP 项目特许经营协议的规定）以外的任何组织或个人不承担担保责任。

本履约保函应适用中华人民共和国法律并根据中华人民共和国法律解释。

本履约保函超过有效期或我们在本履约保函项下的担保义务履行完毕，保函即行失效。

本履约保函中使用的所有术语具有特许经营权协议中规定的含义，我们确认已收到特许经营权协议的一份复印件。

银行/金融机构盖章＿＿＿＿＿＿＿＿

银行/金融机构名称：＿＿＿＿＿＿＿

银行/金融机构地址：

签字：＿＿＿＿＿＿＿

姓名：＿＿＿＿＿＿＿

职务：＿＿＿＿＿＿＿

日期：＿＿＿＿＿＿＿

附件 7 技术方案和完工资料

　　本附件对项目公司具有约束力。本附件的内容在项目公司按照第 6.6.4 款向洪泽县城建办提交全部图纸及技术细节等完工资料后，该等完工资料即代替本附件原有内容，仍对项目公司具有约束力。

　　（一）投标文件中的技术方案部分

　　（二）对技术方案的补充事项

第六部分　运营服务协议

洪泽湖生态环境提升工程美丽蒋坝一期项目

运营服务协议

二〇一五 年 九 月日

美丽蒋坝项目一期项目运营服务协议

前言：

本协议于 2015 年____月____日由下列各方在中华人民共和国江苏省洪泽县正式签署：

甲方：洪泽县县城建设指挥部办公室（下称"洪泽县城建办"），系按照中华人民共和国（下称"中国"）法律正式组织和存续的事业单位，其住所为_____，负责人为_____。

乙方：_____，系按照《中华人民共和国公司法》及其他有关法律法规设立、登记、注册及运作的有限责任公司，其住所为_____，法人代表为_____。

鉴于：

洪泽县城建办已与项目公司签署了《洪泽湖生态环境提升工程美丽蒋坝一期PPP 项目特许经营协议》，授予项目公司特许经营权；为此，双方就以下内容达成协议并共同遵守执行：

第一章　定义与解释

1.1 定义

在本协议中，下述用词及语句具有下列含义：

"项目设施"	指洪泽湖生态环境提升工程美丽蒋坝一期项目提供服务所需的和所附带的所有固定资产、可移动资产及所有为实现项目协议目的所需用的相关设备和设施等。
"工程"／"项目工程"	指洪泽湖生态环境提升工程美丽蒋坝一期项目。
"本项目"	指项目公司投资、建设、运营、维护洪泽湖生态环境提升工程美丽蒋坝一期项目内全部设施；至特许经营期满把全部项目设施完好、无偿移交给洪泽县人民政府或其指定机构，并保证项目设施正常运行的所有相关活动。
"本协议"	指洪泽县城建办与项目公司签订的，对项目公司在运营期内运营和维护项目实施监管的协议，包括所有附件以及日后可能签订的任何本运营服务协议之补充修改协议及其附件。

"特许协议"	指由洪泽县城建办和项目公司于生效日签署的洪泽湖生态环境提升工程美丽蒋坝一期 PPP 项目特许经营协议。
"批准"	指项目公司需从政府获得的为本项目的投资、建设、运营和维护所需的许可、执照、同意、授权、批准、特许经营权、认可或相同及类似的文件。
"中国法律法规"	指现有的和将来不断修订的公开发布并实施有效的国家法律、法规和地方规章。
"法律变更"	指（a）在本协议签订日之后，任何中国法律和法规的实施、颁布、修改、废除或重新解释，或（b）在本协议签订日之后，某一政府部门对任何批准的颁布、延期，或修改附加了任何实质性的条件。无论是哪一种情况，导致对本项目实施的要求和项目公司的经济利益发生了实质性变化。
"法律适用"	指所有适用的中华人民共和国法律、法规、规章和政府部门颁布的规章、政策、技术标准、技术规范及其他适用的强制性要求。
"生效日"	指洪泽县城建办和项目公司经洪泽县政府审批正式签署《PPP 项目一期项目特许经营协议》、《洪泽湖生态环境提升工程美丽蒋坝一期项目运营服务协议》后，洪泽县政府向项目公司移交项目土地之日。
"商业运行日"/ "开始商业运行日"	指根据特许协议第 7.3.1 款确定的完工日之次日。
"运营期"	指自商业运行日起至特许经营期结束日止的期间（含本日）。
"运营日"	指每日从 00：00 时开始至同日 24：00 时止的二十四小时。
"运营月"	指运营期内任一个月期间，但第一个运营月应在商业运行日开始，至该月的最后一个日历日结束，最后一个运营月应在该月 1 日开始，至特许经营期结束之日止。
"运营年"	指运营期内任一年度期间，但第一个运营年应在商业运行日开始，至该年度的 12 月 31 日结束；最后一个运营年应在该年度的 1 月 1 日开始，至特许经营期结束之日止。
服务量	指项目公司实际服务量，包括温泉养生接纳能力、温泉酒店房间入住率、融合式旅居村出租面积。
"实际服务量"	指项目公司统计的每日实际服务量。
"初始服务单价"	指运营期初，根据市场行情确定的温泉养生服务费单价、温泉酒店房价、融合式旅居村租金以及其他旅游服务单价，以后各运营年服务单价根据调价公式调整。
"可行性缺口补贴"	指按本协议所确定的由洪泽县财政部门向项目公司支付的可行性缺口补贴费用。
"初始政府可行性缺口补贴总额"	指社会资本合作方在递交的投标文件中标明的自洪泽湖生态环境提升工程美丽蒋坝项目正式商业运营日始至特许经营期结束后的初始政府补贴总额。

"初始年均可行性缺口补贴金额"	指社会资本合作方在递交的投标文件中标明的自洪泽湖生态环境提升工程美丽蒋坝项目正式商业运营日始至特许经营期结束后的初始政府年均补贴总额,并将政府补贴总额平均分配到每年运营期内补贴的金额。
"政府可行性缺口补贴总额"	指项目公司按照《PPP 项目特许经营协议》、《洪泽湖生态环境提升工程美丽蒋坝一期项目运营服务协议》和《投资合作协议》的要求,完成全部建设任务后,根据实际完成的全部建设成本和投标文件自报的投资回报率并经政府部门审计审定的在运营期内政府补贴总额。
"年均可行性缺口补贴金额"	指项目公司按照《PPP 项目特许经营协议》、《洪泽湖生态环境提升工程美丽蒋坝一期项目运营服务协议》和《投资合作协议》的要求,完成全部建设任务后,根据实际完成的全部建设成本和投标文件自报的投资回报率并经政府部门审计审定的在运营期内政府补贴总额,并将政府补贴总额平均分配到每年运营期内补贴的金额。
"温泉养生服务费"	指项目公司按《洪泽湖生态环境提升工程美丽蒋坝一期项目运营服务协议》运营温泉养生项目获得的使用者付费的服务费。
"温泉酒店住宿费"	指项目公司按《洪泽湖生态环境提升工程美丽蒋坝一期项目运营服务协议》运营温泉酒店项目获得的使用者付费的服务费。
"融合式旅居村租金"	指项目公司按《洪泽湖生态环境提升工程美丽蒋坝一期项目运营服务协议》运营融合式旅居村项目获得的使用者付费的租金。
"其他旅游收入"	指项目公司按《洪泽湖生态环境提升工程美丽蒋坝一期项目运营服务协议》增加旅游景点服务项目获得除"温泉养生服务费、温泉酒店住宿费、融合式旅居村租金"以外的使用者付费的服务费。
"超额利润"	指运营期末年,若经审计的项目公司投资回报率大于8%,项目公司净利润总额与投资回报率为8%时净利润总额之差为超额利润,投资回报率以项目公司经审计的总投资为计算基础。
"不可抗力"	具有第十章所确定的含义。
"政府"/"政府部门"	指中华人民共和国政府及其下属部门、江苏省、洪泽县及其任何下属部门,以及对项目公司、本项目或其任何部分具有管辖权的中华人民共和国政府或江苏省、洪泽县政府的任何部门、机构、组织、代理机构。
"项目协议"	指本项目投资合作协议、PPP 项目特许经营协议、运营服务协议和投资合作协议的总称。
"项目文件"	指本协议(包括附件)、建筑承包协议、设备及材料供应协议、项目公司的合作协议、章程、融资文件及其他与本项目的开发、投资、融资、设计、建设、设备采购、安装、测试、运营及维护有关的协议。

"谨慎运营惯例"	指大部分中国的温泉养生、温泉酒店、疗养、养老服务、餐饮等特色度假旅游服务运营企业对于同资源采用或批准的惯例、方法及做法（包括大部分中国温泉养生、温泉酒店、疗养、养老服务、餐饮等特色度假旅游服务运营企业所采用的国际惯例、方法及做法），在按照已知事实或做决策时通常应了解的事实进行合理判断的过程中，上述惯例、方法及做法应随时以符合法律、法规、可靠性、安全性、环境保护、经济而快捷的方式达成预期的结果。就本项目而言，谨慎运营惯例应包括、但不限于采取合理的步骤，以保证： （1）满足正常条件下及合理预测的非正常条件下本项目建设和运营需求的充足材料、资源和供应。 （2）拥有足够数量、充足经验并经过适当培训的工作人员，以恰当有效地按照制造商的标准和技术规范运营本项目设施并处理紧急情况。 （3）由知识丰富且受过培训和富有经验的人员适当使用设备、工具和程序进行保护性日常和非日常维护和修理，以保证本项目设施长期、可靠和安全地运营。 （4）进行恰当的监测和调试，以保证设备按照设计功能运行，并为设备在正常和紧急状态下均能正常运行提供保证。 （5）安全操作设备并保证工人、公众及环境的安全。
"违约"	指一方不履行本协议约定的应当由其承担的合同义务。
"违约利率"	指违约事件发生时适用的中国人民银行规定的一年期贷款利率加一个百分点。
"工作日"	指中国法定节假日以外的公历日。

1.2 解释

1.2.1 解释规则

（a）协议文件

本协议包括附件1至附件2，每一份附件都应被视为本协议的一部分。

（b）完整的协议

本协议构成双方对本项目的完全的理解，代替双方以前所有的有关本项目的书面和口头陈述或安排。

（c）修改

本协议任何修改、补充或变更只有以书面形式并由双方授权代表签字方可生效。

（d）可分割性

如果本协议任何部分被法院宣布为无效，本协议其他部分仍然有效和可执行。

（e）本协议与附件的一致性

在整个特许经营期内，本协议附件的解释应与本协议保持一致。如果项目文件之间出现矛盾或不一致的地方，则应以本协议为准。

1.2.2 解释

在本协议中：

（11）人民币指中华人民共和国法定货币；

（12）标题仅为方便设定，不构成对本协议的解释；

（13）除本协议上下文另有规定外，参照的条款和附件均为本协议的条款和附件；

（14）除非本协议上下文另有规定外，"一方"或"各方"应视为本协议的一方或各方；本协议、项目协议和融资文件的各方均包括其各自的继任者和获准的受让人；

（15）所指的日、星期、月份和年均指公历日、星期、月份和年；

（16）除本协议上下文另有规定，"包括"一词在任何时候应被视为与"但不限于"连用；

（17）除本协议另有规定外，本协议中使用的"天"、"日"均指日历日；

（18）所指的协议是指列举的和作为附件的协议，并且在任何情况下均指对该协议不时所做的补充和修改；

（19）所指的维护应始终解释为包括修理和更换，除非上下文另有规定。

第二章　声明和保证

2.1 洪泽县城建办的声明和保证

洪泽县城建办在此声明：

（1）洪泽县城建办已经获得洪泽县政府的授权签署和履行本合同，洪泽县城建办完全有权签署本协议，并有能力履行本协议项下的义务。

（2）本合同一经签订，即对洪泽县城建办具有完全的法律约束力，签订和履行本合同不会导致洪泽县城建办违反对其具有约束力的任何法律、法规和合同性文件的规定，或者与之有利益冲突。

（3）不存在任何与本项目有关的由洪泽县城建办作为一方签署、并可能对本项目或项目公司产生重大不利影响的合同、协议和 / 或任何未决或即将进行的诉讼。

（4）洪泽县城建办有义务并有能力在特许经营期内向项目公司无偿提供协助，并按照运营服务协议的规定，申请洪泽县财政部门向项目公司支付可行性缺口补贴。

（5）本协议不限制洪泽县城建办的法定权力，洪泽县城建办有权根据法律、法规和本协议的约定对本协议项下的特许经营进行监管。

2.2 项目公司的声明和保证

项目公司在此声明：

（1）项目公司为一家由【选定的社会资本合作方名称】为本协议实施之目的，依照中华人民共和国法律与洪泽县国有出资人在洪泽县共同设立的有限责任公司。项目公司将有权根据其批准文件、工商登记文件、章程性文件从事温泉养生、温泉酒店、疗养、养老服务、餐饮等特色度假旅游服务，并履行其作为本协议一方的每一项承诺下的所有义务。

（2）项目公司已经取得了与签署和履行本合同有关的一切内部、外部的授权和许可，并有能力履行本协议项下的义务。

（3）本合同一经签订，即对项目公司具有完全的法律约束力，签订和履行本合同不会导致项目公司违反对其具有约束力的任何法律、法规和合同性文件的规定，或者与之有利益冲突。

（4）项目公司在其成立后至签署本协议前，不存在任何与本项目有关的由项目公司作为一方签署、并可能对本项目或洪泽县城建办产生重大不利影响的合同、协议和 / 或任何未决或即将进行的诉讼。

（5）项目公司具备相应的财务能力、营运能力、人力资源、技术支持和经验实施本项目并履行其在本协议下的每一项义务。

（6）在特许经营期内，项目公司可在项目贷款银行设立可行性缺口补贴的专户。

（7）本协议不限制洪泽县城建办的法定权力，洪泽县城建办有权根据法律、法规和本协议的约定对本协议项下的特许经营进行监管。

2.3 对虚假声明和保证的赔偿责任

在不影响本协议其他条款规定的情况下，如果任一方在本章所做的声明和保证被证明在做出之时在实质方面不正确，另一方有权就其因此所受的任何损害获得赔偿。该等损害指任何一方在谈判、准备和终止本协议时产生的所有费用及开支，但赔偿数额不应与特许协议第十七章规定的提前终止补偿金额重复计算。

2.4 履行义务的前提条件

本协议项下项目公司提供温泉养生、温泉酒店、融合式旅居村以及其他旅游服务的义务以及洪泽县城建办接受以上服务并申请洪泽县财政部门为此付款的义务，应自开始商业运行日起。

第三章　期限

本协议自生效日起生效，至特许经营期限届满时止。在整个特许经营期内保持完全有效，除非根据特许协议的规定终止。

第四章　洪泽县城建办的权利和义务

4.1 洪泽县城建办的主要权利

4.1.1 于本协议有效期限内，根据适用法律和本协议的规定对项目公司进行行业监管，包括：

（1）制定和调整本项目服务质量标准；

（2）审核和监控项目公司的生产和服务成本；

（3）检查和监控本协议项下温泉养生、温泉酒店、融合式旅居村租赁及其他旅游设施的服务质量，包括温泉养生、温泉酒店、疗养、养老服务、餐饮等服务质量标准等；

（4）组织专家或者聘请专业机构对特许经营情况进行三年一期的中期评估，特殊情况下实施年度评估；

（5）根据适用法律的规定依法查处项目公司的违规行为；

（6）依法审查项目公司的年度生产经营报告，并向洪泽县城建办提交对其进行监督、检查的书面报告；

（7）对项目公司的年度生产经营计划提出意见和建议；

（8）法律法规约定的其他内容。

4.1.2 对项目公司随时检查其日常运营情况，在不影响项目公司正常运营的情况下，随时检查温泉养生、温泉酒店、融合式旅居村及其他旅游设施。

4.1.3 依法受理、调解、查处社会公众对项目公司的投诉。

4.1.4 紧急情况时临时接管温泉养生、温泉酒店、融合式旅居村及其他旅游设施或采取其他合理措施。

4.1.5 法律、行政法规规定的其他职权。

4.2 洪泽县城建办的主要义务

4.2.1 在其职责范围内为项目公司的生产经营管理活动提供必要的服务和便利条件，主动或者根据其要求，会同有关部门协助其解决生产经营管理中的困难。

4.2.2 除非本协议另有规定，洪泽县城建办应确保在整个特许经营期内对本次特许经营范围以外温泉养生、温泉酒店、融合式旅居村及其他旅游设施的管理不会对本协议项下温泉养生、温泉酒店、融合式旅居村及其他旅游设施的运营产生不利影响，并且按符合双方在本协议项下各自的权利和义务的方式进行。但上述规定在任何情形下均不应被解释为要求洪泽县城建办做出可能违反适用的中国法律，或可能对温泉养生、温泉酒店、融合式旅居村等的安全或可靠性产生不利影响的任何行为。

4.2.4 充分听取并采纳项目公司的意见及合理化建议，不断改进和完善工作方法及监管手段。

4.2.6 协助项目公司以不低于其他商业用户的条件，获得运营和维护项目设施所需的所有公用设施条件的供应，包括电、水、道路和通讯等。

4.2.7 应尽最大努力为项目公司争取相关的政策优惠，包括但不限于税、费减免等。

第五章 项目公司的主要权利和义务

5.1 项目公司的主要权利

5.1.1 于本协议有效期限内，享有充分、完整、独立及自主的生产经营管理权和决策权。

5.1.2 于本协议有效期限内，对提供的温泉养生及其他旅游服务有相应的收益权。

5.1.3 对因不可抗力或因出于社会公众利益的需要或因紧急情况下项目设施被

依法征用等因素提前终止特许经营权而导致其经济利益受到损害时，享有给予合理补偿的请求权。

5.2 项目公司的主要义务

5.2.1 从商业运行日起，项目公司应提供温泉养生及其他旅游服务，但采用的服务方式必须符合国家相关法律法规、技术规范及相关标准的要求。

5.2.2 对洪泽县城建办根据项目协议对项目设施的监督检查予以尽力的配合与协助。

5.2.3 项目公司在特许经营期内未经洪泽县城建办书面同意，不得对外投资或从事超出其经营范围的活动。

5.2.4 项目公司应于每年 11 月 30 日之前提交下一运行年维护计划，将其下一年度的重大维护和更新计划书面通知洪泽县城建办。

5.2.5 项目公司应在中长期经营计划、年度工作报告和董事会决议做出后五（5）个工作日内，将该文件报送洪泽县城建办备案。

5.2.6 自项目商业运行日后第二个运营月起，项目公司应于每月五（5）日前向洪泽县城建办提交按格式填写的本项目设施上一运营月的运营记录。最后一个运营月的运营记录应当在该运营月结束后的五（5）日内提交。

5.2.7 项目公司应按照下述规定的时间和要求，向洪泽县城建办提交全面反映其经营情况各个方面的下列财务报表和其他报表：

（1）每年 4 月 30 日之前，提交上一年度按法律适用和普遍认可的中国会计准则、制度和惯例按中国企业会计准则和会计制度编制的经审计的年度财务报表，包括资产负债表、损益表和现金流量表；

（2）每月 15 日之前，提交上一个运营月项目公司每个运营月成本表和人工、能源消耗量；

（3）洪泽县城建办对项目公司监督应遵守法律和本协议约定。合理要求调取的有关项目公司财务状况的其他资料，项目公司应予支持。

5.2.9 根据适用法律和谨慎运营惯例编制温泉养生、温泉酒店、融合式旅居村及其他旅游设施的运营维护手册。运营维护手册在运营期内应根据温泉养生、温泉酒店、融合式旅居村及其他旅游设施运营和维护的实际情况随时进行修改、补充和完善。运营维护手册应包括如下内容：

（1）项目设施进行定期和年度检查、日常运行维护、大修维护和年度维护的程序和计划，以及调整和改进检验及维护安排的程序和计划并制定应对突发事件的应急服务预案。

（2）列明温泉养生、温泉酒店、融合式旅居村及其他旅游设施正常运营所需的消耗性备品备件和事故抢修的备品备件以及对项目设施的更新改造计划。

5.2.10 在不损害上述一般原则的前提下，项目公司应保证在整个运营期内：

（1）始终按照本协议的规定、谨慎运营惯例、运营维护手册以及与项目设施有关的设备的制造商提供的一切有关手册，指导和建议运营项目设施；

（2）使项目设施处于良好的运营状态并能够安全稳定地按照温泉酒店服务标准提供温泉养生和温泉酒店住宿服务；

（3）项目设施的运营与维护应符合适用法律和中国国家行业规范、标准〔包括《中国旅游饭店行业规范》、《江苏省乡村旅游区（点）质量等级划分与评定》（DB32/T 1666-2013）〕的要求。

5.2.11 项目公司在特许经营期内应按照行业惯例谨慎运营洪泽湖生态环境提升工程美丽蒋坝一期项目工程，项目公司应：

（1）在特许经营期间有义务根据适用法律和本协议的约定，负责运营资产的日常运营、维护、大修，保证温泉养生、温泉酒店、融合式旅居村及其他旅游设施处于良好运行状态。

（2）项目公司设立专门大修基金账户，专款专用，接受甲方的监督，大修计划经甲方认可后项目公司可以进行设备的维修和重置；

（3）项目公司根据甲方的认可对已达到使用年限、无法继续使用的设备进行重置。若因项目公司使用不当等原因造成重置的设备未达到使用年限的，由项目公司支付设备未达到使用年限的补偿费用。

5.2.12 项目公司应积极配合洪泽县有关部门的创建、迎检、学习参观等各项活动，前提是该等活动不影响温泉养生、温泉酒店、融合式旅居村及其他旅游项目正常生产经营。

第六章 技术规范和要求

6.1 总体技术要求

6.1.1 本项目的运营服务应采用成熟、可靠的技术和装备，做到项目整体功能完整、技术先进、运行可靠、维修方便、保护环境、安全卫生、经济合理、管理科学；确保洪泽湖生态环境提升工程美丽蒋坝一期工程建设质量与项目运行的安全、可靠，满足国家有关旅游资源运营、管理技术标准和规范的各项要求。

6.1.2 总体技术要求

6.2 温泉养生、温泉酒店运营要求

6.3 融合式旅居村运营要求

6.4 其他旅游设施运营要求

6.5 服务标准

6.6 洪泽县城建办的核实和抽查

（1）洪泽县城建办有权指定代表在任何时候对项目公司的运营过程、结果、设备和仪器进行现场检查和检测。

（2）洪泽县城建办有权委托有资质的检测机构对服务质量进行不定期抽检。

（3）洪泽县城建办核实或抽查的结果与项目公司自检结果不一致时，以洪泽县城建办检测结果为准。如果项目公司对此有异议，以双方共同委托经双方认可的有资质的国家有权部门的检测结果为准。

（4）洪泽县城建办或受其委托的检验机构进行上述核实、抽查或检查的费用应由洪泽县城建办承担，但是如果核实、抽查或检查的结果表明项目公司的检测程序不符合规定、检测设备超出允许误差或其检测结果不真实，则项目公司应负担该等费用。同时项目公司应立即纠正其不符合要求的检测程序、调整检测设备，并承担相应的违约责任。

6.7 暂停服务恢复期

（1）项目公司计划内减量服务或计划外暂停服务等非其自身原因导致其暂停服务产超过七（7）天而恢复运营时，考虑到恢复要有一个时间过程的因素，故双方商定：允许其有 7-15 天的恢复期，超过此期限而服务质量未达标，项目公司将承担本协议约定的责任；

（2）项目公司计划内减量服务或计划外暂停服务等非其自身原因导致其停产超过七（7）天而恢复运营时，考虑到恢复要有一个时间过程的因素，故双方商定：允许其有 7-15 天的恢复期，超过此期限而服务质量未达标，项目公司将承担本协议约定的处罚；

（3）非因项目公司原因造成的暂停服务恢复期内的未达标检测项次不纳入月综合达标率的考核。

第七章　服务量和可行性缺口补贴

7.1 实际服务量的确定

项目公司在运营月结束后的次运营月前三（3）个工作日内统计当月实际服务量，统计结果计入月报，当年实际服务量为每个月实际服务量之和。

7.2 初始服务单价的确定

在正式商业运营日，洪泽湖生态环境提升工程美丽蒋坝一期项目初始温泉养生服务费单价、温泉酒店房价、融合式旅居村租金以及其他旅游服务单价，根据市场行情确定，以后各运营年服务单价根据调价公式（附件 2）调整。

7.3 其他盈利点确定

项目公司应寻找其盈利点，增加他旅游服务的收入，提高项目公司服务水平，其他旅游收入全部计入项目公司营业收入。

7.4 营业收入确定

项目公司营业收入包括但不限于温泉养生服务费、温泉酒店住宿费、融合式旅居村租金以及其他旅游服务收入。

7.5 可行性缺口补贴的确定

7.5.1 可行性缺口补贴实行按年支付，政府实际支付可行性缺口补贴公式如下：

实际支付可行性缺口补贴=年均可行性缺口补贴金额-违约金（如有），扣10%作为项目投资回报率考核的调整，运营期末年综合计算结算。

（1）若当年实际服务量高于0.6倍基本服务量，政府实际支付可行性缺口补贴为年均可行性缺口补贴金额。

（2）若当年实际服务量低于0.6倍基本服务量，政府实际支付可行性缺口补贴等于年均可行性缺口补贴金额扣除违约金之差。

7.5.2 洪泽县城建办应从商业试运行日起每年向洪泽县财政部门申请向项目公司支付可行性缺口补贴。

7.5.3 基本服务量

（1）本项目服务量取决于项目公司的经营能力，本项目特许经营期间，基本服务量按如下设置：

基本服务量明细表

项目	年运营天数	设计服务量（每天）	基本服务量（每天）	基本服务量（每年）
温泉养生年服务量（人次）	225（300*75%）	1800*50%	900	202500
温泉酒店入住房间（间）	300	112*50%	56	16800
融合是旅居村出租面积（平方米）	300	15000*50%	7500	2250000

（2）除本协议另有规定外，在项目公司根据上述基本服务量和第6.5条达标服务的前提下，洪泽县城建办应根据7.5.1条向洪泽县财政部门申请支付项目公司可行性缺口补贴。

（3）暂停服务期间，洪泽县城建办按照项目公司的实际服务量向洪泽县财政部门申请支付可行性缺口补贴。

7.5.4 服务量计算与超额利润分配

（1）如果在运营期内的任一运营月，项目公司的月服务量为该月每日实际服务量之和，年实际服务量为每月实际统计服务量之和。

（2）运营期末，在项目公司根据第6.5条达标服务的前提下，洪泽县城建办根据项目公司提交的材料审核本项目投资回报率，若投资回报率超过8%，则由政府享受超额利润，洪泽县城建办向洪泽县财政部门申请从扣下的可行性缺口补贴累计额中扣除超额利润，剩余部分可行性缺口补贴一次性支付给项目公司，若可行性缺口补贴总额不足以抵扣超额利润，则洪泽县城建办有权从履约保函中提取不足部分。

第八章　开票和付款

8.1 账单和发票

8.1.1 洪泽县城建办向洪泽县财政部门申请支付可行性缺口补贴的先决条件是：

8.1.1.1 项目公司须根据合同的相关条款和条件，完成下述事项：

（a）按照洪泽湖生态环境提升工程美丽蒋坝一期 PPP 项目特许经营协议规定提交了运营期履约保函；

8.1.1.2 项目公司须根据合同的相关条款和条件，向洪泽县城建办提交如下文件：

（a）项目公司设立的全套法律文件的复印件，包括但不限于洪泽县相关主管部门颁发的企业营业执照、税务登记证等；

（b）与本项目相关的所有融资文件复印件；

（c）洪泽湖生态环境提升工程美丽蒋坝一期 PPP 项目特许经营协议规定的同项目设计、建设、竣工相关所有合同、文件、批文、批准证书以及设备资料等资料的复印件；

（d）按照 PPP 项目特许经营协议规定的所有保险单的副本。

8.1.2 项目公司应在每个运营月结束后的次运营月前三（3）个工作日内，应上报规定的月报至洪泽县城建办，洪泽县城建办或其指定机构有权对项目公司进行审计。

8.1.3 洪泽县城建办或其指定机构在运营年前六个运营月结束后的第七个运营月前十五（15）个工作日内对项目公司考核一次，考核内容包括但不限于服务量、赢利点、营业收入，考核结果应形成书面报告，并在考核结束后的三（3）个工作日内通知项目公司。项目公司如对考核结果有任何争议，应在接到考核报告七（7）个工作日通知洪泽县城建办，如果未发出通知，有关的考核报告应视为无争议。

8.1.4 项目公司应在每个运营年结束后的次运营年前十五（15）个工作日内，

按照洪泽县城建办规定的格式，向洪泽县城建办递交可行性缺口补贴支付申请（付款通知），同时应上报规定的年报至洪泽县城建办，洪泽县城建办或其指定机构有权对项目公司进行审计。

8.1.5 洪泽县城建办在收到项目公司递交申请之日（"申请日"）起，应对项目公司送交的申请和年报的结果进行复核，并在确认无争议金额后在申请日后的十五（15）个工作日内向项目公司支付当年应付可行性缺口补贴的百分之九十（90%），其余部分将在运营结束后与项目公司进行核算。项目公司应在收到洪泽县财政部门支付的可行性缺口补贴后三（3）个工作日内，向洪泽县财政部门提交税务部门规定的专用发票。

8.1.6 洪泽县城建办对项目公司递交的申请如有任何争议，应在收到申请后七（7）个工作日内通知项目公司。如果未发出通知，有关的申请应视为无争议。对于无争议的申请，洪泽县城建办向洪泽县财政部门申请应支付可行性缺口补贴。

如果洪泽县城建办对申请的任何部分有争议，项目公司应当给予解答，双方应为解决争议进行协商，协商期为七（7）个工作日或按双方约定的更长期间。

8.2 逾期付款

8.2.1 本协议项下任何逾期未付款项，应从到期应付之日起至付款方实际付款之日止，按违约利率支付违约利息。

8.2.2 任何有争议的款项，经双方达成一致意见或根据第 12 章解决之后，实属到期应付的，洪泽县城建办应向洪泽县财政部门申请支付给项目公司，并从原到期应付之日起按违约利率计息；不属到期应付的，如已支付，则项目公司应立即归还给洪泽县财政部门，或由洪泽县城建办选择从应支付的次年可行性缺口补贴中扣除，并从支付该等款项之日起按违约利率计息。

8.3 地点

8.3.1 一方根据本协议向另一方支付的所有款项，应汇入对方为此而通知指定的机构或银行账户。项目公司和洪泽县城建办应在生效日期之后七（7）日内明确告知对方其为本协议之目的而设置的银行账户详细信息。

8.3.2 项目公司指定的银行账户开户行的处所应在洪泽县，一方如需改变银行账户，应提前至少七（7）个工作日书面通知对方。

8.4 货币

本协议下的任何应付款项，一律以人民币支付。

第九章　暂停服务

9.1 计划内减量服务

（2）项目公司在每一运营年开始前三十（30）日，应向洪泽县城建办提交该年度的计划内减量服务的时间表。每一运营年计划内减量服务量不得少于基础服务量的 40%。洪泽县城建办应在该运营年开始前七（7）个工作日做出批准或不批准的决定。项目公司应根据洪泽县城建办对计划内减量服务时间表的意见修改计划内减量服务时间表，直至取得洪泽县城建办的批准。

（3）如果有计划内减量服务，项目公司应提前至少十五（15）天将计划内减量服务的预定开始与结束时间、预定持续时间书面通知洪泽县城建办。洪泽县城建办应在预定日期之前至少五（5）个工作日确认批准或不批准提议的计划内减量服务。如项目公司所申请的计划内减量服务起止时间与经批准的计划内减量服务时间表一致，洪泽县城建办应当批准项目公司的减量服务申请。如果洪泽县城建办没有在计划内减量服务之前五（5）个工作日给予书面答复，计划内减量服务应被视为获得批准。

（4）如项目公司因项目设施运营和维护之目的，需要修改经洪泽县城建办批准的计划内减量服务时间表，应提前三十（30）日向洪泽县城建办提交减量服务的书面申请和预定的减量服务起止时间并附有在维修期间维持部分运营的措施方案。如项目公司申请的减量服务时间表不影响公共利益，洪泽县城建办应当批准项目公司的减量服务申请，但项目公司应采纳洪泽县城建办有关减量服务的建议或意见。

（5）项目公司应尽最大努力使得计划内减量服务的影响减到最小，以使项目设施在计划内减量服务期间保持日均接纳能力至少二分之一额定服务量的运营能力。

（6）项目公司提供的通知将包括以下内容：

（a）计划内减量服务的范围和理由；

（b）计划内减量服务的时间；

（c）计划内减量服务期间预计能够达到的服务量；

（d）恢复服务量的预计时间。

（7）计划内减量服务期间的服务量纳入考核指标。

9.2 计划外暂停服务

（1）如果有计划外暂停服务，项目公司应在暂停服务发生后三（3）天内立即通知洪泽县城建办，解释暂停服务的原因、报告暂停服务可能持续的时间并提出更正暂停服务的建议。项目公司应尽其最大努力在发现或通知服务暂停后七（7）天内恢复正常服务。

（2）如果暂停服务时间预期超过七（7）天，则项目公司应采纳洪泽县城建办关于处理计划外暂停服务的建议或意见。

（3）如果必要的更改措施预期需要超过七（7）天，项目公司应通知洪泽县城建办，并应尽最大努力使得计划外暂停服务的影响减到最小。

（4）计划外暂停服务期间，项目公司应按特许协议第 18.1.3 款支付实际服务量不足违约金。

（5）非项目公司原因导致的计划外暂停服务不属于项目公司责任。

第十章　不可抗力

10.1 不可抗力

不可抗力指在签订和履行本协议时不能合理预见的；并且声称遭受不可抗力影响的一方不能克服和不能避免的事件，包括符合上述条件的：

（1）雷击、干旱、地震、火山爆发、滑坡、水灾、飓风、瘟疫；

（2）战争、恐怖行为；

（3）未经预先通知的外供电中断；

（4）全国性、地区性、城市性或行业性罢工、动乱；

（5）任何国有化征用、征收；

（6）政府禁令；

（7）导致本协议实际上无法继续履行的法律及相关政策、法规、标准的变更。

10.2 免于履行

在任何一方由于不可抗力事件使该方不能全部或部分履行其在本协议项下的义务时，根据不可抗力的影响该方可全部或部分免除在本协议项下的相应义务，本协议中有相反规定的除外。

10.3 不可抗力的通知

声称受到不可抗力影响的一方应在发生不可抗力或知道发生不可抗力后应在 15 日内书面通知另一方并并采取措施，减少损失扩大，详细描述不可抗力的发生情况和可能导致的后果，包括该不可抗力发生的日期和预计停止的时间，以及对该方履行在本协议项下义务的影响，并在另一方合理要求时提供证明。

10.4 费用的承担

除本协议或双方另有约定外，发生不可抗力时，双方应各自承担由于不可抗力造成的支出。

10.5 不可抗力发生后的处理程序

（1）如果任何不可抗力事件阻止一方履行其义务且经过努力仍无法克服，主张因不可抗力阻碍其全部或部分履行其在本协议项下义务的一方应当提交由政府有关部门或公证机构提交的证明不可抗力发生、不可抗力的程度和不可抗力所持续时间的书面材料。同时双方应本着诚信平等的原则，立即就此等不可抗力事件进行协商：

（a）如果双方自该不可抗力发生或者知道发生之日起九十（90）日内达成一致意见，继续履行在本协议项下的义务，则洪泽县城建办应按照特许协议第 17 章的规定向项目公司进行补偿；

（b）如果双方不能够在上述九十（90）日期限内达成一致意见，则任何一方有权根据特许协议规定送达终止通知立即终止本协议。

（2）因 10.5（1）（b）款终止本协议，提出终止的一方须以书面形式详细说明不可抗力事件在何种程度上导致本协议无法继续履行。

10.6 减少损失的责任和协商

受到不可抗力影响的一方应尽一切合理努力以继续履行其在本协议下的义务，尽合理的努力减少不可抗力对其造成的影响，包括根据该等措施为可能产生的结果支付合理的金额。双方应协商制定并实施补救计划及合理的替代措施以消除不可抗力的影响，并决定为尽量减少不可抗力给每一方带来的损失应采取的合理的手段。

声称受到不可抗力影响的一方在不可抗力的影响消除之后应尽快恢复履行本协议项下的义务。

10.7 不可抗力期间的可行性缺口补贴

发生第 10.1（f）、(g) 条款项下的不可抗力事件，致使项目公司温泉养生及其他旅游服务量受影响，从而使实际服务量低于基本服务量，则洪泽县城建办应向洪泽县财政部门申请按基本服务量向项目公司支付可行性缺口补贴，并且在项目公司运营受到不可抗力影响的限度内免除项目公司服务量不足和／或服务质量不合格违约金。

发生第 10.1（a）(b)、(c)、(d)、(e) 或（h）条款项下的不可抗力事件，致使项目公司温泉养生及其他旅游服务量受影响，则在该不可抗力事件持续期间，洪泽县城建办应向洪泽县财政部门申请按照实际服务量向项目公司支付可行性缺口补贴，并且在项目公司运营受到不可抗力影响的限度内免除项目公司服务量不足的违约金和／或服务质量不合格违约金。

第十一章 违约金

11.1 项目公司违约

11.1.1 实际服务量不足违约金

在运营期内的任一运营年，如年服务量未达到基本服务量 60% 的，则项目公司应向洪泽县城建办支付违约金。违约金按照下式计算：

服务量不足违约金 =（当年基本服务量 ×0.6 － 当年实际服务量）× 当年适用的基本单价 ×2

11.1.2 违反服务质量标准的违约金

在运营期内的任一运营月，如果某一运营日项目公司的温泉养生、温泉酒店、融合式旅居村以及其他旅游服务不符合质量标准，则项目公司应向洪泽县城建办就当日服务不合格违约金，服务不合格违约金根据附件 1 的规定计算。

11.2 项目公司运营期间违约金支付

项目公司应根据第 11.1 条计算应向洪泽县城建办支付的违约金金额，并在向洪泽县城建办开具账单时将该金额从可行性缺口补贴中扣减。若某运营年的可行性缺口补贴总额不足以抵扣违约金，则洪泽县城建办有权从履约保函中提取不足部分。

11.3 违约金争议

如对违约金金额有争议，应根据第 12 章解决。

第十二章 解释和争议的解决

12.1 解释

12.1.1 完整的协议

本协议构成双方对项目的完全的理解，取代双方以前所有的有关项目的书面和口头陈述、协议或安排。

12.1.2 修改

本协议任何修改、补充或变更只有以书面形式并由双方授权代表签字方可生效并具约束力。

12.1.3 可分割性

如果本协议中任何条款不合法、无效或不能执行，或者被任何有管辖权的仲裁庭或法院宣布为不合法、无效或不能执行，则

（a）其他条款仍然有效和可执行；并且

（b）双方应商定对不合法、无效或不能执行的条款进行修改或更换，使之合法、有效并可执行，并且这些修改或更改应尽可能恰如其分地平衡双方之间的利益、权利和义务。

12.1.4 协议的优先性

对本协议附件的解释应与本协议正文保持一致。如果本协议正文与其附件之间出现矛盾或不一致的地方，则应以本协议正文为准。

12.2 争议解决

12.2.1 协商解决

若项目协议各方对于由于项目协议、在项目协议项下或与项目协议有关的或对其条款的解释，包括关于其存在、有效或终止的任何问题产生任何争议、分歧或索赔，以及因履行项目协议而产生的任何争议、分歧或索赔，都应尽力通过友好协商解决。

除本协议另有规定，若在尝试友好协商解决后三十（30）日内争议仍未能得到解决，则应适用第 12.2.2 款的规定。

12.2.2 诉讼

若双方不能按照第 12.2.1 款的规定解决争议，或任何一方拒绝接受项目运营协调委员会就有关争议所作出的决定，则任何一方均有权向项目公司所在地或项目工程所在地有管辖权的人民法院提起诉讼，败诉的一方应承担并支付胜诉方在诉讼过程中所发生的一切开支和费用。

第十三章　其他

13.1.2 地址改变的及时通知

如果洪泽县城建办或项目公司更改第 21.1.1 款所述的任何具体内容，更改方必须在新的内容启用前以书面形式通知其他方。

13.2.3 协议文字和文本

本协议以中文订立，正本一式八（8）份，双方各执四（4）份。

13.3 协议生效

本协议由双方法定代表人或各自正式授权的委托代理人在本协议签字、盖章之日起生效。从即日起，本协议对双方具有约束力。

13.4 通知

13.4.1 地址

本协议项下的通知、同意或其他通讯必须以中文书写，并通过专人递交、公认的国际快递、挂号或传真按下述地址，或各方通知的其他地址或传真号码，签发各方：

甲方：洪泽县县城建设指挥部办公室　　乙方：*** 项目公司

地址：　　　　　　　　　　　　　　　地址：

收件人：　　　　　　　　　　　　　　收件人：

电话：　　　　　　　　　　　　　　　电话：

传真、电子邮件：　　　　　　　　　　传真、电子邮件

甲方：洪泽县县城建设指挥部办公室　　乙方：项目公司

　　　　　　　　　　　　　　　　　　　[　　　公司]

[印章]　　　　　　　　　　　　　　　[印章]

法定代表人/授权代表（签名）：　　　法定代表人/授权代表（签名）：

　　　　　　　　　　　　　　　　　　　日　期　2015 年 9 月日

附件 1 服务质量不合格的违约金

　　本条内容由政府和中标社会资本合作方根据洪泽县温泉养生、温泉酒店、融合式旅居村出租及其他旅游服务相关管理办法的要求另行协商。

附件 2 调价公式

服务单价将根据运营维护期间的通货膨胀情况进行调整，调价周期为三年，本项目进入商业运营日所在的当年的服务单价根据市场行情计算，自第一个完整的财务年度（指自商业运营期所在年度的下一年的 1 月 1 日至 12 月 31 日）开始计算，每三年财务年度调整一次。具体调价公式如下：

年运维绩效服务费调价公式如下：

$$P_{3n}=P_0*CPI_{3n-1}*CPI_{3n-3}*10^{-6} \quad (n=1，2，3)$$

其中：

P_0 为中标人在投标文件中报出的年运维绩效服务费；

P_{3n} 为第 $3n$ 年起适用的年运维绩效服务费（每三年调价一次）；

CPI_{3n-1} 为第 $3n$ 年由淮安市统计局公布的第 $3n-1$ 年度淮安市居民消费物价指数。

第七部分　评标方法与评标标准

一、评标方法与定标原则

评委会将对确定为实质性响应招标文件要求的投标文件进行评价和比较，评标采用综合评分法。将根据设计方案的科学性，实施方案的实用性、可操作性，对业务需求的响应情况、方案的先进性、价格的合理性，企业技术力量、业绩，售后服务承诺、培训承诺等方面进行综合评标。按评审后得分由高到低顺序排列。得分相同的，按投标报价由低到高顺序排列。得分且投标报价相同的，按技术指标优劣顺序排列。

二、评标标准

评分项目	评分子项及分值	评审标准
初始政府可行性缺口补贴总额（30分）	初始政府可行性缺口补贴总额（30分）	有效的投标报价中经评审的最低报价为基准价，得30分，其他投标人价格得分＝最低报价÷其他投标人投标报价×30；高于公布的最高限价作无效标处理。
投资人实力（10分）	基本实力（5分）	评委会根据投标人的总体情况、类似项目成功案例、质量管理体系等综合评价。优4-5分，良2-3分，差1分。
	项目业绩（5分）	申请人自2010年1月1日起，承担过一项单项合同造价1亿元及以上景观绿化项目（以竣工验收时间为准，需同时提供中标通知书、施工合同和竣工验收合格书原件）每有一项得2.5分，最多得5分；

（续表）

法律方案 （10分）	法律方案 （10分）	完全响应项目协议条款或修改和变更意见更有利于项目成功，得9-10分；基本响应项目协议条款，但提出少量修改和变更意见，对项目实施影响不大，得7.0-8.9分；没有提出实质性变更，但提出较多修改和变更意见，对项目实施存在较大不确定性，得5-6.9分；提出实质性变更不得分。
建设与运营方案 （40分）	建设管理方案 （15分）	
	项目公司组织结构和信息报告制度 （5分）	从法人治理结构、人员编制、信息报告制度等方面进行综合考虑评分，合理得1.5-2.0分，比较合理得1.5-1.0分，不合理不得分。
	建设控制措施 （7分）	从建设控制措施，包括进度、质量、成本控制等方面进行综合考虑评分，合理得5.5-7.0分，比较合理得5.4-4.5分，不合理不得分。
	发包和合同管理措施（3分）	从发包和合同管理措施等方面进行综合考虑评分，合理得2.0-3.0分，比较合理得2.0-1.0分，不合理不得分。
	运营管理方案 （25分）	
	运营组织机构方案 （5分）	评委会根据投标人的运营组织机构方案的合理性进行综合评价。优得4-5分，良得1-3分，差不得分。
	运营管理方案（5分）	评委会根据投标人的提出的运营管理方案的合理性及可行性进行综合评价。合理得4-5分，比较合理得1-3分，不合理不得分。
	其他盈利点设计 （5分）	评委会根据投标人的提出的增加其他盈利点设计方案的合理性及可行性进行综合评价。合理得4-5分，比较合理得1-3分，不合理不得分。
	运营及保障方案 （5分）	从项目公司在整个特许期内的连续运营方法及保障方案方面进行综合评分，合理得4-5分，比较合理得1-3分，不合理不得分。
	项目设施维护保养及恢复性大修和移交方案 （5分）	从最后恢复性大修方案和移交方案合理性及可操作性，性能保证值满足要求等方面进行综合考虑评分，合理得4-5分，比较合理得1-3分，不合理不得分。

（续表）

财务方案（10分）	财务分析（5分）	日常运营维护的成本分析（1分）	从成本明细表是否符合经营资产实际运营情况以及投资申请人技术方案的设定，成本科目各项费用完备程度，日常运营维护各成本项的构成符合目前项目资产的实际运营情况，项目公司管理费用及人员费用合理性等方面进行综合考虑评分，合理得0.7-1.0分，比较合理得0.4-0.6分，不合理不得分。
		设备大修、改进、更新和重置分析（1分）	从项目公司大修、改进、更新和重置方案符合技术方案中的参数设计，对资产的大修、改进、更新和重置有全面、科学的维护更新计划，及重置资金筹措方案符合项目公司的实际，与预期的财务报表一致性等方面进行综合考虑评分，合理得0.7-1.0分，比较合理得0.4-0.6分，不合理不得分。
		偿债能力和盈利能力分析（3分）	从各报表预测依据、科目完备债务偿还计划符合项目公司盈利状况及融资文件要求等方面进行综合考虑评分，合理得2.1-3.0分，比较合理得1.1-1.9分，不合理不得分。
	融资方案（4分）	项目融资计划（2分）	从融资计划的设计、资金来源、筹资成本、资本结构、年度借还款计划与项目公司盈利预测、对融资风险分析及控制手段和项目融资担保方案等方面进行综合考虑评分，合理得1.1-2.0分，比较合理得0.5-0.9分，不合理不得分。
		财务支持方案（2分）	从财务支持文件的各项条款、所提供的资金支持能否足以确保项目的顺利实施、投资申请人给予项目公司财务支持等方面进行综合考虑评分，合理得1.1-2.0分，比较合理得0.5-0.9分，不合理不得分。
	保险方案（1分）	总体商业风险分析和控制（1分）	从项目总体风险认识和控制措施、投保险种及金额能否防范项目设施的主要风险以及保险费率及保费支出合理性等方面进行综合考虑评分，合理得0.7-1.0分，比较合理得0.4-0.6分，不合理不得分。

注：按照总分100分计算，各评分项目打分精确到0.1分。

第八部分　项目资料库

采购方在洪泽县环境卫生管理处内设立资料库，投标人可在投标前至洪泽县城建办查阅。

1. 项目建议书批复；

2. 江苏省财政厅 PPP 试点说明；

3. 其他资料可由投标人在答疑会提出。

关于 PPP 项目招标、运作的几点说明：

据 PPP 运作有关文件规定，有关项目运作的程序简化、项目准备与可行性论证已经合并，政府文件有新规定的以新规定为准。合同文件有新版本的以新版为准。

有关特色镇运作笔者在本书前部已有章节专门阐述。

构成 PPP 项目法律文件为庞大体系，涉外部分还将涉及项目所在地法规及双、多、单边条约与国际惯例。

特许经营项目公司的建设根据规章从 2018 年 1 月 1 日起可以适用项目总承包规定、具备资产证券化运作的都必须在招标须知和公告中言明。

本节资科出自江苏省政府采购中心和项目招标代理单位、笔者为律师团法律专家且主要成员参与项目运作，对招标文件进行修改，不妥之处予以谅解。

声　明

本书引用中国工程咨询部分作者及政府与其他文章内容，在此一并致谢。

本书受薛晓芳老师、冯露、吴祖琳专家帮助、支持，在此感谢！